Introduction of Early Childhood Education

유아교육개론

곽은복 김운삼 류현수 이은희 한은숙 홍성희 공저

양성원

머리말

오늘날 유아교육에 대한 관심이 매우 증대되어 조기교육, 혹은 특수교육 등의 이름으로 잘못된 유아교육 현상이 빚어지고 있다. 요즈음 부모들은 어떻게 유아기의 자녀를 교육해야 하는지 많은 혼동 속에서 잘못된 정보들을 접하며 실패를 경험하고 있다. 이런 속에서 최근 유아교육에 관한 여러 가지 변화들이 나타나고 있으며 격동의 시절을 맞이하고 있다. 저출산과 유아의 삶의 질에 대한 논란들은 교육의 문제를 개인이 아닌 사회 공동의 문제로 인식하기 시작했고, 이에 발맞추어 유아교육에 대한 논의들은 학문적으로나 실제적으로 다각적인 관점에서 이루어지고 있는 것이 사실이다. 그러나 아직 유아교육 현장은 넘어야 할 산들이 산재해 있다. 유아교육의 이론적 성찰, 교육과정에 대한 자리매김, 교사의 전문성 확보와 지원 확대, 유아교육기관의 질적 개선 등은 우리에게 직면한 난제임이 틀림없다.

유아교육은 유아를 대상으로 적절한 시기에 적절한 방법으로 유아 수준에 바람직한 교육을 함으로써 유아가 행복할 수 있도록 하는 데 목적을 둔 학문이다. 유아교육개론은 시대와 상황은 늘 변화하지만 유아교육의 입문서로서 그 역할과 기능을 갖추어야 한다고 볼 때, 변화에 적응하면서도 유아교육의 본질과 정체성을 발전시키는 데 관심을 두어야 할 교과목이다. 이 책을 통해 예비교사들이 유아교육의 필수적인 내용들을 좀 더 쉽게 이해하고 올바른 유아교육관을 정립하는 데 도움이 되기를 바란다. 또한 유아교육의 질적 향상을 위해서 행복한 교사가 행복한 유아를 지도할 수 있다는 신념을 갖기를 기대한다. 유아교육은 사회·경제적인 속에서 모든 계층의 유아들이 장기적이고 전인적인 성장·발달을 돕는 노력으로 존재해야 한다. 유아교육법의 제정공포로 유아교육의 법적 기반과 의의가 보다 확고해졌으며 유치원 교육의 공교육화가 실현단계에 들어갔다.

각 장의 내용구성을 보면 먼저 유아교육의 개념을 알아보고, 그러한 개념이 도출된 역사적 배경을 알아보았으며, 유아교육기관의 환경 교사, 부모, 평가 및 기관의 운영에 대해 살펴보았다. 또한 유아교육정책과 제도, 유아교육의 발전 방향까지 살펴보았다.

본서는 이제 막 유아교육을 전공하려는 학생들에게 유아교육에 대한 이해를 제공하여 이후의 학문적 토대를 갖추게 하는 데 그 목적을 두고 있다. 뿐만 아니라 유치원 및 보육시설의 교사들, 유아기 자녀를 둔 부모 및 유아교육에 관심이 있는 많은 분들에게 유아교육을 이해하는 데 도움이 되었으면 하는 마음이다.

출판을 위해서 수고하신 양성원 편집부 여러분께 감사드리며, 출판에 기꺼이 응해주신 양성원 사장님과 부사장님께 진심으로 감사를 드린다.

2019년 3월

저자

목 차

유아교육의 개념 및 중요성

1장

1장
유아교육의 개념 및 중요성

1 유아교육의 개념

1) 교육의 개념

교육의 의미는 시대나 학자들에 따라 다양하게 정의되어 왔다. 칸트(Kant)는 '인간을 인간답게 형성하는 작용', 페스탈로치(Pestalozzi)는 '인간의 조화적 발전', 슈프랑거(Spranger)는 '문화전달', 루소(Rousseau)는 '인간의 자발적 발전을 위한 것'이라고 정의하였다. 그리고 듀이(Dewey)는 '교육은 생활'이라고 하였으며, 피터(Peter)는 '교육이란 교육받는 사람이 장차 거기에 헌신할 가치 있는 것을 전수해 주는 일'이라 하였고(Education implies the transmission of what is worth while to those become committed to it), 정범모는 교육이란 '인간행동의 계획적 변화'(정범모, 1976)라고 하였다.

이러한 정의들을 통하여 우리는 교육이 단순한 지식의 축적이나 기능적 소질의 계발뿐만 아니라, 개인이 가지고 있는 기본적 성향을 보다 바람직하게 변화시키고 형성하는 작용이어야 한다는 것을 알 수 있다.

2) 형식적 교육과 비형식적 교육

현대사회에서의 교육은 학교제도하에서 단계적으로 이루어지는 계획적이고 체계적인 형식적 교육(formal education)과, 일정한 계통이나 체계 없이 학교제도 밖의 사회에서 다양하게 이루어지는 비형식적 교육(informal education)으로 구별된다.

형식적 교육(formal education)이란 학교교육과 같이 의도적이고 계획적이며, 직접적이고 계속적인 교육으로서, 이것은 교사와 학생 및 교재의 세 요소로 이루어진다. 형식적 교육은 반드시 일정한 목표가 있으며, 그 목표를 달성하기 위하여 교육내용, 지도방법, 평가 등을 계획하여 실천하는 유목적적인 것이다.

비형식적 교육(informal education)이란 가정생활, 사회생활 등 인간생활의 모든 경험을 교육의 실제로 삼는 교육으로서, 비의도적이고 자연발생적이며 간접적인 교육을 말한다.

형식적 교육과 비형식적 교육의 조화는 현재 강조되는 평생교육의 개념에 의해서도 그 중요성이 인정되는데, 즉 개인의 전 생애에 걸쳐 모든 기관과 장소에서의 교육이 통합적으로 이루어져야 한다는 원리에 따라 학교와 가정, 학교와 사회, 학교 내에서의 연계성을 강조하는 교육이 모색되고 있다.

따라서 유아교육은 가정을 중심으로 한 비형식적 교육에 기본을 두고 유아교육기관에서의 형식적 교육이 조화롭게 연계되는 형태, 즉 형식적 교육과 비형식적 교육의 통합을 기본 입장으로 한다.

3) 유아교육의 대상연령

우리나라의 경우 유아교육은 1914년 이화유치원에서 최초로 한국 유아들을 가르치기 시작한 이래로 1980년대에 들어와 사회의 관심의 대상이 되기 이전까지 오랜 기간 동안 유치원 교육으로 인식되어 왔으며(이기숙, 1989), 따라서 유아교육의 대상은 유치원 취원 연령이었던 5세의 취학 전 유아로 국한시켜 인식되어 왔다.

그러나 1991년에 제정된 「영유아보육법」에 의하면, 영아 및 유아의 보호와 건전한 교육은 6세 미만의 취학 전 아동을 대상으로 한다고 정의하고 있으며, 1992년에는 유치원의 입학 연령이 3세로 조정되어 3~5세의 유아가 유치원교육의 대상에 속하게 됨에 따라 오늘날 통용되고 있는 유아교육의 대상은 0~6세의 미취학아동으로 정리될 수 있다.

결론적으로 오늘날의 유아교육의 대상에는 0~만 5세까지의 정상아와 통합교육으로 최대의 효과를 기대할 수 있는 특수아가 포함될 수 있다.

4) 유아교육의 개념

유아교육이란 유아의 바람직한 행동의 변화이고, 그 내용은 유아의 생활 전체라고 하겠다. 그러므로 의도적인 교육은 학교교육이고, 유아의 의도적 교육은 유치원과 어린이집 등 제도적인 보육 및 교육기관에서 이루어진다고 볼 경우 유아교육은 유아를 대상으로 보육과 교육이 이루어지는 유아기 전반에 걸친 교육으로 정의할 수 있다.

유아교육이란 '0~8세 유아행동의 계획적이며 긍정적인 방향으로의 변화 또는 0~8세 유아의 정신적 · 신체적 성장과 발달을 도와주는 일련의 과정'이라고 할 수 있다. 교육을 인간행동의 변화를 일으키는 학문으로 규정할 때 인간행동은 선천적으로 고정되어 있는 것이 아니며 변화 가능성이 있음을 의미한다. 즉, 인간행동은 의도적이고 계획적인 노력에 의해 변화될 수 있음을 전제로 한다. 계획적이며 긍정적인 방향으로의 변화는 그 속에 변화의 주체, 그 변화가 일어나는 상황, 변화를 가져오기 위한 수단, 변화계획, 변화의 준거 등 다섯 가지 요인을 내포하고 있다.

유아교육의 개념을 단편적인 개념과 본질적인 개념으로 나누어 살펴보자.

첫째, 단편적 개념으로의 유아교육은 보육적인 기능의 수행, 조기재능교육, 초등학교 준비, 보상교육, 가정기능의 대행 등이다. 보육적인 기능의 수행은 유아를 돌보고, 심신을 보호해 주며 정상적 발달을 도와주는 보육(care)적 성격이며 소극적인 자세로 아동의 기본적인 요구에 부응하는 것이다.

조기재능교육은 일정한 영역의 재능을 조기에 발견하여 어릴 때부터 교육시켜야 한다고 보는 관점이다. 우리나라에서는 조기교육과 혼용되어 어릴 때 시키는 교육으로 받아들이는 경우가 있으나 이것은 전인교육에 위배되는 것으로 바람직한 유아교육이라고 할 수 없다. 초등학교 준비로서의 유아교육은 아동이 취학했을 때 학력과 생활 면에서 잘 적응하도록 이에 필요한 기능과 태도를 익히는 것이 목적으로 미리 교사에 의해 준비되고 계획되어 유아에게 전달되므로 일방적 성격이 강하다. 이러한 입장은 현대사회의 경쟁심화와 더불어 많은 부모들에 의해 요구되고 지지되고 있다.

보상교육이란 저소득층 자녀를 대상으로 이들이 처해 있는 문화적 결손을 보충해 줌으로써 중류 계층 이상의 아동들과 동등한 입장에서 학교교육을 시작할 수 있도록 해준다는 취지에 근거한다. 최근 사회구조의 변화와 더불어 가족구조의 핵가족화와 여성의 사회참여가 늘어나면서 가정에서의 아동에 대한 양육과 교육을 담당할 사람의 부재라는 문제가 야기되었으며 지식량의 급작한 팽창은 부모의 교육에 대한 자신감을 떨어뜨려 전문가 의존시대를 불러왔다. 이러한 영향으로 보육과 동시에 질 높은 교육을 할 수 있는 유아교육기관을 필요로 하게 되었으며 유아교육기관과 유아교사의 전문성을 요구하게 되었다.

둘째, 본질적 개념은 여러 학자들마다 강조점이나 접근방식에 있어서 약간의 차이를 보이나 기본적으로 서로 유사한 입장을 취하고 있으며 이를 요약·정리해 보면 다음과 같다. 유아교육은 0~8세까지의 유아와 부모, 그리고 때에 따라 가족구성원들까지를 대상으로 하는 포괄적 성격을 갖는 교육이다. 그리고 유아교육은 유아의 전인적 성장·발달을 목표로 두고, 유아의 관심과 욕구를 최대한으로 반영하고자 하는 아동 중심 교육이다. 또한 유아교육은 형식적인 교육이외에 자연스러운 비형식적 교육도 중요시하고, 결과 중심의 교육성과보다 유아의 활동과정 그 자체에 더 의미를 부여한다. 유아교육의 궁극적 목표는 유아의 행복한 삶이다.

2 유아교육의 중요성

유아교육은 유아기 발달의 중요성 인식과 사회여건의 변화로 인하여 그 중요성이 커지고 있으며 세계적으로 보편화 추세를 보이고 있다. 여기서는 아동관의 변화, 발달적 측면과 사회적 측면에서 살펴보고자 한다.

1) 아동관의 변화

아동은 어떤 존재이고, 어떻게 성장·발달해 가는가에 대한 사람들의 이해는 각 시대와 사회의 정치적·사회적·문화적 용인에 영향을 받아 변화되어 왔다. 고대와 중세에서는 아동기에 대한 본질적인 이해가 없었으므로 아동을 미래사회의 시민, 성인의 축소판 등으로 보았으며 아동에 대한 인권은 없었다. 성인기와 구별되는 아동기라는 개념은 르네상스 시대의 계몽주의 사상과 함께 시작되었다.

코메니우스나 오웬은 모두 인간의 본래적 선을 믿고, 아동의 성장을 위한 내재적 가능성을 인정하고 이를 교육의 중요한 원리로 삼았다. 로크는 아동의 특성과 발달 가능성을 '백지상태(Tabula Rasa)'에 비유하여 본래 선하지도 악하지도 않은 상태에 있는 어린이의 본성이 교육에 의해 후천적으로 변화될 수 있다고 주장하였다. 그러나 현대적 의미의 아동관이 확립된 것은 루소에 의해 본격적으로 이루어졌다.

루소는 어린이 속에서 자연 그대로의 속성을 발견하고 아동의 발달특징을 세밀히 관찰함으로써 인생의 시기를 영아기(0~2세), 아동기(2~12세), 소년기(15세), 청소년기(20세까지)로 구분하였으며, 각 단계에 적합한 교육의 내용과 방법을 제안하였다.

21세기에 접어든 오늘날에도 모든 사회가 아동에 대한 현대적 개념을 받아들이고 있는 것은 아니다. 아직도 아동을 성인의 축소판, 미숙한 성인으로 보거나 남아선호사상으로 인해 영아 살해가 이루어지고 있는 사회도 있으며 일부 아동은 노동에 종사하고 있는 실정이다. 엘킨드와 같은 학자는 근대 이전의 사회를 아동기가 인간의 생애에서 잊혀진 시기로 본다면 현대사회에서는 아동기의 실종기로 볼 수 있다고 주장한다. 아동기의 실종에 가장 큰 영향을 미친 요소는 1960년대 이후 이루어진 발달심리학 분야의 연구와 현대 가족구조의 변화이다. 영유아기 시기의 뇌세포와 지적 발달이 급속히 이루어지는 점에 기초하여 유아기의 중요성을 강조하게 되었다. 블룸의 지능발달에 관한 연구나 지능발달을 위한 환경적 영향의 중요성에 관한 헌트의 이론은 결국 아동에게 조기에 많은 경험을 제공해 줌으로써 선천적 능력을 더 향상시킬 수 있다는 생각을 사회에 널리 유포시켰다.

아동이 실제 가지고 있는 것보다 더 많은 학문적 기술을 배울 수 있다는 판단을 하게 되었고, 유아에게 과거보다 더 높은 수준의 지각적 · 인지적 · 언어적 능력과 성취를 기대하게 되었다. 결과적으로 유아에게 더 빠른 시기에 더 많은 경험을 제공함으로써 자녀들의 능력을 무한으로 개발할 수 있다는 믿음은 결국 천재아 선호증상으로 나타났다. 유아기의 중요성을 조기 학업성취와 지적 능력의 개발에 두는 이러한 현상은 상업적인 유아산업을 급속히 팽창하게 만들었고, 최근에는 많은 학자들이 과거와는 다른 새로운 의미에서의 아동기의 상실을 우려하고 있다.

2) 발달적 측면

(1) 유아기 발달

유아기의 신체, 인지, 언어, 사회, 정서부분의 발달은 다른 시기의 발달보다 급속하게 이루어진다. 유아기의 신체발달은 골격발달과 뇌세포발달에서 두드러진다. 인간의 골격발달은 영유아기에 급속하게 성장하다가 아동기에 약간 저조하고 다시 청소년기에 두드러진 성장을 하는 일생 중 두 번의 급등기를 보인다. 뇌세포의 발달은 생후 2년 동안에 가장 활발하게 이루어지며 6세 이후에는 약화되고 경험(자극), 영양, 정서적 안정 등의 영향을 받는다.

정신분석학자들은 인간의 성격 형성 기초가 5세 이전에 확립된다고 하였다. 프로이트, 에릭슨에 의하면 5세 이전의 경험은 대소변훈련, 부모의 양육태도에 따른 경험이 그 아동의 성격 형성에 결정적인 영향을 미칠 수 있다고 하였다. 경험과 관련하여 부모가 애정을 가지고 일관성 있게 수용적으로 대처하면 아동은 원만한 성격을 형성할 수 있지만, 반대로 부모가 지나치게 강압적이고 아동의 요구에 무관심하면 아동은 강박적이고 공격적인 성격을 가질 수 있다는 것이다.

인지학자의 연구는 아동의 지적인 능력에 대한 새로운 관점을 제시하였다. 피아제는 아동의 지적인 능력이 환경적 자극을 통하여 각 아동의 인지구조에 맞추어 동화와 조절이라는 자발적인 메커니즘에 의하여 아동 스스로의 정신세계를 구성하고 창조해 나간다고 보고 구성주의를 주장하였다. 헌트도 저서 『지능과 환경』에서 지능은 중추작용에 기반을 둔 지적인 능력으로 중추작용은 컴퓨터가 프로그램화할 때의 진행과정 및 정보처리과정의 방법과 비슷하다고 보았으며 아동에게 적합한 환경만 제공해 준다면 아동은 보다 지적으로 우수한 사람이 될 수 있다고 보았다. 블룸은 아동 지능의 발달과정을 종단적으로 연구하여 0~8세 사이의 유아기 동안 지능의 약 80%가 이루어진다고 보고하였다. 인지발달론자들의 주장에서 다음과 같은 함축된 의미와 유아교육의 중요성과 시사점을 정리할 수 있다.

① 인간의 지적인 능력이란 태어날 때부터 고정된 것이 아니다.

② 인간의 지적인 능력은 환경과의 상호작용에 의해 계속적으로 성장하고 변화한다.

③ 인간의 가장 빠른 지적 성장은 8세 이전에 이루어진다. 그러므로 주변환경의 영향력은 어릴 때(8세 이전) 더욱더 크다.

④ 환경을 통한 아동의 경험이 발전적으로 작용하기 위해서는 아동의 인지적인 수준과 관심에 부합되는 적절한 자극을 줄 수 있는 교육적 배려가 요청된다.

만 2세를 전후하여 세계의 모든 어린이들은 그 문화가 제공하는 언어를 배운다. 언어는 사고와 개념발달에 밀접하게 연관되어 있고, 정보를 저장 활용하고 문제를 해결하는 데 매우 효율적인 수단이다. 언어발달을 위해서도 유아기에는 성인과의 부단한 대화나 체계적이고 풍부한 환경의 자극이 필요하다. 인간관계의 기초가 되는 애착, 신뢰, 타인 인식, 욕구 조정, 공유하기 등의 사회적 기술들을 초기 5년 동안 배우게 됨으로써 사회성이나 정서가 발달된다.

(2) 인간발달의 기제와 원칙

인간의 발달 기제로는 적기성, 기초성, 누적성, 불가역성을 들 수 있다.

첫째, 적기성은 인간의 여러 발달과업들이 가장 적절하게 획득되는 최적의 시기가 있다는 것이다. 이 시기를 결정적 시기라고 부른다. 이 결정적 시기를 놓치게 되면 과업 획득의 효율성이 떨어진다. 예를 들면, 인도의 카말라의 경우처럼 유아기에 사람들과 떨어져 동물같은 생활을 하다가 발견되어 후에 언어를 가르쳤지만 유창한 언어습득에 실패했던 것으로 언어의 적기성을 놓쳤기 때문이라고 할 수 있다. 발달과업뿐 아니라 해로운 것에 노출되었을 때 그 해로운 것에 대한 영향을 더 많이 받는 시기가 있고 그렇지 않은 시기가 있다. 예로 흔히 먹는 감기약이나 아스피린은 태아에게는 나쁜 영향을 주어 귀머거리가 될수도 있으나 큰 아이들에게는 아무런 영향이 없다. 신경안정제, 수면제 또는 임산부가 앓는 병, 영아기 때 앓은 열병이 이후 유아기 때 신체적 성장에 영향을 준다고 알려져 있으나 그 영향은 아기의 연령에 따라 큰 차이가 있다.

둘째, 기초성은 어릴 때의 발달이 후기의 모든 발달의 기초가 된다는 것이다. 어릴 때일수록 그때의 경험 여하가 그 후를 위한 초석적인 의미를 가진다는 뜻이다. 예로 영유아기의 지적 결핍이나 영양적 결핍은 바로 후기의 제 기능들의 발달을 지체시키거나 행동적 장애를 유발하게 된다는 것이다.

셋째, 누적성은 인간의 성장·발달에 있어 전 단계의 발달에 결손이 생기면 다음 단계의 발달에 계속적으로 누적되어 점점 발달장애가 심각해진다는 것이다. 모든 발달단계는 따로따로 떨어져 있는 것이 아니며 계열적인 연결을 이루고 있을 뿐만 아니라, 비슷하며 좀 더 고도·심도·다양도는 단계마다 주기적으로 나타나는 과업들의 연결을 내포하고 있다. 에릭슨의 성격발달의 첫 단계에서의 기본적 신뢰감 대 불신감의 형성 여부는 그때그때가 형성의 가장 중요한 시기라는 것과 동시에 그것이 모자관계에서 출발하여 부모·형제, 가족관계, 나아가 이웃관계, 더 커서는 학우, 동료, 집단, 국가, 인류에까지 주기적인 인간관계 형성과업의 연결에 있어서 누적적으로 작용한다는 것이다.

넷째, 불가역성은 특정한 발달과업 획득의 최적기를 놓치면 그 후에 보완이나 교정이 힘들어진다는 것이다. 한 단계에서 잘한 것 또는 잘못한 것의 영향이 다음 또 그 다음 단계에 미치기는 할망정 역으로 다음 단계에 잘한다고 해서 그것으로 전 단계의 잘못에 영향을 주거나 이를 교정·보완하는 데에는 한도가 있다.

발달은 유전과 환경의 상호작용의 결과이다. 아동은 어릴 때부터 학습이 가능하고 개인차가 있으며, 자극에 적극적으로 반응하는 존재이기 때문에 교육적인 측면에서 볼 때 이들의 최적 환경을 조성하기 위한 노력이 중요하며, 이러한 노력이 적기에 이루어질수록 효과도 클 것으로 예상하고 있다.

3) 사회적 측면

유아기는 발달의 여러 측면에서 왕성한 성장을 하는 시기이므로 그 교육적 가치는 자명하다. 여러 문화적 자극이 결핍된 지역이나 가정의 아이들에게 교육적으로 다양한 경험을 제공함으로써 빈곤한 환경의 악영향을 조기에 막는다는 것은 그 개인의 발달뿐만 아니라 사회적으로도 바람직한 일인 것이다. 오늘날 세계 대부분의 나라에서는 복지국가 건설을 추구하고 있다. 역사적으로 소외되어 온 계층의 사람들에게도 충분한 자기 성장의 기회와 발전 가능성을 열어 줄 수 있는 배려가 국가적 차원에서 시도되고 있다.

미국의 헤드스타트 운동이나 우리나라의 위스타트 운동을 들 수 있다. 산업화와 여성취업의 증가는 가족구조의 변화를 가져왔다. 전통적 대가족제도에서는 부모를 비롯한 다른 가족구성원들 모두가 자연스럽게 양육에 참여함으로써 아동은 다양하고 복합적인 인간관계를 경험하면서 일상적인 언어와 바른 생활습관, 도덕적 윤리의식을 배울 수 있었으나 산업화로 인하여 가족구조가 핵가족화되어가면서 부모만이 자녀양육의 책임을 지게 됨으로써 가족의 교육기능도 약화시켰다.

여성취업의 증가는 더 이상 양육의 책임이 가정에 한정되지 않고 가정과 국가가 공유해야 한다는 인식을 불러왔다. 여기에 정보화의 영향으로 질 높은 보육과 교육이 하나로 된 프로그램을 요구하게 됨으로써 유아교육기관과 교사의 전문성 및 필요성이 대두되었다.

3 유아교육기관의 유형

1) 유아교육기관의 유형 분류

일반적으로 유아교육은 만 5세 이전의 유아에게 1~2년 동안 교육시키는 형식적 교육 프로그램으로 인식되어 왔으며 취학 전 교육, 학령 전 교육, 조기교육, 보육 등의 용어와 함께 여러 가지 명칭으로 모호하게 쓰여 왔다. 또한 현재 유아교육을 담당하고 교육시키는 시설 명칭도 다양하고 복잡하여 매우 혼란스러운 상태에 있다. 그러나 현대에 와서 유아교육의 개념은 0~8세까지 유아를 대상으로 한 교육으로 확장되었으며 제도적·형식적인 교육기관에서 이루어지는 교육과 가정에서 이루어지는 비형식적인 교육이 상호 보충적으로 이루어진다고 보고 있다.

유아교육기관은 유아의 연령수준과 교육기관의 교육적 특성에 따라 여러 가지 유형으로 나눌 수 있다. 유아교육기관의 유형은 나라마다 다르며 학자들의 분류기준에 따라 다르게 나누어질 수 있다. 일반적으로 유아교육기관은 후원단체에 따라서 공립기관과 사립기관, 영리추구기관과 비영리추구기관, 종교 관련 기관과 일반기관, 직장탁아로 분류할 수 있다.

힐데브란드(Hildebrand, 1993)는 유아교육기관이 하는 교육 서비스의 기능에 따라 6가지 유형으로 나누었는데, 인간자원에 대한 투자, 소비자를 위한 상품, 보충적 보호, 치료, 대리, 연구와 교사양성이다.

데커와 데커(Decker & Decker, 1992)는 운영자금에 따라 공공기관(유치원), 사립기관(유아원, 유지원, 부모협동유치원, 기업체 운영기관), 교회·서비스단체·자선단체에 의해 운영되는 기관, 정부지원기관(헤드스타트, 부모와 아동을 위한 센터), 전국적 사립기관(몬테소리 학교), 대학연구소기관(유아원, 유치원) 등으로 나누었고, 역사적 근원에 따라 탁아소, 몬테소리 학교, 헤드스타트, 공립학교 유아교육 프로그램, 가정방문 프로그램 등으로 나누었다. 교육 서비스의 기능에 따라서도 인간에 대한 투자(investment in human capital), 소비자를 위한 상품(a consumer good), 보충적 보호(supplemental care), 치료(remedical), 대리(subsitution), 연구와 교사양성(research and teacher preparation)을 위한 유아교육기관으로 나눌 수 있다.

각국의 유아교육기관의 유형은 나라마다 유아교육제도와 정책이 조금씩 다르기 때문에 그 나라의 사정에 따라 다소 차이가 있다. 예컨대, 유치원의 경우, 폴란드에서는 일반유치원, 종일제 유치원, 야간유치원, 농촌유치원, 초등학교 병설유치원, 중간유치원, 계절유치원 등과 같이 무려 일곱 가지 종류로 세분화하고 있다.

한편, 우리나라 유아교육기관의 유형은 크게 교육인적자원부에서 관할하는 유치원과 여성부에서 관할하는 보육시설로 나눌 수 있다. 이 두 가지 유형은 후원단체에 따라 유치원은 공립유치원, 사립유치원으로, 보육시설은 국공립보육시설, 민간보육시설, 직장보육시설, 가정보육시설(놀이방)로 분류된다.

이를 토대로 유아교육기관의 유형을 살펴보고, 우리나라의 유아교육기관을 대표하는 유치원과 보육시설 중에서 앞으로 구체적으로 다루어질 유치원에 대해 구체적으로 살펴보면 다음과 같다.

(1) 유치원

유치원은 재정적 측면에서 국공립유치원과 사립유치원으로 나누어진다. 그리고 교육대상은 주로 만 3세부터 초등학교 취학 전 어린이들이 되며, 교육의 목적은 각 기관이 교육철학과 설립배경에 따라 다르겠지만 일반적으로 전인발달을 이루는 것이다. 우리나라에는 아직 없지만 초등학교와 유치원을 연결해 주는 프로그램으로서 유치원을 다녔으나 아직 초등학교에 갈 준비가 되지 않은 유아를 위한 연결 유치원의 형태도 있다.

(2) 유아원

일반적으로 유치원 이전의 2~4세 유아를 대상으로 반나절 프로그램을 운영한다. 수업일수는 대체로 주 5일 이하이다. 우리나라에는 현재 유아원이 없으며, 대상이 되는 어린이들은 유치원이나 어린이집 또는 놀이방의 어린이방에 편성되어 교육과 보호를 받고 있다.

(3) 탁아기관

전통적으로 탁아는 어머니를 대신해서 어린이를 잠시 맡아 주는 보호의 개념으로 인식되어 왔으나 최근에는 탁아를 보호와 교육을 통합한 개념으로 인식하고 있다. 어린이의 다양한 개인적 요구를 충족시켜 줄 수 있는 탁아 프로그램 개발의 필요성이 대두되고 있다.

탁아의 유형은 장소에 따라 크게 가정탁아, 자기집 탁아, 기관탁아의 세 가지 유형으로 나눌 수 있고, 프로그램 시간에 따라 학교수업 전·후 탁아, 반일제 탁아, 전일제 탁아, 시간제 탁아, 야간탁아로 나눌 수 있으며, 재정과 운영에 따라 영리추구탁아, 비영리추구탁아, 직장탁아로 나눌 수 있다. 특별히 2세 미만의 영아를 대상으로 하는 영아탁아로 나눌 수 있다.

2) 우리나라 유아교육기관의 체제

유아교육기관은 유아의 발달특성상 보육과 교육의 기능을 통합해야 하므로 그 두 가지 기능을 함께 수행해 왔다. 따라서 이러한 특성으로 인해 유아교육기관은 두 가지 체제로 발달해 왔다. 즉, 유아교육기관은 보육과 교육이 일원화된 체제와 분리된 이원화 체제로 나눌 수 있다(이영자, 1993).

일원화 체제란 유아를 위한 교육은 보호와 교육의 기능이 따로 분리될 수 없음을 인정하여 보호와 교육의 기능이 통합되어 하나의 행정체제로 관할되는 것을 의미하고, 이원화 체제란 유아의 보육기능을 강조하는 보건복지부 관할의 보육기관과 유아의 교육기능을 강조하는 교육부 관할의 유치원으로 이원화된 체제를 말한다.

표 1-1 각국의 유아교육기관 체제

항목 국가	유아교육기관	대상연령	관장부서	교원자격	양성기관	비고
한국	유치원	3~5세	교육인적자원부	유치원2급 정교사	• 4년제 대학 • 3년제 전문대학	
	어린이집	6개월~5세	보건복지부	유치원2급 정교사 보육교사	보건복지부가 지정하는 양성학교	
일본	유치원	3~5세	문부성	교육1급자격증, 교육2급 자격증	• 4년제 대학 • 2년제 단기대학	고졸 이상 아동복지 시설 종사경력 3년 이상
	보육소	3~5세	후생성	보모	• 2년제 단기대학 · 보모 양성학교	
미국	유치원 (kindergarten) 유아원 (nursery school)	5세 3~4세	교육보건복지부	유치원교사자격증 등, 유치원 및 초등학교 저학년 교사자격증	• 4년제 대학	교육실습과 재교육의 의무화
	탁아소 (day care center)	4개월~5세		자격기준 없음 (16개주)		
영국	유아학교 (infant school) 유아원 (nursery school)	5세 2~4세	교육부	정교사	• 3년제 사범대학 졸업 후 1년간 수습교사 • 4년제 일반대학 졸업 후 1년 교원자격과정 이수	
구 소련	보육유치원 (yasli–sad)	2개월~7세	교육성	유치원, 보육원 교사자격증	• 3년제 보육학교	
프랑스	유치원 (ecole matemelle)	3~6세	교육부	정교사	• 4년제 교원 양성대학 • 학사취득 후 현장실습	교원자격시험
	탁아소 (creches collectives)	3세 미만	사회부	준육아전문가	특수전문대학	
스웨덴	유아학교 (pre–school)	7세 미만	국립보건복지국	유아교사	• 2년제 반 이상의 전문학교	

우리나라 유아교육의 역사

2장

2장

우리나라 유아교육의 역사

1 전통사회의 유아교육

전통사회의 시대적 구분은 삼국시대 이후부터 고종이 국호를 대한제국으로 고쳐 내외에 선포(1897년)하기 전까지를 말한다.

1) 삼국시대의 유아교육

삼국시대 이전의 교육형태는 생활교육, 종교의식의 교육, 군사교육, 생산교육이었고, 삼국시대 이후에 들어서서야 비로소 불교를 통하여 종교 · 철학사상을 형성하게 되었다. 이 시기에 고구려의 태학과 경당, 신라의 화랑도, 통일신라의 국학 등 형식적인 학교교육도 발생하였다. 또한 유교를 통하여 학교교육을 시작하였기 때문에 불교, 유교의 절대적인 영향으로 한국인의 가치관이 형성되었다.

교육이념이나 목적은 불교적 색채가 강하였으나, 교육내용은 유교적 지식으로 구성되었다. 또한 동학으로 출발한 천도교는 순수한 민족종교로 한국인의 정서와 신념을 그대로 표출한다. 이렇게 불교와 유교, 도교사상은 형식적인 학교교육을 성립시키는 데에 결정적인 역할을 하였을 뿐만 아니라 유아에 대한 사상적인 변화도 가져왔을 것으로 판단된다.

(1) 불교와 유아교육

불교 경전에서 어린이에 해당하는 용어로는 '동자'와 '동녀', '사미', '사미니' 및 '영동', '영아' 등을 들 수 있다. '동자'와 '동녀'는 8세 이상의 미혼남녀, '사미', '사미니'는 7세 이상 20세 미만의 출가하여 삭발염의한 도제승, '영동'과 '영아'는 동자와 동녀 이전의 유아를 말한다.

원시불교에서 어린이는 성인과 본질적으로 차이가 없었다. 불타는 누구나 깨달을 수 있는 존재라고 보았기 때문에 원시교단에서는 어린이도 성인과 똑같이 비구가 될 수 있었다. 그러나 『육방예경』에서 부모의 할 일에 대한 부처님의 가르침은 어린이를 부모로부터 보호와 교도를 받을 권리나 의무를 가진 존재로 보고 어린이에게는 철학적 사변이나 이론이 아니라 일상생활에서의 구체적 예화나 실물, 직관의 방법을 곁들여 차근차근하고도 간명하게 일러주되 인격적 침투가 이루어져 스스로 깨우침이 있게 해야 한다고 하였다.

대승불교에서는 어린이를 현실 속에서 이상을 경작·도야하면서 이상을 향해 끊임없이 전진해 가는 독자적 존재로 파악하고 어린이는 성인의 단계에 이르지 않고도 깨달음의 세계에 진입할 수 있다고 본다. 또한 어린이의 장난이나 놀이는 이상적 인간 형성 과정의 중요한 일면이며 나아가 어린이의 순수성은 성인도 본 받아야 할 점으로 이해되고 있다.

이상과 같은 점에서 볼 때 불교는 오랜 세월 동안 한국인의 의식구조에 깊숙한 영향력을 행사해 왔는데, 특히 유아교육에 있어서는 유아를 독자적, 인격적, 가능성의 존재로 보고 가정에서 충·효·신·용·인의 도덕적 지침으로 교육하였다고 할 수 있다.

(2) 유교와 유아교육

유교의 교육목표는 수기치인(修己治人), 즉 수신제가 치국평천하에 있다. 이 목표를 달성하는 구체적 지침서는 『소학』, 『동몽선습』, 『명심보감』, 『격몽요결』 등이 있다. 인간도덕교육의 기본을 삼강오륜으로 삼은 유교는 이의 실천을 위해 끊임없는 노력을 요구한다.

그 실천의 첫 번째는 임신한 부인이 몸가짐을 바르게 하여 뱃속에 아이를 가르치는 일을 말하고 있다. 이것을 일컬어 태교라고 한다. 가부장적 사회인 전통사회에서는 다남, 다산을 중히 여기고 건강하며 용모가 단정하고 재주가 뛰어난 남아의 출산을 원하였으므로 인간교육의 출발점으로 태교는 널리 행하여졌고 이 같은 점은 현대의 유아교육에 많은 시사점을 준다.

유교사회에서의 유아는 독자적인 존재, 가능성의 존재이기보다는 성인의 축소판 혹은 작은 성인으로 또 인격적 존재이기보다는 수동적 존재라고 할 수 있다. 스스로 생각하고 자유를 주고 선택하게 하기보다는 많은 제약과 규율 속에서 충·효를 강조하는 의무와 책임의 수행을 강조하고 있다. 또한 모든 이치를 스스로의 자기 훈련을 통하기보다는 성현의 말씀을 본받아 배우고 따르기 위한 존양과 궁리에 힘쓰는 모방교육을 강조함으로써 유아를 너와 나의 관계에 있어 평등한 관계가 아닌 예속적 관계로 보았음을 알 수 있다.

그러나 태교의 중요성을 강조하고 효를 근본사상으로 하는 도덕교육이 어릴 때 시작되어야 한다는 유아교육의 인정, 인적 환경의 중요성, 지행일치의 강조, 양지와 양능(선천적으로 알고 능한 것)의 가치를 인정한 점(김옥련, 1983) 등은 인간성 회복을 위한 인성교육이 필요한 오늘의 교육현실에서 재음미되고 밝은 내일의 유아교육사상 정립의 밑거름으로 활성화되어야 할 것이다.

(3) 천도교와 유아교육

한울과 인간을 일체로 볼 때 한울이 선한 것이니 인간도 자연 선한 존재여서 천도교의 인간관은 성선설로부터 출발한다. 또한 어린이는 인간의 범주에서 더 나아가서 어린이가 성인보다 더욱 천인에 가까울 수 있다는 아동존중사상을 낳았다. 뿐만 아니라 어린이는 부패된 사회를 극복하여 새 사회를 재건하는 데 있어서 가능성이 있는 새로운 인간으로 존중한다.

천도교가 형식적인 교육기관을 세웠다든지 교육실제에 직접적인 활동은 하지 않았지만 3·1운동 이후 사회교육적인 입장에서 「개벽」, 「어린이」, 「신여성」 등의 잡지를 발간하여 언론을 통한 사회 계몽운동을 적극적으로 펴 나가고 소년회를 조직하여 어린이 해방운동의 기치를 드높인 것에서 교육사적 의의를 찾을 수 있다.

천도교는 어린이를 끊임없는 자기 수도에 전념하여 자기완성을 이룰 수 있는 존재, 한울님이 될 수 있는 평등한 존재로 보았으므로 아동존중사상, 아동 중심주의 사상을 실천하려고 하였다. 따라서 한국의 아동존중사상은 기독교에 의해 도입된 것(이상금, 1987)이 아니고 순수한 민족종교인 천도교로부터 한국인에 의해 출발한 것이다.

2) 조선시대의 유아교육

조선시대의 유아교육사상은 세 가지의 사상적 조류를 통해서 찾아볼 수 있다. 그 하나는 이 시대의 중심 사상이었던 성리학의 인간관과 아동관이고 다음으로는 조선 후기에 기존의 성리학과 모순된 봉건사회구조의 타파를 역설하면서 대두되었던 실학사상이며, 개화기에 봉건체제의 청산을 요구하면서 일어났던 동학혁명의 사상적 기반이었던 동학사상을 들 수 있다.

(1) 성리학에 나타난 유아교육사상

성리학의 아동관은 인간의 본성은 선하다고 보는 긍정적인 인간관을 바탕으로 한다. 인간의 본성이 신분에 관계없이 선하다고 인정하고 있기 때문에 아동

본성도 신분과 관계없이 선하다고 인식하였다고 생각할 수 있다. 그러나 인간은 선한 본성을 지니고 있음에도 '자포자기하는 것을 편안해'하므로 본성이 기질에 가리워지게 되어 선악의 차이가 생긴다. 그 기질은 교육을 통해 가능하다.

또한 교육은 조기에 이루어질수록 효과적인 것으로 생각한다. 이에 대해『격몽요결』에서 "아들을 낳아서 약간의 사물에 대한 지식이 있을 때부터는 마땅히 그를 인도하되 선으로서 해야 한다. 만일 어려서 가르치지 않고서 이미 장성하게 되면 좋지 못한 버릇이 들어 정신을 차리지 못하여 그를 가르치기란 몹시 어렵다." 고 하였다.

이와 같은 성리학의 긍정적인 아동 인식은 수직적 · 종속적 인간관계를 강조하는 조선사회에서 존중되기 어려웠다. 아동은 장유의 위계질서에 따라, 아동의 성별에 따라, 신분제도에 따라 존재 가치가 다르게 인식되었다. 아동은 본성은 선하나 미성숙하여 연약하고 어리석으며 아직 교육의 첫 단계에 있어서 기질지성이 제거되지 못한 혼탁한 상태이기 때문에 신분상의 천한 존재와 마찬가지로 인식된다. 항상 윗사람을 공경해야 했다. 특히, 부모에게 공경과 복종을 강조했다. 따라서 부모의 체벌에 무조건 순종을 강요했다. 또한 남자는 사회의 중심적인 역할을 수행할 존재이며 여자는 남성을 위해 가정을 돌보고 대를 이어주는 주변적인 인물로 인식된다. 아동의 존재는 개인적으로 가치가 인식되기보다는 한 가정의 대를 잇는다는 공동체적 의미에서 가치를 인식하였다.

(2) 실학에 나타난 유아교육사상

실학사상에서는 비로소 유아에 대한 관심을 갖기 시작하였으며, 이들을 사회적인 계몽의 대상으로 파악하였다. 조선 후기 실학자들 중에서 유아의 교육에 대해서 가장 구체적으로 언급한 사람으로서는 이덕무를 들 수 있다.

이덕무는 유아에게 글을 익히게 함에 있어서 그들의 실생활과 밀접한 관계가 있는 친지, 부모, 형제와 같은 개념을 먼저 가르치는 것이 효과적이라고 하였다. 그리고 교육과정도 실생활과 관계있는 것으로부터 사물을 이해하고 품성을 도야하도록 해야 한다고 하였다.

교훈에 있어서는 일거일동 세밀한 데에까지 주의하였다. 그 내용을 요약하면 일상생활에서 일반적으로 지켜야 할 규칙과 부모에 대한 공경, 이웃어른에게 지켜야 할 예절 및 학습 시의 학습도구를 다루는 자세, 마음가짐, 지켜야 할 규칙 등과 아울러 생물과 무생물을 다루는 방법 등에 관한 것으로 약 70개의 항목을 제시하였다.

품행에 있어서는 겸허한 심성, 검소하고 청결한 의식주, 끈기와 정직을 몸가짐의 기본으로 하였다. 15개의 항목 중 특히 강조한 것은 어른에 대한 언사와 행동에 지나친 아첨, 눈속임을 삼가도록 하였다. 이는 장차 어른이 될 인물을 기르기 위해서 정진하는 자세와 강직함을 배우도록 하기 위한 것으로 보인다.

이와 같이 실학에서 나타나는 유아교육론에서는 그들의 인간평등사상에 입각한 것으로서 유아에 대한 관심을 갖기 시작하였음을 알 수 있다. 그렇다고 해서 유아의 존중이 실현된 것은 아니었다.

(3) 동학에 나타난 유아교육사상

인간은 누구나 한울님을 모신 평등한 존재로 인식하는 긍정적인 인간관에 기초하고 있다. 교육을 통하여 인간이 돌아가야 할 가장 이상적인 상태를 어린이의 마음으로 보고 있다. 또한 아동이 성인을 가르칠 수 있다고 보는데, 이는 동학에서는 아동의 능력을 성인과 마찬가지라고 인정하고 있기 때문이다.

아동이나 성인이나 마음속에 한울을 모셨기 때문에 누구나 존엄하며 동등하게 대우받아야 한다고 보았다. 또한 성리학과 실학의 입장과는 다르게 아동에 대한 체벌은 어떠한 경우라도 금하고 있다. 특히, 아동은 태어날 때부터 성인과 대등한 능력을 지닌 존재로 인식되었기에 존엄하다고 보았다. 이러한 동학의 아동존중사상은 근대적인 아동존중사상의 시작을 의미하며 성리학과 실학의 아동관이 지니고 있던 한계를 극복한 결과이다.

조선시대 성리학, 실학, 동학에 나타난 아동관에서 본 것처럼 점차 아동을 독립된 인격을 가진 한 존재로 인식하고 있음을 알 수 있다. 서양에서도 17세기를 전후로 아동을 보는 입장이 크게 바뀌게 되었다. 공간적 · 시간적 차이가 있긴 하지만 유아교육의 사상적 기초를 이루는 아동존중사상을 강조하고 있음을 재확인할 수 있다.

2 해방 전 유아교육

1) 초기 유아교육기관의 도입(1921년 이전)

우리나라에서 최초로 유치원에 관한 규정을 법령으로 둔 것은 1922년 조선교육령에서부터 비롯된다. 이는 일본인에 의해서 제정된 법이다. 하지만 우리나라 최초의 유치원에 관한 법령으로 해방 후 교육법이 제정되기 전까지 유치원 법령으로 근거하고 있다. 당시의 교육내용은 유희, 창가, 담화 및 수기로 명시되어 있으며 이는 프뢰벨 교육이론에 기초를 두고 있음을 알 수 있다. 유희는 주로 곡에 맞추어 다양한 운동을 하는 것으로 심정을 쾌활하게 하고 신체를 건전하게 함이 목적이었으며, 창가는 쉬운 곳을 부르게 하여 발성, 호흡, 청각기를 운동시켜 그 반응을 돕고 덕성을 함양함이 목적이었다. 담화는 흥미 있는 사실이나 우화 등에 대해 이야기를 나누고 덕성을 함양시켜 관찰력을 기르고 발음을 정확하게 함이 목적이었다. 수기는 은물을 사용해서 눈과 손의 활동을 연습시켜 소근육발달과 정서발달을 도모하고자 함이 목적이었다.

이처럼 일제시대의 초창기 유아교육은 일본인들에 의해 시작된 프뢰벨 이론과 미국 선교사에 의해 유아의 흥미 중심, 생활 중심 및 사회정서들을 주축으로

한 유치원교육내용이 소개되었다. 그러나 우리나라 유치원교육은 일제 말기에 접어들면서 총독부의 탄압에 못 이겨 많은 유치원 보육학교들이 문을 닫게 되어 유치원교육과정은 거의 발전을 이루지 못하였다.

(1) 일본인 설립 유치원-부산유치원(1897)

청일전쟁 이후 부산에는 일본인들이 많이 거주하고 있었다. 부산에서 그들의 자녀들을 위해 1897년 3월 3일 사립 부산유치원을 설립하여 운영하였다. 이 유치원은 대곡파 본원사 별원의 후원으로 설립된 일본인 유아를 위한 일본인 유치원이었다.

(2) 한국인 설립 유치원-인천공립유치원, 경성공립유치원(1900), 나남유치원(1909), 경성유치원

한국인 설립 유치원은 구한말 정부가 세운 관립한성고등여학교 부속유치원과 개인이 세운 유치원으로 구분된다. 1908년 4월 2일 유아 약간 명으로 조촐하게 출발되었다. 이듬해에는 학생 수가 급증하였으며, 4월 7일에 학부령 제10호로 학칙 내에 유치원 규정이 제정되었다.

개인이 세운 유치원은 1913년 사립 경성유치원으로 자작 조중응의 발기로 경기도총 및 경성부와의 합의를 통해 건립된 것이었다. 이 유치원은 친일파 인사들의 자녀를 일본인화하려는 목적이 있었으므로 한국인에게는 부끄러운 유치원이다. 1916년 박희도의 주도로 경성부 인사동 중앙교회에 중앙유치원이 설립되었는데, 이는 한국인이 민족교육운동의 차원에서 세운 것이다.

(3) 서양인 설립 유치원

1914년에 기독교 선교사 브라운리가 보구여관 자리에서 16명의 유아를 모아 이화유치원을 열었다. 초대 원장은 이화학당 당장인 프라이 여사였다. 이후

1917년에는 헤스가 인천에 영화유치원을, 에드워즈 부인이 배화유치원을 설립하여 선교사업의 일환으로 유아교육을 실시하였다.

위의 유형 분류에서 일본인이 설립한 유치원은 한국유아교육사의 대상에서 제외시키고 보면 한국 최초의 유치원은 1908년의 관립 한성여자고등학교의 부속유치원이라고 할 수 있다. 그러나 이 유치원은 언제 폐원되었는지 어떻게 운영되었는지 기록이 없고, 한국에서 가장 오래된 역사를 지니고 현재까지 발전한 유치원은 1914년에 설립된 이화유치원과 1916년에 설립된 중앙유치원이다.

(4) 서양인 설립 유치원-이화유치원(1914)

미스 브리운리가 이화학당 내 정동이화유치원을 설립하면서 미국의 선교적 목정에 영향을 받아 기독교적 정신에 입각한 유아교육이 도입되었다. 그 당시의 유치원 교육이념은 프뢰벨의 교육원리 및 방법이었으며, 주로 교육내용은 신에 대하여 강조한 부분들이었다.

(5) 중앙유치원(1916)

박희도에 의해 중앙유치원이 설립되었다. 당시 중앙유치원의 창원정신과 그 목적은 장래의 조선을 위하여 잘 일하고 잘 싸울 용사를 길러 국민의 앞길을 열어 줌을 목적으로 하여 쉬운 교육과정, 부드러운 사랑으로 원아들을 가르치며 규칙적인 유치원생활을 통해 원아들을 건실한 사회인으로 양성하는 것이다. 교육내용으로는 노래, 유희, 담화, 그림, 수공 등을 가르쳤다. 중앙유치원은 순수한 한국인에 의해 설립 운영된 최초의 한국 유치원이라 볼 수 있다.

표 2-1 1910년 이전의 일본인 유치원

유치원명	설립자	설립일자	종별	비고
사립부산유치원	대곡파본원사 부산별원	1897	부산의 일본인 거류민원 설립	사 립
경자기념 경성유치원	경성 거류민단	1900	일본 황태자 성혼 기념으로 설립	공 립
인천기념유치원	인천 거류민단	1900	상동	공 립
원산유치원	원산 거류민단	1907	대곡파 본원시 별원이 일시거주	사 립
대구유치원	대구 부인회	1907	대구 거류민단이 일시거주	공 립
진남포 심상고등 소학교 부설유치원	진남포 거류민단	1904	명치41년 진남포 유치원으로 개명	공 립
경성고등여자교 부속유치원	경성 거류민단	1908	일명 남대문 심상 소학교 부속유치원	통 합
군산심상소학교	군산 거류민단	1909	명치42년 경자기념 유치원에 통합	사 립
사립나남유치원	정토종	1909	불명	사 립
사립경성유치원	호기희삼랑	1910	소재지 불명	사 립

2) 조선교육령과 유아교육(1922~1945년 해방 전)

일제 식민지시대의 유아교육사상은 크게 네 가지로 나눠서 생각해 보고자 한다.

첫째, 프뢰벨의 유아교육사상은 1897년 일본인자녀들을 위한 부산유치원이 처음 설립되었을 때 그 기초가 되었다.

둘째, 기독교의 경우 전술한 바와 같이 1914년 브라운리가 이화학당 내에 이화유치원을 설립하면서 기독교적 정신에 입각한 유아교육이 도입되었다.

셋째, 진보주의 교육철학의 경우 1920년 자비 유학의 법적 자유화로 인하여 급증하였던 식민지 한국의 미국 유학생에 의해서 도입되었다.

넷째, 3·1 독립운동 이후에 급격히 상승하였던 민족의식과 교육열은 유아교육 부분에도 상당한 영향을 주었다. 최현배의 경우, 신교육은 조선의 아동으로 하여금 조선을 이해하는 지식이 투철하고 조선을 사랑하는 정신이 열렬하며, 조선을 위하여 헌신적으로 활동을 하겠다는 의지를 함양해야 한다고 하였다. 이러한 민족교육의 정신은 소파 방정환에 의해서 어린이 운동으로 발현되었으며 어린이날의 제정과 함께 잡지 「어린이」의 창간으로까지 이어졌다고 할 수 있다.

이와 같이 일제 식민지시대의 한국교육은 암흑의 시대였음에도 불구하고 유아교육 부분에서는 역사적으로 매우 의미 있는 시기라고 할 수 있다. 즉, 서구의 문물이 유입되면서 최초의 유아교육기관이 등장하였고 현재와 유아교육에도 강력한 영향을 미치고 있는 흥미 중심, 생활 중심의 교육내용이 이 당시에 소개되었다. 또한 일제의 폭압적인 식민통치와 민족말살정책에 대한 저항 수단으로서 교육에 대한 중요성을 자각함과 동시에 유아교육에 대한 본격적인 관심을 나타내었다는 것도 역사적인 의미를 갖는다고 할 수 있다.

3 해방 후 유아교육

1) 광복~1970년대

대한민국 정부가 수립된 후 교육계는 일제의 황민화 정책 후유증, 해방 이후의 혼란, 정부의 무관심 등으로 발전의 기틀을 다지지 못하였다. 특히, 유아교육에 대한 정부 · 사회의 무관심은 초 · 중 · 고등교육기관에 비하여 심했기 때문에 발전이 아주 미약하였다. 1970년대까지 유치원 취원율이 2% 내외인 사실이 이를 증명해 준다.

정부수립 후 1949년 교육법이 제정되어 유치원교육을 포함한 우리나라의 교육목적 및 교육방침이 제시되었다. 정부는 유치원에 관한 조항을 포함하였는데, 우리나라 유치원의 교육목적, 교육내용, 유치원 교원자격을 규정하였고 이어 교육법 시행령과 유치원 시설 기준령 등을 만들어 교육적 환경 개선을 위한 최소한의 법적 근거를 마련하였다. 이 법은 유치원의 특수성이나 전문성이 완전히 고려되지는 않았지만 유치원 교원 자격이 처음 규정되었으며, 유치원의 교육적 환경 개선을 위한 시설 기준령이 제정·공포되어 유치원 발전을 위한 최소한의 법적 근거가 되었다.

1950년 5월 정부는 '국립유치원 설립계획'을 발표하였으나 한국전쟁의 발발로 실현되지 못하였고 1976년부터 공립유치원이 본격적으로 설립되기 시작하였다. 유치원교육의 질적 수준을 향상시키려고 한 정부의 시도 중 가장 중요한 것은 1969년 문교부령으로 유치원교육과정을 처음 제정·공포한 것이다. 이 교육과정은 유아들의 흥미와 욕구에 적합한 환경을 제공하여 그들이 즐거운 가운데 인격 형성에 도움을 받도록 하였다. 즉, 우리나라의 첫 문교부령 유치원교육과정은 유아의 흥미 중심, 경험 중심, 생활 중심의 교육을 실천하는 데 주안점을 두었던 것이다.

1979년에는 유치원교육과정이 새로이 개정되었다. 제2차 교육과정은 당시의 각급 학교교육과정에서 강조하고 있던 국민교육헌장 이념, 1972년의 유신 이념 등을 기초로 국민적 자질의 함양, 인간교육의 강조, 지식·기술교육 쇄신을 기본 방침으로 하였으며, 자아실현, 국가 발전, 민주적 가치의 강조를 학교 교육의 일반목표로 제시하였다.

1970년대 우리나라의 유아교육은 국내의 시대적 정치, 사회적 여건 속에서 선진 여러 나라들의 움직임에 직·간접적인 영향을 받았다. 또한 유아교육기관이 난립하기 시작한 시기이다. 대중매체를 통하여 유아교육의 중요성이 홍보되자 공·사립유치원, 어린이집 이외에 선교원과 예·체능 중심의 학원 유치부 등 사이비 유아 대상 사설기관이 설립되기 시작하였기 때문이다. 그럼에도 불구하고 1970년대는 일반인에게 유아교육의 중요성을 인식시킨 시기로서 이 시기에 이룩된 여러 가지 과업은 1980년대 제5공화국이 유아교육에 대해 국가적으로 지원하는 기초를 마련하였다.

2) 유아교육기관의 내적 기반 확립(1969~1980년)

우리나라의 유아교육은 정부의 행·재정적 지원이 가시화되기 시작한 1980년 이후부터 양적·질적 발전을 하게 되었다. 국가 발전에 있어 유아교육이 중요한 역할을 수행할 수 있다는 인식이 우리나라 사람들에게 보편화되기 시작하였다.

1980년부터 제5공화국은 중점 사업으로 새마을 협동 유아원(1981년부터 '새마을 유아원'이라고 개칭)을 설립하였다. 탁아사업을 주요 목적으로 하였던 새마을유아원은 보육과 교육기능을 일원화하기 위해 노력하였으나 취업규모가 적어 제대로 탁아기능을 수행하지 못하였다. 또한 유아교육을 확대하기 위해 유치원 500개소, 1,317학급을 증설하고 유아 4만 3,106명을 증원시켰으나, 5세 취원율은 전년도(57%)보다 낮은 54.8%에 머물고 말았다. 1981년 이후 제5공화국 정부(특히, 영부인 이순자 여사의 지원)의 지속적인 지원으로 급속한 양적 팽창을 했으나 1987년부터는 정권 말기의 권력 누수현상으로 정부의 지원이 눈에 띄게 감소하기 시작한 것이 그 원인이다.

탁아사업은 1982년부터 보건사회부에서 행정력과 재정 동원 능력이 강한 내무부로 이관되어 새마을 유아원을 통해 이루어지다가 1991년 영유아보육법이 제정되면서 다시 보건사회부(후에 보건복지부로 명칭 변경)로 이관되었다. 새마을 유아원을 지원하기 위해 1980년대를 지나는 동안 교육부는 유아교육에 대한 종합 계획 수립, 장학 지도, 재정 지원, 교사 양성, 교재 개발 및 보급의 업무를 담당하였고 보건사회부는 의료, 보건에 대한 지원업무를 담당하였다. 그 결과, 저소득층 자녀를 대상으로 한 새마을유아원이 양적으로 크게 증대해 1988년에는 새마을유아원 수가 총 2,394개소, 원아 수가 20만 1,192명에 달했다. 정부의 적극적인 유아교육 지원은 유아교육이 학문적으로 발전하는 데 기틀이 되었고, 탁아의 교육적 의의를 여론화하는 데 크게 공헌하였다.

3) 1990년대

제6공화국으로 바뀌면서, 제5공화국에 의해 시작된 새마을유아원에 대한 비판이 일자 새마을유아원의 성장이 둔화되기 시작하였다. 정당 및 사회단체들에 의해 탁아에 대한 독립 입법의 필요성이 제기되기에 이르렀다. 그 결과, 영유아의 탁아문제를 해결하고 가정의 복지를 증진한다는 취지를 담은 영유아보육법이 1991년 1월 14일 제정·공포되었다.

1991년 당시 유아교육기관은 교육법에 의한 유치원, 유아교육진흥법에 준하는 새마을유아원, 영유아보육법에 의한 보육시설 등으로 나뉜다. 내무부 산하의 새마을유아원은 1993년 12월 31일 교육부 산하의 유치원 또는 보건사회부 산하의 어린이집으로 전환되었다.

1992년은 제5차 유치원교육과정이 개정 공포된, 명실 공히 질적 발전의 원년으로 불랄 수 있는 중요한 해이다. 건국 이래 처음으로 유아교육 전문가에 의해 유치원교육과정이 연구된 후 교육부령으로 공포되었기 때문이다. 그러나 유아의 취원율을 높이려는 1980년대의 양적 팽창 우선 정책 수립 및 시행은 유아교육기관의 질적 수준을 낮추는 결과를 초래하였고, 유아교육의 본질에 대한 인식 부족 현상을 일으켰다.

또한 1990년대는 대한민국 정부 수립 후 50년 동안의 유아교육사 중 가장 획기적인 사건은 대통령 자문기구 교육개혁위원회에서 유아교육을 다룬 것이다.

제1기 교육개혁위원회가 초등교육개혁안 중 유아교육 관련 과제는 '국민학교 입학 연령 탄력적 운영'과 '유치원의 기간 학제화'였다.

제2기 교육개혁위원회는 제1소위원회에 유아교육특별위원회(이성진(위원장), 이원영, 전풍자, 윤용아)를 구성하여 유아교육개혁안을 집중 연구하도록 하였다.

그 결과 정부 수립 후 50년 만에 처음으로 우리나라는 유아교육 관련 보고를 대통령에게 할 수 있었고(1997. 6. 2), 이를 교육부에 이관하여 추진하도록 하였다. 제2기 교육개혁위원회가 일으킨 유아교육 공교육화 분위기는 1997년 12월 18일 대통령 선거전에서 각 당의 대표들이 유아교육에 대한 재정 지원은 물론 공교육화 지원을 약속하게 하였다.

4 2004년 이후의 유아교육

교육인적자원부는 2007년 12월 13일 유치원교육과정 개정안을 확정하여 발표하였다. 이번 개정은 지난 1998년 6월 30일에 고시한 '제6차 유치원교육과정'을 급변하는 시대 상황에 맞게 개정 보완하는 '수시 개정' 작업의 일환으로 추진해 왔으며, 이날 확정된 개정안은 2007년 개정 유치원교육과정 확정, 2009년부터 유치원에 적용하게 된다. 교육인적자원부는 이번 교육과정 개정을 위하여 기초연구(2005~2006)를 거쳐 교육과정 개정 시안을 연구 개발(2006~2007)하였으며, 그 밖에 학술대회, 토론회, 현장적합성 검토, 교육과정 심의회, 여론수렴 협의회 등을 통해 각계각층의 다양한 여론을 수렴하여 개정안에 반영하였다.

교육과정 개정의 기본 방향은, 제7차 교육과정의 기본 철학과 체제를 유지하되 운영상의 문제점을 보완하는 수준에서 개정을 추진하였으며, 주요 개정 내용에는 유치원에서 다양한 교육시간을 운영할 수 있도록 교육과정을 개선한 것을 비롯하여, 교육과정 내용의 개선, 교육과정영역별 내용의 구체화, 지도상의 유의점 신설, 읽기와 쓰기의 전 단계로서의 읽기와 쓰기 기초교육 강화, 초중등학교 교육과정과 연계한 교육과정 문서체계의 통일 등이 포함되어 있다.

서양의 유아교육사상

3장

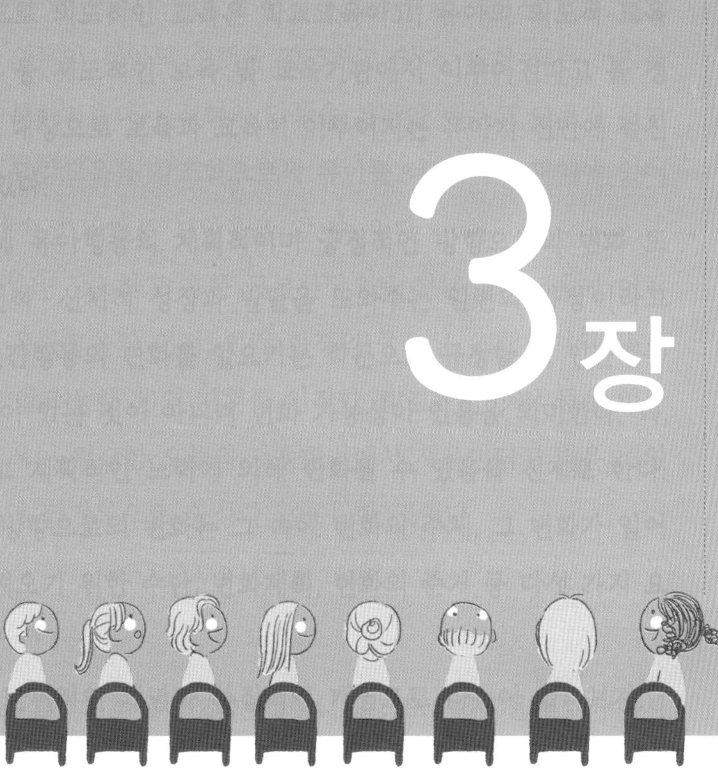

3장
서양의 유아교육사상

1 고대의 교육

그리스 문화는 인본주의(humanism)를 강조했다. 그리스 신화에 나오는 신들을 봐도 인간의 세계와 비슷하게 생활했으며, 그리스 사람들은 신비스러운 신의 세계보다는 인간으로서의 인간세계를 더욱 중시했던 것이다. 그리고 완전성을 추구했던 특징이 있고, 그리스 사람들은 세계를 하나의 아름다운 조화의 실체로 보았으며 예술에 있어서도 조화와 균형을 이룬 완전미를 추구하였고, 자유시민 공동체인 폴리스(polis)를 바탕으로 발전하였다. 폴리스는 도시국가로서 하나의 정치적·행정적 조직이기도 하지만, 아고라 광장에서의 집회를 통해 인간 존재의 의의, 인간행위의 규범, 공공적 존재로서의 인간의 가치 등에 관한 교시를 해주는 기관이기도 하였으므로 도시 전체가 하나의 학교와 같은 기능을 수행했었다고 볼 수 있다.

그리스의 교육으로 보수적이며 통제주의적인 스파르타의 교육과 진보주의적이고 자유주의적인 아테네의 교육이 있다. 먼저, 스파르타 교육은 국가를 관리하기 위하여 군국주의교육을 통하여 호전적 시민을 양성하고, 지혜의 사람보다는 행동의 사람을 길러내고자 하였다. 스파르타의 교육의 목적은 군국주의적 과제를 수행하기 위하여 강한 힘, 용기, 복종심, 인내력 등을 기르면서 조국에 대한 애국정신을 함양하는 것이었다. 스파르타 시민은 출생 즉시 신체검사를 받아 건강한 아이에게만 성장의 기회를 주었으며 7세부터 집을 떠나 집단적인 군사훈련을 받게 되었다. 18세가 되면 특수군사훈련을 받고 20세에 전사로서의 모든 교육이 끝나고 시민자격을 부여받은 성인이 되었으며 30세까지는 병영생활을 해야 했으므로 사생활이 없었고 30세가 지나면 결혼도 할 수 있었다.

반면, 아테네의 교육은 행동의 인간보다 지혜의 인간을 더욱 강조하였으며, 개인의 자유를 인정하고 신체와 정신이 조화를 이루어 개인의 균형 있는 발달을 도모하는 데 그 목적을 두었다. 즉, 아테네의 교육은 개성을 전면적으로 발전시켜 개인의 교양을 쌓아 자유시민으로서의 자기책임을 완수할 수 있는 인간을 기러내고자 하였다. 학교교육은 7세에 시작되어 체조학교와 음악학교에서 교육을 받게 되고 18세가 되면 국가에 충성한다는 서약을 하고 2년간의 교육을 받게 되며 20세에 완전한 시민자격을 획득하게 된다. 그리스문화를 모체로 하고 있는 스파르타 교육과 아테네의 교육은 거의 모든 면에서 대조적이다. 정치사상에서도 집단주의와 개인주의로 대비되며 즉 모든 권리와 행복이란 전체에 대한 개성의 절대적인 복종에서만 가능하다고 믿는 것이 스파르타의 정치사상이라면, 아테네의 정치사상은 전체에의 복종은 개성적 목적 달성을 위한 수단이라고 본다. 하지만 기본적 교육목적은 좋은 시민, 강한 군대를 양성하여 국가를 보호하자는 것으로 비슷하였다.

그리스의 사상가로 먼저 소크라테스를 말하자면 '인간은 만물의 척도'를 자신의 철학적 사고의 출발점으로 삼고 무엇보다 우선적으로 인간 자신을 알기 위한 노력을 기울였다. 또한 "너 자신을 알라"라는 표어로 보편타당한 진리에 대한 자기인식을 말하는 것으로서 행위를 전제하고 있는 것이었으며 지식은 곧 덕이고 덕은 곧 지식이다(지덕합일설)를 주장했으며 교육방법으로 문답법을 사용하였다. 교육적 의의로는 교육이란 교사의 일방적인 지식 전달이 아니라, 교사와 학생이 대화를 매개체로 하여 합리적인 진리에 공동으로 도달하는 방법이어야 하며 진리의 공동생산을 강조한 데 있다.

소크라테스의 제자인 플라톤은 국가주의적 관점에서 국가 전체가 지향해야 할 이상적 덕목을 공정성 또는 정당성이라고 보았으며, 그의 이상국가에는 지배계급·군인계급·생산계급의 세 계급이 있으며, 교육이란 단순한 지식을 학생의 머리에 주입시키는 일방적 작용이 아니라, 잠자고 있는 영혼을 자극하여 국가 사회에서 자신의 맡은 바 소임을 스스로 다 할 수 있도록 일깨워주는 일이라고 하였다.

플라톤의 제자 아리스토텔레스는 관념론적인 플라톤과 대조적인 실재론적인 이원론을 이야기했다. 교육의 궁극적 목적을 행복한 생활을 영위할 수 있는 인간의 육성에 두고 있으며, 행복을 최고선으로 보고 실천을 위해서는 중용의 덕을 지키는 이성적 삶을 요구하고 있어 과학과 철학을 통한 이성의 훈련을 통하여 가능하다고 보았다. 로마가 그리스를 군사적으로 정복한 후 제정시대로 웅변에 능숙해서 국가에 실제적 봉사를 할 수 있는 선량한 인간을 육성하는 데 교육의 목적이 있었다.

2 중세의 교육

중세사회는 로마제국의 몰락 이후 3대 문화권으로 나뉘어졌으며 로마 교황 중심으로 한 기독교와 민족적인 봉건국에 의하여 새로운 질서를 확립하게 되었다. 중세 유럽의 주체는 봉건 영주와 교회들이었다. 중세교육의 목표는 일차적으로 인간을 순종과 신앙으로 이끌고 기독교적 완전성에로 인도하는 것이었으며 문답학교, 사원학교, 궁정학교, 수도원학교 등 교육기관이 있다. 한편, 기사도교육은 무지하고 야만적인 기사들에게 기독교정신을 습득시킴으로써 용기·충성·관용 등과 같이 군사적 미덕과 함께 예의·공손·자비 등의 사회적 미덕을 갖추게 해주는 일이었다.

중세 말 십자군 원정의 결과 봉건제도가 몰락하고 시민사회가 성립되는 시대적 상황 속에서 신흥 시민계급이 실질적인 세력을 장악하며 실생활에 필요하고 알맞은 교육, 즉 직업적이고 생산적인 교육을 요구하게 되며 시민교육기관으로 조합학교(guild school)와 도제교육제도가 나타났다. 시대의 객관적 상황 변화로 인하여 지적 욕구가 충만한 학생들이 유명한 스승을 찾아 집결함으로써 각지에 자생적으로 대학이 나타났으며 사숙형태로 출발하여 법학·의학·신학을 중심으로 한 대학들이 생겨나게 되었다. 학문연구의 자율성과 권위, 그리고 학생들의 자치권을 바탕으로 설립된 조합대학의 성격을 지녔던 중세대학의 특권은 교수·학생의 병역, 부역, 세금 면제와 대학 내 독립법정을 설치하여 치외법권적 지위 부여와 대학 자체의 학위수여권 및 학생들의 총장 선출권이 있었다.

사상가로는 아리스토텔레스의 철학체계를 수용하면서 스콜라 철학을 대성시킨 학자인 아퀴나스가 있으며, 교육사적 의의로는 인간의 이성이 극도로 억제되고 현재의 존재하고 있는 현실을 부정했다. 신 중심의 삶을 추구함으로써 내세주의, 금욕주의적 사상이 지배했던 시대가 중세이지만, 중세 말 시민정신과 대학정신은 오늘날 실용적 가치를 추구하는 교육과 학문적 연구의 자율성 확립에 사상적 기초를 제공해 주었다고 평가할 수 있다.

3 르네상스의 교육(15~16세기)

중세사회가 붕괴되는 과정 속에는 이미 근대적인 여러 요인들이 과도기적인 형태로나마 그 성격을 드러내기 시작하였다. 고대문화의 부활과 재생을 뜻하는 르네상스는 단순한 재생이 아니라 인간과 자연에 대한 새로운 각성운동으로 나타났다. 르네상스는 중세의 억압적이고 예속적인 인간상에서 벗어나 현세적 삶 속에서의 만족과 행복을 추구하며 상실되었던 인간성을 회복하기 위한 운동으로 전개되어 근대사회로의 발판을 마련하였다.

르네상스의 사상적 기초가 된 인문주의(humanism)란 중세 기독교의 복음주의와 내세주의에서 벗어나 인간 본연의 상태로 돌아오려는 사상이며 과거 중세의 신본주의에서 인본주의로, 내세주의에서 현세주의로, 금욕주의에서 자연주의로, 권위주의에서 이성주의로, 억압주의에서 자유주의로, 교회 중심에서 개인 중심으로 변화하였다. 자유교육의 이상을 추구하였고, 고전문학의 학습이 강조되었으며, 형식 위주의 고전어교육에 제한된 인문주의적 경향의 시세로주의(ciceronianism)가 문예부흥기에 나타났다.

사상가로는 인문주의자이면서 신학자였던 에라스무스가 있으며, 교육의 목적이 경건한 마음을 기르기와 도덕적 정신의 함양과 선량한 생활을 습관화 그리고 성서문학을 통해 마음의 양식을 풍부하게 해야 하며 라틴어를 잘 쓸 수 있도록 고전어 학습을 철저히 하는 데 있었다.

에라스무스는 아동 중심의 심리적 기초와 인문주의 사상에 바탕을 둔 교육론 소유자였다. 교육사적 의의는 사고의 자유, 자기표현, 창작적 활동의 자유 보장 및 지 · 덕 · 체의 조화로운 발달을 도모한 자유주의 교육을 목표로 하여 오늘날의 인간교육 · 전인교육의 이념에 기틀을 마련해 주었다고 볼 수 있다. 다만, 처음에는 순수하게 인간성 회복을 위한 학문활동의 방향으로 제시되었던 인문주의가 나중에는 내용보다 형식에 지나치게 집착함으로써 잘못된 교육의 모습으로 변질되었다.

4 종교개혁과 교육(16세기)

종교개혁은 원시 기독교를 다시 일으켜 신과 인간의 매개자인 교회의 권위를 부정하고 신과 인간의 직접적 교류를 통해서만 참된 신앙을 얻으려는 직접신앙을 말한다. 그리고 종교개혁은 교육에 성서의 독일어 번역을 통하여 교육의 대중화와 실용적 인간을 길러내는 데 기여하였으며, 다양한 교육과정의 운영으로 종교적인 것과 세속적인 것의 조화를 도모하여 현실적인 사회발전을 강조하였고 기초교육으로서의 가정교육의 의미를 부각시키는 등의 영향을 미쳤다. 사상가로는 루터가 당시 교회의 형식적 의식 · 금욕 등 신학 자체에 대해 불만을 품고 있다가 교회의 면죄부 판매를 계기로 95개 조항의 반박문을 교회 정문에 게시함으로써 종교개혁의 첫걸음을 내딛었다.

루터의 교육사상으로는 첫째, 아동의 취학 의무화 사상으로 모든 부모는 귀천 · 빈부 · 남녀의 구별 없이 자녀를 학교에 보내야 한다고 하였다. 둘째, 공교육제도의 확립을 주장하며 교육의 국가 책임론을 강조하였다. 셋째, 학교교육과정에 있어서 풍부한 교육과정을 요구하면서 고전어와 역사 · 자연 · 음악 · 체육 등의 다양한 교과를 중시하였다. 넷째, 교수방법의 개선을 요구하고 사물자체에 대한 인식을 강조하였다. 다섯째, 루터는 아동은 신의 선물이라고 하여 아동의 인격을 존중하였다. 여섯째, 교직의 중요성과 고귀성을 강조하였으며 초등학교에서는 여교사의 채용을 주장하였다.

종교개혁의 사상 가운데 교육에 가장 영향을 미친 것은 "모든 국민에게 교육을 시켜야 한다"는 보통교육의 사상이었는데, 이러한 보통교육의 의무화 정신은 독일과 미국에서 고타 교육령과 매사추세츠 교육령으로 법제화되어 나타났다.

종교개혁은 당시 봉건사회의 해체과정과 가톨릭 교회가 갖고 있던 모순이 상승작용을 일으켜 전 유럽에 확산되었던 사회개혁운동임과 동시에 교육개혁운동이었다. 이러한 종교개혁을 통하여 인간의 이성이 깨우쳐지고, 보통교육이 확산될 수 있었으며 초등의무교육의 기틀이 마련되었다. 그러나 실제적 삶에 있어서 교육의 내용과 방법은 여전히 언어주의 · 기억주의 · 서적주의 · 형식주의를 완전히 벗어나지 못하였다.

5 실학주의와 교육(17세기)

인문주의가 시세로주의(ciceronianism)로 변질되고, 종교개혁의 정신은 교주형식주의(dogmatic formalism)에서 벗어나지 못하게 되자, 17세기에 들어서면서 교육에서는 이에 대한 반동으로 실학주의가 생겨나게 되었다. 이러한 실학주의는 인문적 실학주의, 사회적 실학주의, 감각적 실학주의의 세 단계를 거치면서 발전하였다(인문적 실학주의-고전의 형식보다 내용을 중시하고 실생활에 필요한 내용을 강조한 점, 사회적 실학주의-실생활과의 접촉을 통해서 유능한 사회인 또는 세상 일에 밝은 인간(man of world)을 양성, 감각적 실학주의-인간의 감각적 직관을 기초로 사물의 본질을 파악).

사상가로는 코메니우스가 있는데, 모든 과학과 학문을 통합하는 범과학, 범우주적 지혜, 백과사전적 지식을 총칭하는 범지학으로 교육학의 "모든 사람들에게 모든 것을 가르친다"는 한 분야로 출발하였다. 그리고 자신의 범지학이론에 의한 교육은 모든 사람들에게 공통적으로 이루어져야 한다며 평등교육사상을 주장하였다. 신은 인간이 자신의 잠재력을 자각하고 자신의 목적을 달성하기 위해 필요한 모든 수단을 얻을 수 있도록 창조하였다고 그는 믿고 있었다. 코메니우스는 국제이해의 교육을 통해 인종 간 · 민족 간 오해와 갈등을 극소화시킴으로써 인류의 화합을 도모하고자 한 평화교육사상을 펼쳤고, 학문이란 그 속에 하나님의 지혜가 천명되어 있는 자연에 관한 학문을 말하고 사물의 본질에 관한 지식을 일컫는다(합자연의 원리). 실학주의의 교육사적 의의로는 자연에 따르는 교육의 방법은 코메니우스 이래 루소, 페스탈로치 등에 계승되면서 인간주의적 교육관을 형성하게 되었다.

6 계몽주의와 교육(18세기)

계몽주의란 인간의 이성과 지성을 해방하여 인간의 지성적 자율을 수립하려고 했던 사조를 의미한다. 절대주의에는 중세적 몽매성이 깃들어 있어 근대의 문을 열기 위해서는 몽매성이 계발되어야 한다는 생각에서 출발하여 인간의 이성이야말로 인간적 삶의 궁극적 판단자요 지도자라는 생각이 이 시대를 지배하게 되었다. 계몽주의의 교육목적은 이성의 자유를 속박하는 종교 · 정치 · 사회 등의 모든 권력구조를 제거할 수 있게 하는 데 있었다. 즉, 사람들이 스스로 생각하고 모든 인간적 또는 신학적 문제와 사물을 자신의 이성의 힘으로 따질 수 있게 하는 데 목적을 두었다. 특징으로는 자연주의와 합리주의, 실리적 현세주의(실리주의), 범애주의 교육사상이 있다.

사상가로는 루소가 있는데, 『에밀』이라는 교육소설을 집필하여 아이들을 어른의 축소판 정도로 이해하고 있기 때문에 교육이 잘못되었다고 하였으며, 전체 5부로 구성된 각 단계의 주요한 발달특징을 알 수 있다. 그는 교육의 목적, 내용, 방법을 모두 자연의 원리에서 찾아냈으며, 자연에 따르는 교육이 인간을 가장 자유롭고 행복하고 덕스럽게 만든다고 보았다(자연주의 교육사상). 그리고 학생들에게 직접적인 간섭을 피하고 학생 스스로 판단할 수 있는 교육적 환경만 마련해주는 소극적 교육론을 주장하였다.

교육사적 의의로는 무엇보다도 인간 이성의 회복을 통해 인간의 존엄성을 일깨워주는 데 크게 기여하였으며 루소는 18세기의 범애학파에 커다란 영향을 미쳐 자연주의적 합리적인 교육의 방법으로 교육하는 범애학교를 만드는 데 결정적인 역할을 하였다.

7 신인문주의와 교육(19세기) - 계발주의

19세기의 새로운 사상으로 주목되는 것은 18세기의 이성주의·주지주의·합리주의·실리주의의 계몽사상에 대립하여 문학의 낭만주의를 바탕으로 독일에서 등장한 신인문주의(Neu Humanismus)이다. 신인문주의 운동은 16세기의 인문주의가 시세로주의로 변질되었던 것을 지적하고, 17세기 실학주의의 공리성을 비판하는 동시에 18세기 계몽사상의 이성 지상주의에 대항하는 운동이다. 특징으로는 원래의 그리스의 문학과 사상, 인간관, 세계관을 강조하였으며, 고전속에 담겨진 그들의 세계관·인생관 그 자체를 중시함으로써 실질적인 생활에 도움을 주었고, 고전문화에 대한 자각적 태도를 강조한 점이다.

사상가로는 인류의 교사 또는 교성이라고 일컬어지면서 교육에 있어서 코페르니쿠스적 전환을 이룬 페스탈로치가 있다. 그의 인간교육관은 머리·가슴·손으로 특징지어지는 인간의 지능력, 심정력, 기능력을 모든 사람에게 고르게 도야하고자 하는 전인교육관을 나타냈다(3H의 조화로운 발전 - Head, Heart, Hand). 교육방법은 합자연의 교육원리로 특징지어지며, 합자연교육의 방법적 원리는 안방교육의 원리, 일반도야의 원리(기초도야의 원리), 지기계발의 원리(자발성의 원리), 직관의 원리, 방법의 원리, 노작교육의 원리, 조화발전의 원리, 개성존중의 원리를 정리하였다.

그리고 교육학의 독자적 체계를 수립한 사람으로 헤르바르트는 칸트의 도덕철학의 영향을 강하게 받아 교육의 필연적 목적은 '견고한 도덕적 품성의 도야', 즉 진실하고 신뢰성 있는 도덕적 성격이 인간의 최고의 목적이며 교육의 궁극적 목적이라 하였다. 그는 5도념으로 내면적 자유의 이념(자신의 통찰에 의해 최선이라고 판단되는 것을 내면적 의지에 의해 실천으로 옮기는 것), 완전성의 이념(원래 의지가 충실·강력·조화가 완전), 호의의 이념(자신의 과욕을 피하고 호의를 존중함으로써 타인의 행복을 자신의 의지로 대항으로 하는 것- 자신의 의지로 남을 돕는 것), 정의의 이념(서로 양보하고 상호 의견을 존중함으로써 상이한 두 의지의 충돌을 피하고자 하는 이념), 보상 또는 공정의 이념(일정한 의지에 따른 행동에 대하여 언제나 정당한 대가를 치르는 것)을 서로 결합하여 실현되는 성질이 도덕적 품성이라고 보았으며, 이를 육성하는 것이 교육의 목적이라고 하였다.

교육방법은 표상심리학을 기초로 한 관리, 교수, 훈육의 세 가지 교육방법을 제시하고 있다. 교수에서 다면적 흥미는 경험적 흥미, 사변적 흥미, 심미적 흥미, 동정적 흥미, 사회적 흥미, 종교적 흥미의 6가지 흥미를 강조하였다. 이상과 같은 흥미 발생의 조건으로는 전심과 숙고(치사)를 들고 정지적인 것과 진동적인 것으로 나뉘었다(4단계 교수법-명료, 연합, 체계, 방법). 그리고 훈육(훈련)은 유지적 훈련, 규정적 훈련, 결정적 훈련, 조성적 훈련이 있다.

유치원의 창시자인 프뢰벨은 유아교육의 적임자로 여성을 외쳤으며 교육의 원리로는 통일의 원리(전일의 원리), 자기활동의 원리(어린이 자신의 경험에 의하여 스스로 습득하는 활동적이고 창조적인 자기활동의 원리를 극히 중요시함), 노작의 원리(노작을 통해 이루려고 하였으므로 노작의 의미와 가치를 중히 여김), 놀이의 원리(교재인 은물을 이용해 적용)를 들었다. 교육사적 의의로는 적극적으로 심리학적 원리를 고려해서 그들의 잠재력 등을 계발했다는 점이다.

8 현대의 교육(20세기)

20세기에 들어서면서 정치, 경제적인 상황이 급변하고 따라서 교육도 많은 변화를 겪게 되었다. 19세기의 산업혁명과 시민혁명의 결과 20세기에는 교육의 실질적 민주화가 뿌리를 내리기 시작하였다. 민주주의의 기본사상은 이미 싹트기 시작했으나, 교육내용과 방법 면에 있어서 구체적인 발전을 이루지 못하였던 것, 다시 말해서 여전히 권위적이고 주입적인 교육내용과 방법에서 탈피하여 좀더 자유롭게 사고하고, 창조하며, 자신의 운명을 개척하려는 새로운 인간교육운동이 전개되기 시작하였다. 전 세계의 교육개혁운동에 영향을 미치며 본격적으로 추진하고 현실화시킨 운동으로 신교육운동이 전개되었다. 영국, 독일의 전원에 설립된 기숙사 학교의 형태인 전원학사에서 시작되었고, 독일 뮌헨에 노작학교가 설립되며 전개되었다.

전원학사는 영국의 애버츠호움 학교에서 출발하여 리이츠의 전원학사, 비네켄의 자유학교 공동체, 게헤프의 오덴발트 학교가 있으며, 전통적 학교교육을 비판하고 하나의 대안적 학교로서 전인교육의 이념 아래 운영되었던 학교이다. 그 다음 노작학교는 케르쉔슈타이너의 노작학교(특정한 직업의 직업과정, 기계, 재료 등에 익숙하게 하는 것뿐만 아니라 작업을 수행하는 데 필요한 능력의 형성, 착실한 작업방법, 주의력, 철저성, 면밀성 등을 기르고 올바른 노작의 기쁨을 환기하는 데 두었다), 가우디히의 노작교육사상이 있다. 현대교육의 특징은 무엇보다도 아동 중심 교육사상이라고 할 수 있다. 멀리는 코메니우스로부터 루소, 페스탈로치, 프뢰벨 등을 거치는 동안에 전통적인 교사 주입 또는 기성세대 중심의 교육에서 점차 아동 중심, 성장세대 중심의 교육이 확고하게 자리를 잡아가고 있었다. 현대에 있어서 아동 중심 교육사상을 심화시키고 이를 실천에 옮긴 미국의 듀이, 이탈리아의 몬테소리, 영국의 니일 등이 있었다.

미국의 듀이 교육관은 다음과 같다.

첫째, 교육은 생활이다. 교육은 미래의 삶을 위한 준비가 아니라 현재적 삶의 과정 그 자체라고 말했다.

둘째, 교육은 성장이다. 즉, 교육은 끊임없이 개조, 변형되어가는 연속적 성장의 과정이라는 것이다.

셋째, 교육은 경험의 계속적인 재구성이다. 교육은 경험의 의미를 증가시킬 뿐만 아니라, 뒤따르는 경험을 지도하는 힘을 증가시키는 경험의 재구성이다. 아동 중심 교육으로 사회화 과정에서의 교사는 helper, guide이어야 한다고 했다.

이탈리아의 몬테소리는 정신장애아들의 교육에 관심을 기울였으며 1907년 어린이의 집이라는 유아시설을 운영하면서 장애아들의 교육에도 자신의 교육이론을 적용할 수 있는 기회를 갖게 되었다. 몬테소리교육은 아동을 존중하고 아동의 작업(노작)을 중시하는 사상에 근원을 두고 새로운 아동을 발견하려는 것으로부터 출발한다. 아동을 무한한 잠재능력의 소유자로 보았으며, 어린이는 성인의 축소형이 아니며 그렇게 취급되어서도 안 된다고 했다. 성인이 어린이를 인격체로 존중해야 하며, 어린이는 발달단계에 따라 성장 속도에 개인차가 있다는 사실을 인정해야 한다고 강조하였다. 그리고 개별교육과 자연스러운 분위기에서의 교육이 필요하다고 했다. 몬테소리는 어린이가 전인적인 성장을 하도록 도와주고, 자신의 주변환경에 적응할 수 있게 하며, 인간적인 관계에서 사회적 요구를 받아들이고, 정상화(normalization)되도록 도와주는 데 교육목적을 두었다. 교사의 역할로는 환경의 유지와 관리를 위한 관리자이어야 하며, 동기유발의 기능을 발휘해야 하고, 방임자가 되는 역할을 해야 한다고 했다.

영국의 니일은 서머힐 학교를 세우고 성선설에 입각하여 어린이의 특성을 "어린이는 본래 현명하고 현실적이다, 아이들은 본래 성선설을 가지고 태어난다, 어린이들은 사랑과 이해를 필요로 한다, 아이들은 일하기 싫어한다, 어린이들은 이기적이다, 어린이의 흥미는 직접적이다, 게으른 아이는 없다."라고 강조하였다. 서머힐 학교에서는 남에게 방해가 되지 않는 한 자기가 하고 싶은 일을 마음대로 하고, 학과 수업에 출석하지 않아도 제재를 받는 법이 없다. 또한 숙제와 시험이 없으며 따라서 성적표와 석차도 없다.

현대교육의 인간주의적 경향은 르네상스 이래 끊임없이 추구되어온 인본주의의 결과이다. 다만 그 현상에 있어서 17~18세기에는 중세의 몽매성에서 해방되기 위하여 인간의 이성이 강조되었으며, 19세기에는 지나치게 이성 중심의 삶에서 탈피하여 인간의 감성을 고려한 낭만주의적 경향이 나타남으로써 인간적 삶의 조화로운 발전을 추구하였던 것이다.

20세기에 들어와서는 과학기술 문명이 급속도로 발전하여 비인간화 현상이 사회의 커다란 문제로 대두되었으며, 이의 극복을 위한 교육적 노력이 인간주의 교육으로 전개되어 왔다. 오늘날 인간주의적 교육의 추세에 비추어 볼 때, 아동의 인격적 자유를 보장하고 아동의 자율적 판단능력을 함양하여 그들이 사회 속에서 자립할 수 있는 성숙한 인간으로 육성하려고 하였던 교육사상은 21세기에도 변함 없이 유지될 것으로 여겨진다.

유아교육과 발달이론

4장

4장
유아교육과 발달이론

1 발달의 특성

1) 발달의 개념

'발달(development)'이란 시간이 지남에 따라서 신체적 구조, 심리적 특성 및 행동과 일생 동안 살아가는 데 필요한 것들에 적응해 가는 방식을 의미한다. 발달심리학에서는 인간의 생명이 시작되면서부터 죽음에 이르기까지의 전 생애를 통해 이루어지는 모든 변화의 양상과 과정을 의미하는 것으로 정의하고 있다.

이러한 발달은 질적인 변화와 양적인 변화를 모두 포함하며, 어떤 특징이 양적으로 증대되고 기능이 유능해지며 구조가 더욱 복잡해지는 긍정적인 변화와 더불어 양적으로 감소되고 기능과 구조가 쇠퇴하는 부정적인 변화를 모두 포함하는 개념이다.

2) 발달의 원리

발달은 일생에 걸쳐 점진적으로 일어나는 체계적인 변화이며, 신체, 심리, 사회적 영역에서 일어나는 전체적 변화를 의미한다. 첫째, 유전과 환경의 상호작용에 의해 이루어지고, 둘째, 전생애에 걸쳐 이루어지고, 셋째, 민감기 또는 결정적 시기가 있으며, 넷째, 일정한 방향이 있다. 다섯째, 연속적인 과정이긴 하나 일정하지 않으며, 여섯째, 점성적 원리를 따르고, 일곱째, 상호 관련성이며 마지막으로 개인차가 존재한다는 8가지 원리를 가지고 있다.

(1) 발달은 유전과 환경의 상호작용 과정이다

인간발달은 인간(유전적 요인)과 환경(환경적 요인)과의 역동적인 상호작용을 통하여 이루어진다. 내적 요인은 아동이 선천적으로 부모로부터 물려받은 생물학적 재질인 유전에서 비롯되며, 외적 요인은 환경적 요인으로서 아동이 외부 세계와의 경험에서 받게 되는 비유전적인 영향이다.

그러나 선천적인 요인이 다른 사람들로부터 긍정적인 반응을 얻으면 그 경험을 통해 자신감이 형성되고, 이를 통해 더 유능해지는 경우도 많으므로 이러한 구별은 분명하지 않다.

(2) 발달은 성숙과 학습에 따라 이루어진다

발달은 성숙과 학습에 의존한다. 즉, 아기가 서게 되는 것은 다리근육의 성숙이 선행되어야 하지만 어른이 손을 잡고서는 연습을 시키면 아기는 빨리 설 수 있게 된다. 이처럼 성숙과 학습은 상호영향을 주며 학습은 발달을 촉진하는 것이다. 생의 초기단계인 유아기의 경험은 이후 모든 성장과 발달에 지대하고 지속적인 영향을 준다.

블랙모어와 미첼의 연구에 의하면 고양이를 낳자마자 어두운 우리 속에 가두어 빛을 보지 못하게 하여 길렀더니 그 후 정상적인 환경으로 돌아온 후에도 계속 시력장애를 보였다고 한다. 유아기는 일생을 위해 준비하는 시기로 유아의 정신적·신체적 발달이 그 후의 인격, 정서, 지능, 대인관계, 도덕적 성품 등 모든 면의 기초가 되고 지속적인 영향을 남긴다. 따라서 환경적 요인이 발달에 큰 영향을 미친다고 생각한다.

(3) 발달의 각 영역은 상호 연관성이 있다

발달의 각 측면은 서로 밀접하게 상호 관련되어 있다. 따라서 발달의 각 측면은 서로 상호 관련이 되어 각 발달영역에 영향을 미친다.

(4) 발달은 민감기 또는 결정적 시기의 특성이 있다

발달에는 결정적 시기(critical period) 또는 민감기(sensitive period)로 불리는 유기체가 생애의 어떤 시점에서 특정한 행동을 가장 확실하게 학습하는 최적의 시기가 있다. 결정적 시기, 즉 어떤 기능이나 신체의 부분이 급격히 발달하는 시기에는 급격하게 발달이 이루어진다. 하지만 발달은 계속적인 과정이며, 그 속도는 일정하지 않다. 유기체가 진보해 가는 과정에서 눈에 띄게 달라지는 결정적 시기가 있다.

발달의 각 차원(생리적, 지적, 사회적, 도덕적)은 어떤 특정한 시기에 개화하여, 자연의 섭리에 따라서 각 차원이 개별화되도록 아동을 보호해 주는 것이 필요하다. 따라서 결정적 시기란 어떤 주어진 사건이 가장 큰 영향력을 가지게 되는 특별한 시기를 뜻한다.

(5) 발달은 일정한 순서와 방향성을 따른다

인간의 발달에는 일정한 순서가 있다. 발달은 상체에서 하체의 방향으로, 중심에서 말초의 방향으로, 전체 활동에서부터 특수활동의 방향으로 진행된다. 이러한 사실은 발달에 일정한 순서가 있음을 증명하는 근거인 동시에 한 단계의 발달은 다음으로 이어지는 보다 높은 차원의 발달단계의 발달에 기초가 된다는 것을 의미한다.

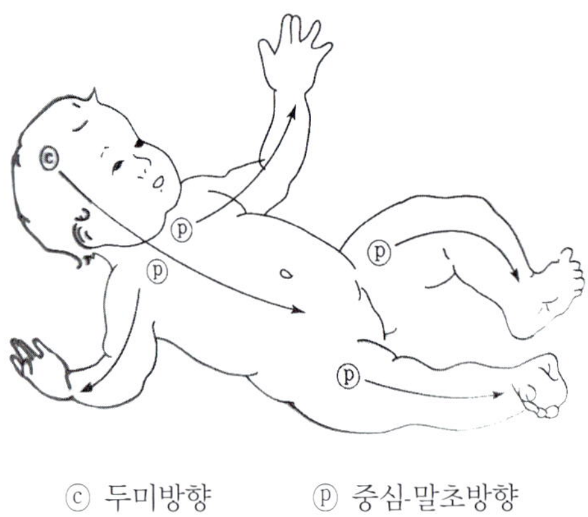

그림 4-1 발달의 일정한 순서와 방향

(6) 발달은 연속성과 불연속성의 과정이 번갈아 나타난다

인간의 특성은 주로 인간의 초기에 그 기초가 형성되고 또한 발달이 급속히 이루어지는데, 만약 발달의 최적기를 놓치게 되면, 그 시기 이후에 이를 보완하거나 교정하기가 힘들다. 다시 말해, 발달은 연속적인 변화의 과정이지만 그 발달의 속도는 일정하지 않다.

발달영역에 따라 속도가 각기 다르고 특정 부분이 어느 시기에 급격히 발달하기도 하며 지연되기도 하여 발달단계에 따라 속도가 일정하지 않다. 발달은 늘 평탄하거나 점진적인 것만은 아니라는 것이다.

(7) 발달은 점성적 원리를 따른다

태아가 발달할 때 신체의 어떤 기관이 어떤 특수한 시기에 나타나서 그 유아의 형태로 결합되어가듯, 성격도 이와 마찬가지로 발달해 간다는 원리이다.

(8) 발달은 개인차가 있다

인간발달에는 일반적인 원리가 존재하지만 모든 사람이 동일하게 발달하는 것은 아니다. 개인의 유전, 성별과 환경의 차이에 따라서 개인차를 보인다. 발달과정에는 개인차가 있다. 발달은 보편적인 과정을 거치면서도 개인차를 나타내는데, 발달적 변화의 시기나 표현방식에 있어서 차이가 있으며 발달의 결과도 개인마다 다양하다.

2 발달의 단계

1) 1단계 : 태내기

태아는 정자와 난자가 만나 임신기간 동안 어머니의 자궁 속에서 발달하게 되며, 태반을 통해 어머니의 신체와 태아가 연결되어 수분, 산소, 혈액 등 태아가 필요로 하는 영양소를 공급하고 불필요한 배설물을 배출한다.

이 시기에는 임산부의 신체적 건강상태와 정서상태가 태아에게 많은 영향을 미친다. 일례로 고민을 많이 하는 임산부에게서 태어난 신생아는 발달이 느리고 허약하며 이상행동을 나타내고, 임산부의 불안수준이 높을수록 신생아가 많이 우는 것으로 나타나고 있다,

오늘날에는 여성의 사회진출이 활발해지면서 직장에서의 과도한 업무 부담

으로 인해 신체적 피로와 스트레스를 받을 수 있다. 이의 해소를 위한 안정적인 물리적 환경이 제공되어야 한다.

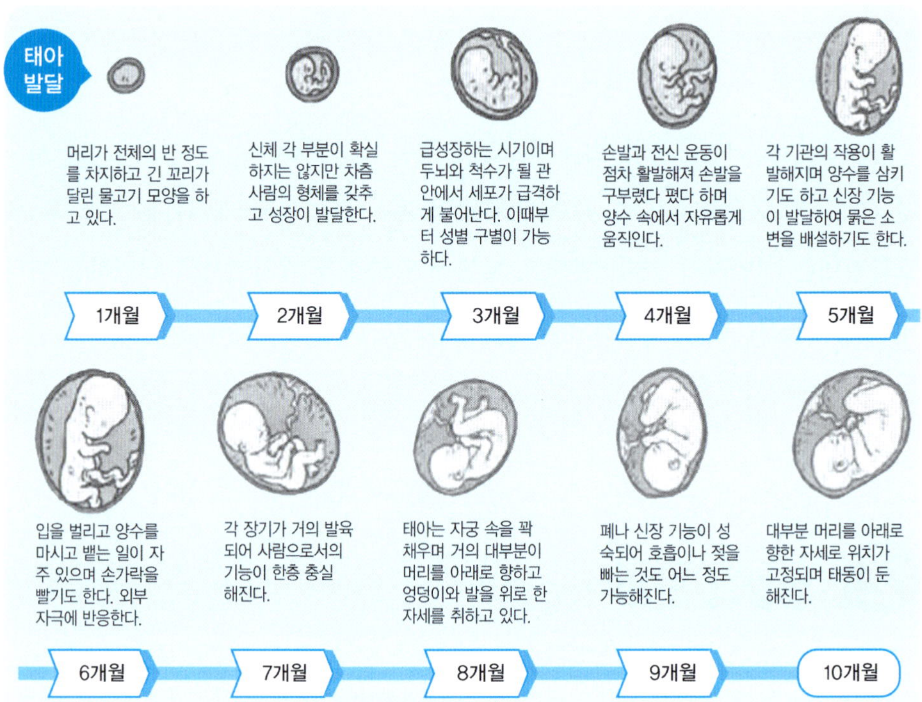

그림 4-2 태내기 발달 순서

2) 2단계 : 영아기(출생~4세)

출생 후 영아기에는 감각기능이 미분화된 단계에서 점차 세분화되는 단계로 발달하기 때문에 다양한 운동이 가능하다. 2~4세까지의 시기는 움직임이 많으며 자기주장이 강해진다. 스스로 계획을 수립하고 이를 행하려는 등 활동성이 매우 강하게 나타나며 자아의식을 갖게 됨으로써 좀 더 자율적이고 독립적 존재가 되어간다. 부모행동을 모방하고 친숙한 사물을 상징화하여 단순한 놀이를 하지만, 점차 동화나 TV에서 보고들은 이야기들을 상징화하는 놀이로 확대된다. 이러한 놀이를 통해 신체 및 내적 세계와 사회적 관계를 실험하고 이해하며 언어적인 제한점을 보충해 갈 수 있게 된다.

3) 3단계 : 유아기(5~7세)

5~7세의 시기는 가족과 많은 시간을 보내던 아동이 유치원에 입학하면서 생활환경이 확대되어 복잡한 사회적 영향을 받게 된다. 또래집단과의 접촉을 통하여 사회적 관계를 본격적으로 습득하고 사물에 대한 호기심이 증가하며 직관적 사고능력이 발달하게 된다.

걸음마기에 특징적으로 나타났던 반항적 활동은 점차 반항적 사고로 대치되어 나간다. 도덕적으로 올바른 행동을 하는 모델에 대한 관찰학습을 통하여 친사회적 행동을 학습하게 되고, 비행에 따르는 처벌을 관찰학습하게 되면 비도덕적 행동이 억제된다. 이 시기에는 타인의 관점을 수용할 수 있는 능력의 발달, 즉 타인의 입장, 관점, 사고, 감정을 추론하고 감정이입적으로 이해하는 능력인 사회적 관점 수용능력에 따라 사회적 발달 정도가 결정된다.

4) 4단계 : 아동기(7~12세)

아동기는 신체적 성장과 발달이 비교적 원만하게 진행되는 시기이며, 전반적으로 신체의 체계가 안정되는 시기이다. 학교교육을 통하여 필요한 지식과 기술을 습득하게 되며 인지발달이 이루어져 보존개념, 분류화, 서열화, 탈중심화 등이 발달한다. 자기 자신의 시각에서 타인의 시각으로 옮겨 지각할 수 있으며 다른 사람의 인지, 사고, 감정 등을 추론해서 이해하는 능력을 갖게 된다.

이 시기는 지능발달에 있어서 중요한 시기이다. 지능은 유전요인과 환경요인에 의해서 영향을 받는데, 환경요인 중에서도 가정환경, 학교환경, 문화환경 등은 아동 지능발달에 크게 도움을 미칠 수 있는 요소들이다. 그러므로 아동의 지능발달에 도움이 될 수 있도록 풍부한 경험과 창의적 활동을 격려하는 가정환경, 지적 호기심을 자극하고 충족시켜 줄 수 있는 학교환경, 잠재능력을 발휘할 수 있도록 하는 문화환경이 제공되어야 한다.

에릭슨(Erikson)의 심리사회이론에 따르면 아동기는 근면성이 발달하는 시기이기도 하다. 근면성은 아동이 자기에게 닥쳐오는 외부의 도전을 스스로 극복할 수 있다는 생각과 태도에서 출발하며 성취동기, 경쟁심, 성공의 경험, 능력의식 등으로 강화된다. 아동이 어떤 일을 했을 때 부모와 교사에게서 칭찬, 수용 및 격려를 받거나, 형제자매와 친구들에게 강화되면 근면성의 발달을 이룬다.

아동의 학교생활에서 또래와의 관계는 학교생활 적응과 발달은 물론 대인관계 발달에도 중요한 영향을 미친다. 또래와 어울리며 그들과 의사소통방법을 배우며 자신에 대하여 새로운 지각을 할 수 있게 되고 집단에 대한 소속감을 발달시킬 수 있게 된다.

5) 5단계 : 청소년기(13~18세)

청소년기는 아동기에서 성인기로 전환하는 과도기로 신체적 성숙이 급격하게 이루어진다. 정서가 매우 강하고 변화가 심하며 극단적인 정서경험을 한다. 이러한 정서적 특성 때문에 청소년기를 질풍노도의 시기라고 부른다.

일부 청소년의 경우에는 부정적 정서경험을 지나치게 억압하여 우울증이나 신경성 식욕부진증에 걸리기도 하는 반면, 정서에 대한 통제가 이루어지지 않고 지나치게 충동적으로 반응함으로써 비행행동을 보이기도 한다. 따라서 청소년기에는 자신의 정서 변화에 대한 인내심을 길러야 하며, 타인의 반응에 지나치게 민감하지 않도록 노력해야 한다.

이 시기의 특징 중 하나는 부모나 가족으로부터 분리되어 친구나 자기 자신에게 의존하려는 경향이 높아진다는 점이다. 청소년은 부모의 지지와 승인을 필요로 한다. 그러나 동시에 신체적 성숙이 이루어짐에 따라 부모의 통제를 받지 않으려 하며 부모의 지시를 논리적으로 비판하거나 반항하고, 친구관계에서 배운 가치관을 가족관계에 적용하려고 한다.

에릭슨은 청소년기의 주요 발달과업이 자아정체감의 형성이라고 지적하였다. 자아정체감은 자신의 독특성에 대한 비교적 안정된 느낌을 갖는 것으로, 행동이나 사고 혹은 정서의 변화에도 불구하고 변화하지 않는 부분이 무엇이며 자신이 누구인가를 아는 것이다.

이러한 자아정체감의 형성은 아동기의 경험에 기반을 두고 있긴 하지만 본격적인 발달이 이루어지는 것은 청소년기부터라고 할 수 있다. 청소년들이 안정된 자아정체감을 형성하기 위해서는 신체적 성숙과 성적 성숙, 추상적 사고능력의 발달, 정서적 안정성의 확보, 부모나 또래집단으로부터의 자율성을 확보할 수 있어야 한다. 그리고 다양한 역할실험을 통하여 자신의 특성을 인정하고 타인의 견해를 이해하며, 세상에 대한 지식을 습득하는 과정이 필요하다.

6) 6단계 : 성인 전기(19~39세)

인간의 신체적 성숙은 청년기에 거의 완성되기 때문에 이 시기에는 최상의 신체적 상태를 유지한다. 즉, 청년기는 전 생애에 있어서 활기, 힘, 건강이 최고 수준을 유지하는 시기이며, 근육과 내부기관 기능도 최고조에 달한다. 이 시기는 대학진학, 군입대 또는 취업, 결혼 등이 이루어지는 시기이다. 결혼은 친밀감과 성숙한 사회적 관계를 성취하는 데 중심이 되는 배경이다. 자아정체감을 성취한 사람들만이 참된 친밀한 관계를 형성할 수 있다.

대부분 사람들에게 성인 초기 삶의 행복은 생활의 다른 어떤 영역보다도 만족스러운 결혼생활에 달려 있다. 나아가 자녀를 낳고 기르는 것은 부부의 삶의 방식과 결혼생활을 바꾸어 놓는다. 첫 자녀를 가진 후의 적응을 순조롭게 하기 위해서는 부모로의 역할 변화에 대한 준비와 육아에 관련된 교육, 부부간의 역할과 책임에 대한 재정의와 그에 대한 만족스러운 합의가 이루어져야 한다.

성인 초기에 속한 대부분의 사람들에게 있어서 직장생활은 중요한 의미를 지닌다. 직업을 선택하고 직장에 들어가서 그 직업이 요구하는 전문적 기술, 직업에 존재하는 권위적 관계, 독특한 요구나 이해, 인간관계 등을 평가해야 한다. 이러한 과정에서 자기 전문분야를 파악하고 자신의 고유한 직업역할을 미래와 연결시켜 생각하여야 한다.

7) 7단계 : 성인 중기(40~64세)

청소년기와 마찬가지로 중년기도 인생의 전환기라고 할 수 있다. 신체적 변화에 대한 적응, 부부간의 애정 재확립과 중년기 위기의 극복, 직업활동에 몰두와 여가선용 등이 중년기의 주요 발달과업이라고 할 수 있다.

이 시기의 성인들은 비교적 양호한 건강상태를 유지하고 있지만, 사실상 신체적 능력과 건강이 감퇴되어 가기 시작한다. 활기를 잃고, 육체적 힘이 약화되기 시작하고, 질병에 대한 저항력이 약해질 뿐만 아니라 질병에서 회복되는 데 소요되는 시간도 늘어나게 된다. 관절염, 당뇨병, 심장마비, 뇌질환, 암 등과 같은 만성적이고 심각한 성인병에 이환될 가능성이 다른 어떤 시기보다도 높다.

중년기는 자신과 타인의 행동방향을 제시하고 미래를 계획하며 타인의 욕구를 예측할 수 있는 능력이 요구되는 시기로 규정할 수 있으며, 이 시기에 직면하게 되는 심리사회적 위치를 생산성 대 침체라고 한다. 생산성이란 자녀를 양육하고, 능동적으로 직업에 몰두할 수 있으며, 사회의 발전에 관심을 갖는 것, 즉 자신보다는 타인, 현재보다는 미래를 위한 일을 하는 것을 말한다. 이러한 생산성을 확립하기 위하여 중년기의 성인들은 부모역할, 직업적 성취, 사회봉사 등의 활동에 적극적으로 참여해야 한다. 침체란 심리적 성장의 결핍, 자신의 에너지와 기술을 오로지 자기 확대와 자기만족을 위해 사용하는 것을 의미한다. 주로 직장에서의 승진탈락, 노부모 부양, 부부갈등과 이혼 등으로 인하여 무능력을 경험할 때 형성되며, 새로운 기술의 발달과 생활양식의 변화도 중년기의 성인을 침체상태에 이르게 하는 주요 요인이 되고 있다.

사회적으로는 안정된 가족생활을 위해서는 가족성원들의 성장과 발전을 지원할 수 있는 환경을 조성하여야 하며, 자녀교육에서 부모는 아동의 변화에 맞는 적절한 교육 및 훈육방식을 선택적으로 활용할 수 있는 능력을 지니고 있어야 한다. 자녀의 발달단계에 맞는 훈육방법을 습득하여 자녀의 요구뿐만 아니라 변화하는 상황에 융통성 있게 대처하여야 하며, 샌드위치 세대로서 노부모 부양역할을 성공적으로 이행할 수 있어야 한다.

중년기의 직업생활은 가족의 생계유지, 사회적 관계의 유지뿐만 아니라 인생의 후반기 생활에 영향을 미칠 정도로 매우 중요한 요인이다. 직업적 성취도가 최고조에 이를 가능성과 직업적 전환을 해야 하는 가능성이 공존하는 시기이기 때문에 직업으로 인하여 야기되는 긴장이 많은 편이다.

현대사회에서는 여가활용이 매우 중요한 중년기의 과제로 등장하고 있다. 여가는 직업활동, 생리적 욕구 충족 등과 같은 생활시간을 제외한 잔여시간의 휴식, 기분전환, 사회적 성취 및 개인적 발전을 도모하는 활동이다.

8) 8단계 : 노년기(65세 이상)

노년기에는 신체적 능력의 쇠퇴 및 질병이환, 사회적 관계의 축소, 사회경제적 지위의 하락 등과 같은 쇠퇴적 발달이 주로 일어난다. 따라서 노인은 신체변화에 대한 적응, 인생에 대한 평가, 역할 재조정, 여가시간 활용, 죽음에 대한 대비 등의 발달과업을 적절히 수행하고, 노후생활에 적합한 생활환경을 조성하여야 한다.

인간의 연령이 증가함에 따라 노화과정을 거칠 수밖에 없다. 신체적으로 치아결손과 소화효소 분비량의 감소, 위 근육의 약화 등으로 소화기능이 감소한다. 기관지질환이나 호흡기질환이 증가하며 각종 성인병에 노출되고 또 그 합병증에 대한 부담이 증가한다. 또한 노인성치매의 문제는 중요한 사회문제로 제기되고 있다.

사회적으로 직장에서 물러나 그 직위에 관련된 역할수행을 중단하게 되는 은퇴는 소득의 격감이나 상실, 자아정체감과 자아존중감의 저하, 사회 참여의 저하, 여가시간의 증가 등과 같은 삶의 변화를 경험하게 된다. 또한 평균수명의 연장과 출산 자녀 수의 감소로 자녀양육기간이 줄어들고, 배우자 사망 이후 독신으로 생활하는 기간이 늘어난다. 그러므로 노년기에 있어서 원만한 부부관계와 자녀와의 적절한 유대관계의 유지는 삶의 만족도를 유지하는 데 필수적인 요인이 된다.

표 4-1 인간발달의 특징

특징 단계	신체적	심리적	사회적
태아기 (임신~출생)	• 모태의 자궁에서 태반을 통해 필요한 영양소 공급	• 임산부의 신체적 건강상태와 정서상태가 태아에게 많은 영향을 미침	• 여성의 사회활동과 과도한 업무로 신체적 과로와 스트레스에 노출
유아기 (출생~7세)	• 감각기능의 발달 (미분화 → 세분화) • 다양한 운동기능	• 호기심 증가 • 사고능력 발달	• 또래집단과 접촉으로 사회적 관계 습득 • 친사회적 행동 학습
아동기 (8~12세)	• 성장과 발달의 완만한 진행 • 신체의 체계 안정	• 보존개념, 분류화, 서열화, 탈중심화 • 근면성의 발달	• 또래관계에서 학교생활 적응 • 대인관계 발달 • 집단에 대한 소속감
청소년기 (13~18세)	• 급격한 신체적 성숙	• 정서 변화 강함 • 극단적 정서경험 • 질풍노도의 시기 • 자아정체감의 기반형성	• 부모의 통제를 거부하고 논리적으로 비판, 반항 • 친구관계의 가치관을 가족관계에 적용
청년 및 성인 초기 (19~39세)	• 최상의 신체적 상태	• 확고한 신념발달 • 자아정체감 형성	• 직업적 요구사항 인식과 대처능력 • 직장동료와의 긍정적 상호관계 형성
중년기 (40~64세)	• 신체적 능력과 건강의 감퇴 시작 • 성인병에 이환 가능성	• 타인의 욕구 예측 • 미래계획 제시 • 부부간의 애정 재정립 • 생산성 대 침체 • 중년기 위기 극복	• 가족구성원의 성장발전을 지원할 수 있는 환경 조성 • 직업활동에 몰두 여가선용

노년기 (65세 이상)	• 신체적 능력 쇠퇴 • 노인성치매 • 평균수명 연장	• 자아정체감과 자아존중감 저하	• 직업에서의 은퇴로 사회관계 축소 • 원만한 부부관계, 자녀와의 유대관계 중요 • 여가시간 활용

3 발달이론

1) Gesell의 성숙이론

게젤(Gesell)은 1880년 미국에서 태어나 체계적이며 지속적인 관찰법을 활용하여 아동발달을 연구하였다. 게젤은 미시시피강 상류에 위치한 위스콘신 주에서 태어나고 자랐다. 그는 목가적이고 아름다운 자연환경에서 아동기를 보냈다.

게젤은 꾸준한 관찰을 통해 아동발달을 연구하였다. 그는 기저생리과정에 대한 지식을 증진시키기 위해서, 이미 박사학위를 받았고 심리학자로서 충실히 활동하고 있었던 30세에 의과대학에 들어가 공부하였으며, 예일대학 부설 '아동발달연구소'를 설립하고 의과대학과 연계하여 운영하였다. 심리학과 의학을 통합한 정신발달의 실증적 연구에 전념하여 영유아의 운동기술에 대해 광범위하고 심도 있는 연구를 수행하였으며, 또한 정년퇴직 후에도 '게젤 아동연구기관'이라는 연구소를 설립하여 사문으로 활동하였다. 게젤은 심리학과 의학을 함께 전공하여 심리학과 의학을 통합한 정신발달의 실증적인 연구에 전념하여 아동발달과정을 보다 과학적이고 객관적으로 검토하였다.

게젤은 아동의 성장 또는 발달은 두 가지의 주요한 힘에 의해 영향을 받는다고 주장했다. 아동은 그를 둘러싼 환경의 산물이라는 점이다. 그러나 더 근본적으로는, 아동의 발달이 내부로부터의 명령, 즉 유전자의 활동에 의해 결정된다고 믿었다. 그는 이 과정을 성숙(maturation)이라고 불렀다. 성숙에 의한 발달의 가장 특징적인 양상은 발달이 항상 고정된 순서로 전개된다는 것이다. 이를 바탕으로 게젤은 특히 아동을 성숙 스케줄보다 앞서 가르치려고 노력하는 것에 반대했다. 즉, 아동의 신경계가 충분히 성숙되어 준비가 완료된 후에야 앉고 걷고 말하게 될 것이다. 어떤 적정 순간에 이르면, 아동들은 자신들의 내적 충동에 의해서 과제를 쉽게 숙달하기 시작할 것이다. 그때까지는 교육이 별 가치가 없을 것이며, 오히려 돌보는 이와 아동 사이에 긴장만 조성할 것이다.

게젤의 관찰은 몇 가지의 원리들을 제시하고 있다. 그중 네 가지를 살펴보면 발달방향의 원리, 상호적 교류의 원리(reciporcal interweaving), 기능적 비대칭의 원리(functional asymmetry), 자기조절의 원리(self-regulation)이 있다.

첫째, 발달방향의 원리이다. 발달은 일정한 방식에 따라 진행된다. 신생아는 다리보다 머리가 더 빨리 성숙하며, 팔의 협응이 다리의 협응에 선행한다. 이러한 특징을 두미발달경향(cephalocaudal)이라고 한다. 또한 신생아는 말초보다 신체의 중심이 먼저 발달하는데, 어깨 동작은 손목과 손가락의 동작보다 먼저 발달한다. 이를 근원발달경향(proximodistal)이라고 한다. 머리에서 발 방향으로와 중심에서 말초로의 경향은 발달에는 방향이 있으며, 이 방향은 미리 계획된 유전적인 기제의 기능이라는 것이 게젤의 주장과 일치한다.

둘째, 상호적 교류의 원리이다. 인간은 좌우동형으로 되어 있다. 즉, 두 반구로 된 뇌, 두 눈, 두 손, 두 다리 등으로 되어 있다. 우리의 활동 역시도 이원적인 측면이 있는데, 팔다리를 굽히거나 아니면 뻗거나 하게 된다. '상호교류'란 양측이 점차적으로 효과적으로 체제화되어가는 과정을 말한다. 예를 들어, 손 사용의 발달에서 보면, 아기는 처음에는 한 손을 사용하다가 다음에는 두 손을 함께, 그런 후에는 다시 다른 한 손을, 그리고 다시 두 손을 함께 쓰게 되며, 결국 어느 한 손을 더 우세하게 사용할 때까지 이 과정을 계속한다. 이렇게 선호가 이리저리 바뀌는 속성을 섞어 짜기에 비유하여 상호교류라는 용어를 쓴다. 게젤은 상호교류 원리가 광범위한 행동에 적용된다고 보았으며, 여기에는 시각적인 행동, 기기와 걷기 같은 행동 패턴이 포함된다고 했다.

셋째, 기능적 비대칭의 원리이다. 상호교류과정을 통해서 우리는 이중성의 균형을 잡는다. 그러나 우리는 거의 완전한 균형이나 대칭을 달성하지 못한다. 사실, 어느 정도의 비대칭은 매우 기능적이다. 우리는 우세한 한 손, 한 눈 등으로 외부세계에 대처할 때 가장 효과적이다.

넷째, 개별적 성숙의 원리이다. 게젤의 이론에 의하면, 성숙은 내적 요인에 의해서 통제되는 과정이며, 학습과 같은 외적 요인에 의해 영향을 받지 않는다고 한다. 개별적 성숙의 원리는 개인의 발달패턴과 방향을 확립하는 내적 기제로서 '성장 모형'이 갖는 중요성을 강조한다. 게젤은 아동의 성장속도는 아동의 기질이나 성격상의 차이와 관계가 있을 것이라는 시사를 하면서, 느리게 자라는 아동, 빠르게 자라는 아동, 불규칙하게 자라는 아동 등 세 가지 유형을 제시하였다.

다섯째, 자기규제의 원리이다. 게젤은 내재적인 발달기제가 매우 강력하기 때문에 유기체는 상당한 정도까지 스스로의 발달을 조절한다고 믿었다. 그는 일련의 연구를 통해 아기들이 어떻게 자신의 수유주기나 수면주기, 그리고 깨어 있는 상태의 주기 등을 조절하는가를 보여 주었다. 게젤은 생리적인 리듬을 영아의 요구대로 맞추었더니 영아 스스로 점차 수유시간과 수면시간을 줄여 나간다는 것을 파악하였다. 이러한 유기체의 자기규제는 영아가 자신의 능력 이상으로 새로운 것을 시도하지 않도록 영아의 행동을 조절한다. 자기규제의 원리는 유아가 너무 빨리, 많이 배우도록 강요받을 때 내부에서 스스로 저항하는 힘이다. 즉, 자신의 수준에 맞도록 성장을 스스로 조절하고 이끌어 가는 능력이다.

2) 정신분석이론

정신분석이론은 인간성장발달과정에서 무의식적인 기제를 강조하는 이론으로 내적인 욕구와 이러한 욕구의 충족과정이 인성발달과 어떤 관계를 갖는지를 이해하고자 하였다. 프로이트의 심리성적 이론과 에릭슨의 심리사회적 이론을 중심으로 주요 개념과 발달기제에 대하여 살펴보고자 한다.

(1) Freud의 심리성적 이론

프로이트는 사람의 성격 구조가 3가지로 구성된다고 보았다.

첫째, 의식(consciousness)은 어떤 순간에 우리가 알거나 느낄 수 있는 모든 경험과 감각을 말한다. 프로이트는 정신생활의 극히 일부분(사고, 느낌, 지각, 기억)만이 의식의 범위 안에 포함된다고 말했다. 우리가 어떠한 순간에 경험하는 의식 내용은 그것이 어떤 것이라 하더라도 외부적 요인에 의해 주로 규제되는 선택적 여과과정의 결과인 것이다. 더욱이 이 경험도 다만 잠시 동안만 의식될 뿐 시간이 경과하거나 또는 우리가 주의를 다른 곳으로 바꾸면, 그 순간에 전의식이나 무의식으로 들어가 잠재하게 된다. 그러므로 의식은 성격의 제한된 적은 부분만을 나타낸 것이다.

둘째, 전의식(pre-consciousness)은 흔히 이용 가능한 기억이라고 불린다. 즉, 전의식은 어느 순간에는 의식되지 않으나 조금만 노력하면 곧 의식될 수 있는 경험(기억)을 말한다. 전의식은 무의식과 의식의 영역을 연결해주는데, 예컨대 어떤 치료기법에 의해서 무의식 내용이 전의식으로 나타나고 또 그 다음에 의식이 될 수 있다고 프로이트는 생각했다. 전의식은 의식과 무의식 사이에 있는 문지기이다.

셋째, 무의식(un-consciousness)은 인간정신의 가장 크고 깊은 심층에 잠재해 있으면서 의식적 사고와 행동을 전적으로 통제하는 힘(power)이라고 믿었다. 무의식은 전의식의 사고형태와는 달리 전혀 의식되지 않지만, 사람들의 행동을 결정하는 주된 원인이 된다. 인간의 모든 생활경험은 잠시 동안만 의식의 세계에 있을 뿐 우리가 주위를 다른 곳으로 바꾸거나 시간이 들어가서 잠재하게 되는 데, 이것을 무의식이라고 했다.

프로이트의 성격발달이론은 태어나서 다섯 살까지의 경험을 중요시한다. 이 기간 동안 유아는 여러 단계의 심리성적 발달단계를 거치게 되는데, 발달단계의 구분은 리비도가 집중적으로 모이는 성감대의 변화에 따라 나뉘어진다. 프로이트는 태어나서 다섯 살까지 입, 항문, 성기 등의 순서로 성감대가 바뀌어져 간다고 믿고, 구강기, 항문기, 남근기 등으로 발달단계를 구분하고 있으며, 이 시기를 성격 형성의 결정적 시기로 보고 있다.

① 구강기(oral stage : 0~1세)

아기가 태어나서 처음으로 성적 쾌감을 느끼는 곳이 구강이다. 아이들은 물체를 입으로 가져가서 빨기 시작하며 치아가 생기면 물어뜯는다. 이러한 활동들을 통해 성적인 쾌감을 얻을 수 있는 것은 주로 어머니에 의해서이다. 만약 어머니의 적절한 보살핌을 받지 못하고, 또한 추구하는 쾌감을 얻지 못한다거나 과잉충족을 하게 되면 성장과정에서 성격적 결함이 나타나게 된다.

② 항문기(anal stage : 2~3세)

구강기가 끝나면 주된 성감대가 항문으로 옮겨간다. 유아는 배변훈련을 통해서 항문 근육의 자극을 경험하게 되고, 이러한 경험을 통해 성적 쾌감을 얻게 된다. 이 시기를 적절히 보내지 못하면, 대소변을 더러운 것이라고 생각하는 반동형성이 생겨서 지나치게 깔끔하고 지나치게 규율을 준수하는 결벽성을 갖게 된다.

③ 남근기(phallic stage : 3~5세)

이 시기에는 주된 성감대가 항문에서 남근으로 옮겨진다. 이 시기의 아동은 남녀의 신체 차이, 아기의 출생, 부모의 성 역할 등에 대해서 상당한 관심을 가지게 된다. 이로 인해, 남자아이들은 어머니에게 성적인 애정을 느끼고 아버지에게는 애정을 박탈당할까 걱정하게 되는 오이디푸스 콤플렉스를 느끼게 된다. 또한 여자아이들도 처음에는 남자아이처럼 어머니를 좋아하게 되나 자기는 남근이 없음을 알게 되고 이를 부러워하는 남근선망을 갖게 되며, 아버지를 더 좋아하게 되는 엘렉트라 콤플렉스를 갖게 된다. 이 시기는 매우 복잡하고 자극적인 감정이 교차되는 특징을 보이며 성격형성에 매우 중요한 단계이다. 이 시기를 잘 극복하지 못했을 때에는 성불감증, 동성애 등과 같은 신경성 질환을 유발시킬 수 있다.

④ **잠복기**(latency stage : 6~11세)

아동이 초등학교에 다니는 시기로, 성적인 욕구가 철저히 억압되어 심리적으로는 비교적 평온한 시기이다. 이 시기의 아동들은 문화적으로 가치 있는 기술을 학습하고 사회 속에서 자기의 역할을 배우며 운동능력을 키우고 논리적으로 사고하여 타인의 입장도 고려할 수 있게 된다. 이 시기를 잠복기라고 하는 것은 단지 성적으로 침체된 시기라는 의미인 것이다.

⑤ **생식기**(genital stage : 12세 이후)

아동은 사춘기에 접어들면서 다시 성적 욕구가 생기게 된다. 이전 단계에서의 단순한 쾌감이 아니라 이 시기에는 진정한 사랑의 대상을 찾아 만족을 얻고자 한다. 부모로부터 독립하려는 욕구가 생기며 진정한 사랑의 대상으로서의 이성을 찾게 된다. 이 시기는 성격발달단계 중 가장 긴 시기이며, 사춘기에서 노년기까지의 오랜 기간이 포함된다.

(2) Erikson의 정신분석이론

인간의 심리발달은 본능적이며 초기에 부모의 영향 아래 이루어진다고 강조했던 프로이트와는 달리, 에릭슨은 자율성을 강조하여 한 사람의 심리발달은 평생 동안 심리사회적 환경의 영향을 받아 형성된다고 주장했다. 에릭슨은 프로이트 밑에서 정신분석이론을 연구했으며 프로이트의 이론을 발전시켰다. 그러나 에릭슨은 아동이 어떻게 자아정체감을 발달시키고 어떻게 사회화되는지에 관심을 가졌으며, 몇 가지 점에서 프로이트와 차이가 있다. 프로이트는 성격발달이 사춘기에 완성된다고 보았으나, 에릭슨은 이를 확대하여 노년기에 이르기까지의 전 생애를 포괄하는 성격발달을 고려했다.

에릭슨은 성격발달은 전환기의 연속이며, 이 전환기들은 바람직한 것과 위험한 것의 양극이론으로 나뉘어진다고 설명하였다. 그러나 부정적 특질이 나타나는 것이 바람직하지 못하다는 것을 뜻하는 것은 아니다. 긍정적 특질이 차지하는 비율이 중요하며, 부정적 특질이 긍정적 특질을 압도할 때 발달문제가 생기는 것이다. 성격발달은 각 단계 특유의 과제가 있으며, 각 단계의 핵심적 위기를 성공적으로 해결했을 때 성공적인 성격발달이 이루어진다.

에릭슨은 심리사회적 발달단계의 순서를 고정불변한 것으로 보았다. 각각의 단계는 그 순서에 따라 점진적으로 전개되어 가며, 각 단계에서 주어지는 심리사회적 위기를 개인이 적절하게 해결할 때 가장 완전한 기능을 하는 성격이 형성된다.

① 신뢰감 대 불신감(0~1세)

유아가 배우는 최초의 심리사회적 성격은 유아가 그의 주변세계에 대한 믿음을 얻는 것이다. 경험의 일관성, 계속성, 동일성이 신뢰감을 발달시킨다. 경험의 부적절성, 비일관성, 거부적 태도는 불신감을 야기시킨다.

② 자율성 대 수치 및 의심(2~3세)

자기능력으로 기능을 발휘하도록 허용, 격려할 때 자율성이 발달한다. 과잉보호나 도움의 결핍은 환경을 통제하는 능력에 의심을 갖게 하고, 어린이를 부끄럽게 만들면 수치심을 갖는다.

③ 주도성 대 죄책감(4~5세)

아동은 자율성이 증가하며 왕성한 지적 호기심을 보인다. 탐색, 실험할 수 있는 자유를 허용하고, 질문에 충실히 답해줄 때 주도성이 발달한다. 활동을 제한, 간섭하고, 질문을 귀찮게 여기면 죄책감이 형성된다.

④ 근면성 대 열등감(6~11세)

아동은 대부분의 시간을 학교에서 보내게 되며 학교에서의 성공과 성취가 아동의 근면성을 발달시키게 된다. 성취할 기회를 부여하고, 성취한 과업을 인정, 격려받으면 근면성이 발달한다. 성취할 기회를 갖지 못하고, 성취결과에 비난을 받으며, 귀찮은 존재로 취급되면 열등감이 형성된다.

⑤ 자아정체감 대 역할 혼미(청년기)

청소년기의 중, 고등학생들은 중요한 육체적 · 지적 · 감성적 변화를 경험하게 된다. 이 시기에는 자신의 동일성과 계속성에 대한 인식이 정체감을 발달시킨다. 신체적 불안감, 성 역할과 직업선택 등의 불안정은 역할혼미를 초래한다.

⑥ 친밀감 대 고립감(성인 전기)

성인 전기에는 자기 자신의 문제에만 몰두하는 것에서 벗어나 직업 선택, 배우자 선택, 친구 선택 등 다양한 문제를 경험한다. 타인과 진실한 친애관계를 형성하며 정열적으로 융합하고자 할 때 친밀감이 발달한다. 타인에 대한 친밀감과 동시에 경쟁적, 투쟁적 관계를 경험함으로써 고립감에 빠진다.

⑦ 생산성 대 침체감(성인 후기)

성인 후기의 중요한 특징은 창조성, 생산성, 다음 세대를 지도하는 것에 대한 관심과 헌신 등이다. 자녀 및 다음 세대의 지도과정에 참여하며 생산적 · 창의적 활동을 통해 타인과 사회를 위해 노력할 때 생산성이 발달한다. 이러한 지도과정 및 활동에 참여하지 못할 때 침체감에 빠진다.

⑧ **통합성 대 절망감**(노년기)

자신의 인생이 만족스러웠다고 회고하며, 인생에 대한 통찰, 관조를 할 수 있고, 인생의 유한성을 수용할 때 통합성을 형성한다. 인생을 후회 투성이라고 회고하고, 남은 여생이 짧아 마음이 초조하며, 죽음을 두렵게 생각할 때 절망감에 빠진다.

3) 행동주의이론

학습을 설명하는 행동주의이론으로, 파블로프, 손다이크, 스키너, 헐 등을 대표적 학자로 꼽는다. 이들은 학습을 경험이나 관찰의 결과로 유기체에게서 일어나는 비교적 영속적인 행동의 변화 또는 행동잠재력의 변화로 정의하며, 유기체를 자극에 대해 수동적으로 반응하는 존재라고 보았다. 파블로프는 고전적 조건화 이론, 스키너는 조작적 조건형성이론을 중심으로 살펴보고자 한다.

(1) Pavlov의 고전적 조건형성이론

러시아의 의사인 파블로프(1849~1936)에 의해 실시된 일련의 실험으로 고전적 조건화(조건형성, classical conditioning)에 대한 연구가 시작되었다. 그는 개의 소화활동에 관한 업적으로 1904년에 노벨상을 수상하였다. 파블로프는 초기에 소화의 생리에 큰 관심을 가지고 개를 대상으로 일련의 실험을 하였다. 개의 소화기관에 관한 연구를 하던 중 음식이 입에 들어가기도 전에 개가 침을 흘리는 것을 관찰하고, 그러한 현상을 체계적으로 연구하기 시작하였다. 실험은 먼저 종소리를 울리고 몇 초 뒤에 고기를 개가 먹도록 하는 것으로부터 시작했다. 처음에 개는 고기를 보고 입 속에 고기가 들어갈 때는 침을 흘렸으나, 나중에는 종소리만 울려도 침을 흘린다는 사실을 관찰하고 타액분비에 정신적 과정

(psychic process)의 간섭이 있다는 점에 호기심을 갖게 되었다.

인간의 심리를 동물 모델에 근거해서 조건반사구조의 개별적 차이로 본 파블로프는 성격을 행동주의적 접근방법으로 연구하는 데 결정적 역할을 하였다. 생리학자였던 파블로프는 소화생리연구를 통해 반응행동이 조건화되는 것을 처음 발견하게 되었다.

파블로프는 개가 방음장치가 된 방안에 헐거운 마구로 묶여져 있는 기본적인 실험을 실험장치로 설계하고, 타액이 수집되고 측정될 수 있도록 하기 위해서 여러 개의 이하선을 뺨의 밖으로 드러내었다. 또한 이 실험장치는 원격조정 방법에 의해 고기분말을 개의 입으로 넣을 수 있도록 고안되었다. 파블로프는 종소리를 내고 그 소리와 거의 같은 시간에 혹은 매우 짧은 시간간격을 둔 뒤에 고기분말을 개의 입 안으로 넣었다. 개는 타액을 분비하고 그 분비된 양을 측정하였다. 소리와 먹이가 짝지어지는 과정을 20회나 되풀이하였다. 그러고 난 뒤에 결국에는 종소리만 제시하였는데, 개는 어떠한 먹이의 제시가 없어도 타액을 분비하였다. 종소리 대신에 사이렌, 불빛 혹은 벨과 같은 여러 가지 방법을 사용해 보았으나, 얻어진 결과는 마찬가지였다.

먼저 종소리를 개에게 들려준 후 개의 반응을 보았는데, 개의 타액분비는 없었다. 그 다음, 개에게 음식이 제공되면 자동적으로 타액반응을 하였다. 이때 음식은 무조건자극(US : Unconditioned Stimulus)이 되고, 이때의 타액반응은 무조건반응(UR : Unconditioned Response)이 된다. 음식과 타액의 자연적 결합에는 사전 학습이 전혀 필요가 없다. 그리고 종소리는 아무런 반응을 야기하지 못하므로 중립자극(NS : Neutral Stimulus)이 된다.

〈조건화 이전〉

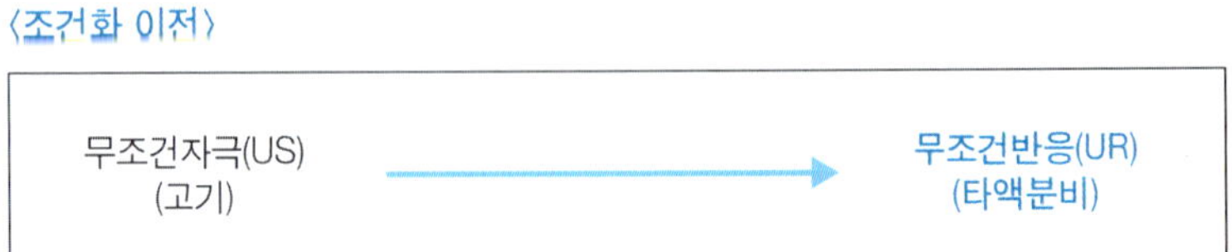

중립자극(NS : 종소리)과 무조건자극(US : 고기)을 짝지어 개에게 제시하고 타액분비를 관찰하고 타액의 양을 측정한다. 이때 중립자극(NS)을 먼저 제시하고 곧바로 무조건자극(US)을 제시하든지 아니면 거의 동시에 제시한다.

〈조건화 과정〉

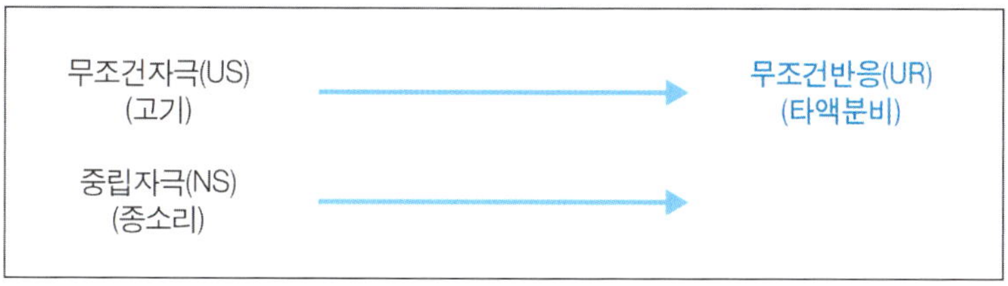

중립자극(NS)과 무조건자극(US)이 20회 정도 반복하여 제시된 후 무조건자극(US)을 제거하고 종소리만을 들려주어도 개는 타액반응을 하게 된다. 이때 중립자극이었던 종소리는 개의 타액분비를 일으키므로 조건자극(CS)이 되고 개의 타액분비는 조건반응(CR)이다.

〈조건화 이후〉

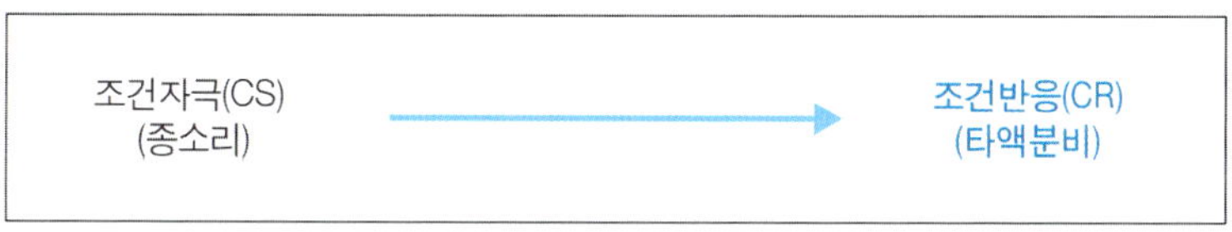

(2) Skinner의 조작적 조건형성이론

스키너는 파블로프와 왓슨과는 달리, 유기체 스스로가 임의로 소삭하는 행동을 통해 이루어지는 조건형성에 대한 연구를 하였다. 그가 밝힌 행동습득의 이론, 즉 학습이론을 조작적 조건화라고 부른다. 스기너는 고전적 조건형성에서는 유기체가 외적 자극(종소리나 고기)의 영향을 받지만 도구적 조건형성에서는 외적 자극보다는 유기체 내부의 수의적인 경향성에 의하여 환경을 반응한다고 생각하였다.

스키너는 인간의 행동에는 고전적 조건형성으로 설명되는 음식물의 타액분비나 큰소리에 놀라는 것과 같은 수동적이고 기계적인 반응행동만 있는 것이 아니라 유기체 스스로 행동을 일으키고 환경을 통제하는 자발적인 조작행동이 더 많다고 보았다. 행동의 결과에 따라 인간의 행동이 변화할 수 있다고 생각하고 이를 설명하기 위해 스키너 상자를 만들어 실험하였다.

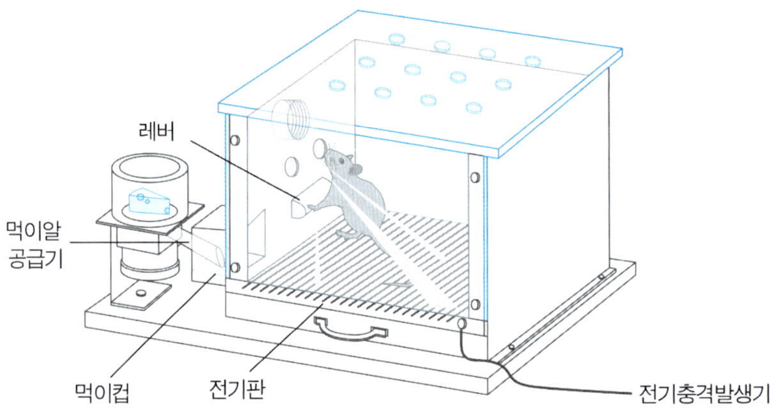

그림 4-3 스키너 상자

이러한 배경을 근거로 하여 스키너는 자신의 이름을 딴 실험상자(Skinner box)를 고안하였다. 문제상자 속의 쥐를 하루에 한 번 먹이를 먹게 순응시킨 후 우연히 지렛대를 누름으로서 먹이라는 보상을 받게 되면 쥐는 계속적으로 지렛대를 누르는 행동을 습득하게 된다.

이때 먹이는 지렛대를 누르는 행동을 강화시켜주게 되는 역할을 한다. 또 고전적 조건형성에서의 소거와 자발적 회복현상도 관찰할 수 있었다. 또 실험자가 불이 켜져 있을 때만 지렛대를 누르면 먹이를 줌으로써 쥐로 하여금 이를 학습하게 하는 변별자극도 관찰하게 된다. 이러한 실험을 통하여 조작적 조건화는 반응에 대하여 강화를 시켜줌으로써 그러한 반응이 나타날 확률을 증가시킬 수 있음을 알게 된다. 이런 점에서 스키너의 조작적 조건화의 핵심은 강화가 되는 것이다.

강화에는 그 성질에 따라 두 가지로 구분할 수 있는데, 먼저 강화물을 줌으로써 반응빈도가 증가하거나 그것을 감소시켰을 때에는 반응의 빈도가 줄어들게 되는 정적 강화물(positive reinforcer)이 있고 벌이나 힐책과 같이 그것을 주었을 때 반응빈도가 감소되거나 반대로 그것을 감소시켰을 때 반응의 빈도가 많아지는 강화물, 즉 부정적 강화물(negative reinforcer)이 있다.

이렇게 조작적 조건방식은 또한 교육기계와 프로그램화된 교수법을 고안하여 정상아동들의 교육에도 쓰였다. 교육기계는 간단한 장치로서, 아동으로 하여금 짧은 문장을 읽고 질문에 답하도록 하면서 그 답이 맞았는지를 알아볼 수 있도록 되어 있다. 사실은, 기계 자체보다는 그 내부에 들어 있는 프로그램 재료가 훨씬 더 중요한데, 요즘은 흔히 이 재료를 소책자 형태로 제시하기도 한다.

프로그램화된 교수법은 몇 가지의 스키너식 원리들을 구체화한 것이다.

첫째, 소단계로 진행된다. 왜냐하면 새로운 행동을 확립시키는 최선의 방식은 조금씩 조성해 나가는 것이라는 사실을 발견했기 때문이다.

둘째, 학습자는 능동적이다. 왜냐하면, 이것이 유기체의 자연적인 상태이기 때문이다.

셋째, 피드백은 즉각적이다. 즉각적인 강화를 줄 때 학습이 가장 빠르다는 사실을 발견했기 때문이다. 이렇게 프로그램화된 교수법이 개인별로 이루어지며, 학생 자신의 수준에 맞춰 시작하고 점차적으로 기술을 숙달시켜나간다는 점에서 몬테소리의 방법과 상당히 유사하다.

4) Bandura의 사회학습이론

반두라는 인간은 동물과 달리 인지적 존재이며, 발달은 사람과 환경 간의 지속적인 상호작용을 통해 이루어진다고 주장함으로써 '상호결정론' 개념을 제시하였다.

발달은 사람의 행동, 환경에 의해 상호작용에 의해 이루어진다고 주장하였다. 환경이 아동의 성격과 행동을 형성한다고 본 왓슨이나 스키너와는 달리 반두라는 아동, 행동 그리고 환경이 양방향으로 작용한다고 보았다.

아동이 능동적으로 자신의 성장과 발달에 개입할 수 있는 것은 환경과 상호작용할 때 인지적인 사고과정을 거치기 때문이다. 반두라는 관찰학습에서의 이러한 인지적 과정이 주의집중과정, 파기과정, 운동재생과정, 강화와 동기적 과정을 거쳐 이루어진다고 보았다(이옥형, 1997).

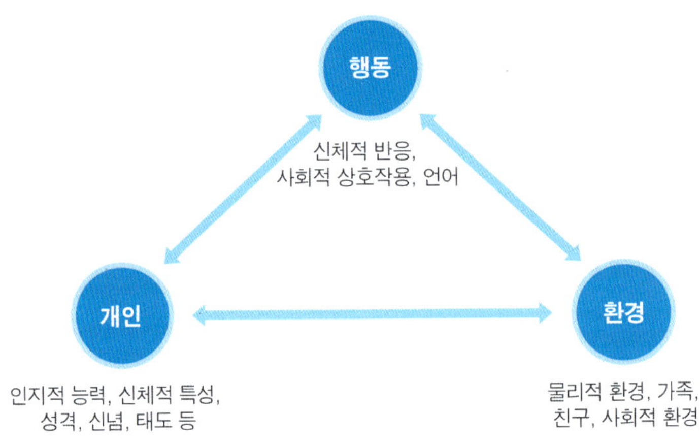

그림 4-4 상호결정론 : 발달과정을 행동, 개인, 환경 간의 양방향성이라고 주장

① **주의집중과정** : 관찰을 통해 학습이 이루어지기 위해서는 모델의 행동에 주의를 기울여야 한다.

② **파지과정** : 주의를 집중하여 기억한 정보를 인지적으로 저장하는 것이다.

③ **운동재생과정** : 아동은 자신이 수행하고 있는 운동기술을 이전에 관찰했던 것과 비교하여 차이가 나는 부분에 대해 스스로 교정하면서 연습한다.

이러한 과정을 반복함으로써 아동은 관찰했던 모델의 행동과 일치하도록 자신의 행동을 교정한다.

반두라는 세 집단으로 아동을 나누어 첫째 집단에는 어른이 커다란 인형에게 공격적인 행동을 하는 영화를 보여 주고, 둘째 집단에는 이러한 행동을 칭찬하고 보상하는 영화장면을 보여 주고, 셋째 집단에는 이러한 공격적 행동이 벌을 받는 장면을 보여 주었다. 그 결과, 공격적 행동으로 인해 벌을 받는 장면을 본 셋째 집단의 아동들이 다른 두 집단의 아동들보다 공격적 행동이 덜한 것으로 나타났다.

이렇게 사람은 타인의 행동을 관찰함으로써 새로운 반응(행동)을 학습할 수 있기도 하고 특정의 행동을 억제하거나 회피하게 되기도 하며 때로는 새로운 행동의 형성이나 억제를 촉진하게 된다. 그래서 관찰학습이론을 사회적 학습이론(social learning theory)이라 하기도 한다.

5) Piaget의 인지발달이론

피아제는 스위스의 심리학자로 어린이의 정신발달, 특히 논리적 사고발달에 관한 연구를 통하여 인식론의 제반문제를 추구하였다. 그의 연구의 특징은 임상법에 있다. 정신병 환자의 임상진단방법을 응용하여, 어린이와 대화를 나누면서 어린이의 사고과정의 하부구조를 밝혔다.

피아제는 1896년 스위스 뇌샤텔에서 출생하였다. 그의 아버지는 뇌샤텔대학교에서 문학을 강의하는 교수였다. 피아제는 고등학교 때부터 생물학에 깊은 관심과 재능을 보였으며 뇌사텔대학에서는 생물학을 전공하여 박사학위를 받았다. 하지만 그는 심리학에 점차 흥미를 가지고 연구하기 시작하였다.

피아제의 인지발달이론을 소개하기 전에, 먼저 인지발달이론의 기본적 개념을 살펴보면, 연구자가 자신의 이론을 구체화시키기 위해 설정해 놓은 명제나 전제라고도 할 수 있다. 그의 이론에 직접적으로 관련되는 기본적 개념을 살펴보면 다음과 같다.

① **도식**(Schema)

도식은 사물이나 사건에 대한 전체적인 윤곽을 말한다. 쉽게 말해, 사고의 틀이라고 생각할 수 있고 흔히 배경지식이라고 하기도 한다.

② **적응**(adaptation)

적응이란 동화와 조절이라는 수단을 통해서 환경과 상호작용을 통해 도식이 변화하는 과정을 말한다.

③ **동화**(Assimilation)

동화는 기존의 도식에 맞추어서 새로운 경험을 일반화하는 과정을 말한다. 즉, 기존의 도식을 새로운 상황에 맞추어 인지적 평형상태를 유지하는 것이다.

④ **조절**(Accommondation)

만약 새로운 경험이 기존에 가지고 있던 도식에 맞지 않을 때, 유기체는 인지적 불평형의 상태를 겪게 된다. 이때 유기체는 인지적 평형상태(동화)를 유지하기 위해 기존에 가지고 있던 도식을 변경하거나 새롭게 만들게 되는데, 이를 조절이라고 한다.

⑤ **조직화**(Organization)

조직화는 유기체가 현재 가지고 있는 도식을 새롭고, 더욱 복잡한 도식으로 변화시키는 과정을 말한다.

⑥ **평형화**(equilibration) **및 적응**(adaptation)

외부의 자극과 내적 인지구조 간에 불일치를 경험하게 되면 유아는 인지적 갈등을 경험하게 되고 이를 해결하려 노력하게 된다. 유아는 동화와 조절의 과정을 통해 외부의 자극 또는 새로운 경험과 내적 인지의 틀 사이에 균형을 이루어 가는데, 이러한 과정을 평형화라 부른다.

유기체가 환경과의 상호작용을 통하여 외적 세계와 인지적 도식 간의 평형화를 이루어가는 과정을 적응이라고 한다. 유아의 적응과정은 외적 세계에 대한 충분한 이해를 위해 자신의 인지적 도식을 끊임없이 확장시키고 분화시켜 나가는 과정이라 할 수 있다. 이러한 과정을 통해 유아는 인지적 발달을 이루어간다.

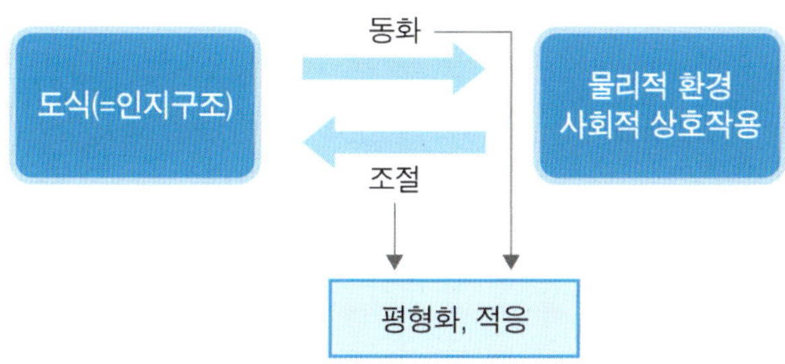

그림 4-5 피아제 개념의 도식화

피아제는 도식에 대한 끊임없는 평형화 작업은 보다 정교화된 도식의 형성을 야기하고 이는 크게 다음의 4가지 큰 단계를 형성한다고 하였다. 피아제 인지발달의 주요 특징은 각 단계는 이전 단계를 확대하기 때문에 이전 단계는 다음 단계를 위하여 반드시 선행되어야 한다. 그리고 각 단계는 질적으로 다른 특성을 지니고 있고, 개인에 따라 속도의 차이는 있으나 그 순서는 변하지 않는다.

① 감각운동기(sensory-motor stage, 0~2세)

기본 감각수단과 운동능력을 통하여 세상에 대한 정보를 수집하고 자신의 존재를 느끼기 시작하는 시기이다. 발달의 처음 단계에서는 시각, 청각 등 감각의 조절과 운동능력의 획득에 집중하고, 사물에 대한 어떤 사전 정보도 없기 때문에 '모방력'을 발전시키게 된다. 또한 '대상영속성(Object performance)'의 개념 획득은 대상이 다른 곳으로 옮겨지더라도 그것이 다른 곳에 존재한다는 사실을 인지하는 특성이다. 후기에 이르면 '지연모방(Deferred imitation)'을 하게 되고, 그 자리에서 모방하는 것이 아니라 일정 시간이 지난 후 자발적으로 재현하는 모방이다.

② 전조작기(preoperational stage, 2~7세)

다양한 언어활동과 신체적 활동을 통하여 경험을 넓히기 시작한다. 하지만 상당부분 직관적인 부분에 의존하기 때문에 오류 가능성이 상당히 높다. 자신이 가지고 있는 내재적 표상을 여러 형태의 상징으로 표현하기 시작한다. 그리고 보존개념의 획득(conservation)은 사물의 수나 길이, 물질의 면적 등이 형태를 달리하여 제시하여도 그것들의 내용물은 그대로 존재하고 같다는 것을 인식하는 능력으로 논리적 사고의 기초가 된다.

③ 구체적 조작기(concrete operational stage, 7~11세)

보존성의 개념을 습득하여 사물이나 현상에 대한 약간의 논리적 설명, 유목화 등의 능력을 사용할 수 있다. 자기중심적 경향이 약해지며 논리적 설명을 할 수 있게 되고, 수와 물질의 특성에 대하여 분류와 배열의 능력이 발달한다.

- 유목화 : 부분과 전체의 논리적 관계를 이해함으로써 전체가 부분보다 많다는 것을 알게 된다.
- 서열화 : 물건들을 하나의 속성에 따라 순서대로 배열할 수 있다.
- 문제에 대하여 다각적 · 논리적 접근이 가능해지나 실제적이고 물질적인 것에 한정되기 때문에 추상적이거나 애매한 문제를 다루는 데에는 한계가 있다.

- 귀납적이고 경험적인 사고를 바탕으로 문제상황에 놓이면 과거의 유사한 문제해결경험을 토대로 문제를 해결한다.

④ **형식적 조작기**(formal operational stage, 11~15세)

논리적 사고(연역적사고)를 통하여, 가설을 설정하여 문제를 해결하는 능력을 갖추게 되고, 인간의 정신적 능력이 최고의 수준으로 세련되어지는 단계이다. 도덕적 · 철학적 · 정치적 쟁점에 대한 사고를 시작하고, 역지사지를 할 수 있게 된다. 그리고 연역적이고 가설적인 사고를 하고 제시된 문제에 내포된 정보를 가지고 하나의 가설을 설정하고 유추해내어 문제해결을 한다.

6) Vygotsky의 인지발달이론

비고츠키(Vygotsky)는 구 소련의 심리학자로, 벨라루스 출신이다. 10년 정도의 짧은 연구활동기간 동안, 발달심리학 분야를 시작으로 폭넓은 분야에서 수많은 실험적 · 이론적 연구를 하다가 37세의 젊은 나이에 결핵으로 죽었다. 그는 '심리학계의 모차르트'라고 불리기도 한다.

그는 1896년, 벨라루스 보르샤의 유복한 유태인 가정에서 태어나 남부의 호멜에서 자란다. 모스크바 대학에 입학해 법학을 전공하다가, 재학 중에 러시아 혁명을 경험하며 그는 대학 시절에 철학, 사회과학, 심리학, 언어학, 문학, 미술 등 광대한 영역의 백과사전적 지식을 익히는데, 이것은 훗날 심리학 연구의 기초가 된다. 1918년, 대학을 졸업하고 호멜로 돌아가 교직에 종사하며 학문을 계속한다. 1924년, 다시 모스크바로 가서 본격적인 연구활동을 개시한다.

비고츠키 관점으로 보면 사고란 개인의 두뇌나 정신에 의해 제한받는 것이 아니라는 것이다. 개인의 정신은 다른 사람들의 정신과 분리되어 있지 않고 결합되어 있으며 인지는 하나의 심오한 사회적인 현상이라고 본다.

(1) ZPD(근접발달영역)

독립적으로 문제를 해결할 수 있는 실제적 발달수준과 성인의 안내 혹은 유능한 동료와의 공동노력을 통한 문제해결에 의해 결정되는 잠재적 발달수준 간의 거리를 의미한다. 혹은 성인의 학습 도움 아래 자신이 해결할 수 있는 학습의 영역을 말하기도 한다. 이를 통하여 아동의 인지적 발달은 상당히 사회적인 영향을 받는다는 것을 알 수가 있으며 아동의 근접발달영역에 해당하는 문제가 있을 경우 학습 지도자들은 아동이 해당문제를 구조화할 수 있도록 단서를 제공하고 조력하는 것이 필요하다.

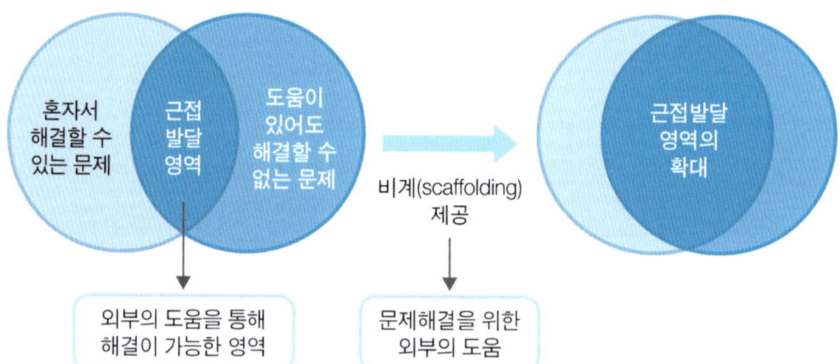

그림 4-6 **비고츠키 이론의 근접발달영역과 비계설정**

(2) 사적 언어(private Speech)

사적 언어는 나이가 들면서 사라지는게 아니라 좀 더 들을 수 없게 되고, 점차 정신적으로 숨어들어 내적 언어가 된다. 사적 언어는 사회문화적 상호작용을 통해 내재화됨으로써 내적 언어로 발달되며 인지발달에 있어서 아동은 스스로 자신의 문제를 해결하기 위한 계획, 감시, 안내 등 자기조절능력을 갖추고 있기 때문에 이를 통하여 주의집중과 문제해결 및 계획, 사고의 형성 등 그 밖에 인지적 활동을 하게 된다.

마음, 인지, 기억 등의 인지적인 개념은 개체의 배타적인 속성(즉, 인간은 서로 개별적인 존재라는 뜻)으로 이해하기보다는 역사와 사회적 관점에서 서로 영향을 주고받음으로써 정신적으로 성숙되고 발달하는 기능으로 이해되어야 한다. 사람들은 환경에 적응하고 다른 사람들과 사회관계를 유지하기 위하여 심리적인 도구를 창출하고 이를 이용하였다. 대표적인 심리적인 도구는 언어(말)로서 인간은 자신의 행동을 다루고 다른 사람들과 상호작용하기 위해서 언어를 발달시켰다. 언어가 발달함에 따라서 인간의 사회성 또한 발달하였으며 아동의 발달에 있어 언어는 다른 사람과 대화와 소통을 위한 하나의 심리적 도구로서 작용한다.

(3) 비고츠키의 언어발달 4단계

① 제1단계(원시적 단계, 0~2세)

출생부터 2세경까지의 원시적 단계에서는 사고와 언어가 독립된 영역에서 발달하는 특성을 보인다. 이 시기에는 주로 울음, 옹알이 등을 통하여 불만 등의 정서를 표현하거나 타인과 사회적 상호작용을 한다. 이러한 언어활동은 사고와는 직접적인 연관이 없이 이루어진다.

② 제2단계(순수심리적 단계)

순수심리적 언어단계 시기에는 유아의 어휘 수가 증가하고 점차 외부 세계에 대한 능동적인 정보 탐색이 이루어지기 시작한다. 이때부터는 언어가 사고와 연관되기 시작하면서 세계를 이해하기 위한 도구로서의 언어가 사용되기 시작한다. 하지만 문법적으로 모두 맞는 언어를 사용하지는 못하는 특징을 보여 준다.

③ **제3단계**(자기중심적 언어의 단계, 유치원 시기)

자아중심적 언어단계 시기에는 유아가 스스로 문제를 해결하기 위해 계획하고 탐색하며 문제를 해결하는 과정에서 혼잣말을 사용하는 모습을 보여 준다. 이 단계에서 유아는 스스로 생각하고 그것을 말로 표현할 수 있게 된다. 하지만 이 단계의 언어는 사회적 상호작용의 역할을 하기보다는 자기조절 및 자기통제를 위한 수단으로 그 역할을 다한다.

④ **제4단계**(내적 언어의 단계, 7세 정도)

7세 이후가 되면 유아의 자아중심적 언어는 줄어들게 된다. 이 시기부터는 유아가 생각하는 것을 말로 표현하지 않아도 머릿속에서 계획하고 문제를 해결해 나갈 수 있게 된다. 예를 들어, 셈을 할 때 말로 하지 않고도 암산이 가능해지게 된다. 이 시기에는 논리적 사고가 크게 발달하게 되어 외부로 표현되는 외적 언어뿐 아니라 스스로 사고하는 내적인 언어도 함께 사용할 수 있게 된다.

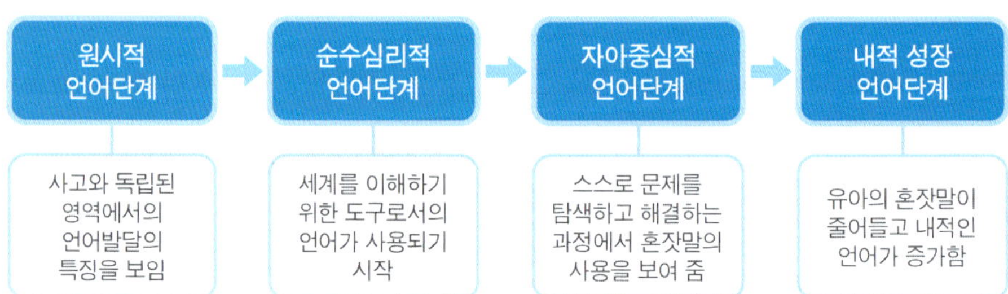

그림 4-7 비고츠키의 언어발달단계

7) Lorenz의 각인이론

로렌츠(Lorenz)는 1903년 오스트리아에서 외과의사의 아들로 태어났다. 의사가 되기를 원한 아버지의 바람으로 로렌츠는 의학과정을 이수하였지만 어린 시절부터 경험하였던 자연과 동물에 대한 열정과 관심을 잊을 수 없어 비엔나대학에서 동물학을 연구하고 박사학위를 받았다. 그는 자신의 저택에서 여러 야생동물들을 관찰하였고 동물들에 대한 관찰을 바탕으로 여러 연구 논문들을 발표하였다. 1973년에는 팀버겐, 프리슈와 함께 노벨생물학상을 공동으로 수상하고, 말년에는 사회의 일원으로서의 인간의 행동에 대한 연구들도 진행하였다.

로렌츠는 동물들을 자연상태에서 관찰하는 것이 동물을 가장 잘 이해할 수 있는 방법이라고 생각하였다. 로렌츠는 자연관찰(natural observation)을 통하여 동물의 고유한 생태와 행동 패턴, 적응행동들을 파악하였다. 그는 오리, 거위 등을 관찰하기 위하여 자연의 일부가 되어 동물들과 함께 하였다.

그림 4-8 각인현상

그의 이러한 자연관찰의 방법은 실험실의 주어진 환경 속에서는 나타나지 않는 동물들의 본능적 행동과 이러한 본능적 행동을 나타나게 만드는 유발 자극 등을 모두 확인할 수 있도록 해준다.

로렌츠는 자연환경 속에서 특정한 자극에 의해 종 특유의 행동이 유발된다는 것을 확인하였다. 각인(imprinting)은 어린 동물이 생후 초기 특정 시기 동안 어떤 대상에 노출되었을 때 그 대상에 대한 추종반응과 유대가 생기는 것을 말한다. 청둥오리를 대상으로 한 로렌츠의 실험에서 부화 후 바로 로렌츠를 본 청둥오리들은 로렌츠를 어미로 인식하고 그를 추종하는 행동을 보였다. 이러한 각인현상은 어미 곁에 있음으로써 먹이를 얻고 주변의 위험으로부터 보호받을 수 있다는 적응적 가치를 가진다. 각인현상과 같이 생존에 필수적인 종 특유의 행동은 어떤 특정한 시기 동안의 외부적 자극에 의해 유발되는데, 이러한 시기를 결정적 시기라 부른다. 결정적 시기 동안에 외부적 자극에 의해 유발되는 종 특유의 행동은 각인이라 불리는 추종행동뿐 아니라 구애행동 등의 사회적 행동을 포함한다.

로렌츠의 이론은 인간의 행동과 발달을 해석하는 데 진화론적 관점을 제시하였다. 이와 같은 관점은 인간행동의 적응적 가치와 특정 행동이 유발되는 결정적 시기에 대하여 주목하도록 함으로써 인간행동을 더욱 폭넓게 바라보게 해주었다. 또한 자연상태에서 동물을 관찰한 로렌츠의 연구방법은 유아 연구에도 적용되어 자연 관찰을 통해 유아의 행동특성을 밝히는 연구들을 가능하게 해주었다. 이러한 의의에도 불구하고 로렌츠의 이론은 다른 발달이론들에 비하여 지금까지 아직 실증적인 연구와 검증이 많이 이루어지지 않았다. 또한 인간행동과 발달에 있어서 환경과 학습의 영향력을 무시했다는 점도 이 이론의 제한점으로 비판받고 있다.

8) Bowlby의 애착이론

보울비는 1907년 런던에서 출생한 후 계속 그곳에서 자라나고 연구하였다. 보울비는 케임브리지대학교에서 의학과 정신분석학을 공부하였고, 제2차 세계대전 후 고아원에서 성장하는 아이들을 임상의로서 접하면서 이 아이들이 타인과 친밀하고 지속적인 관계를 맺지 못하는 등의 문제를 가지고 있음을 발견하게 되었다. 그는 이러한 현상을 생의 초기에 형성하지 못한 부모와의 애착관계의 문제로 보고, 종 특유의 생존기제가 존재함을 주장한 동물행동학적 이론을 생애 초기 유아와 어머니와의 애착관계에 적용하였다. 그는 이후 많은 연구들을 통하여 애착이론을 발전시켜 갔으며, 애착이라는 인간의 행동체계가 어린 유아들에게 보호와 정서적 안녕감을 제공하는 생득적이고 생존적인 기제라는 것을 주장하였다. 그가 제시한 애착의 개념은 유아기의 발달뿐 아니라 전생애적 발달에서 큰 의미를 가지며 이후 에인스워스 등의 학자들에 의해 더 연구되었다.

보울비는 고아원이나 탁아소 등 단체수용시설에서 성장하는 아이들이 타인과 밀접한 관계를 맺지 못하는 정서적 문제를 가지고 있음을 주목하였다. 그는 정상적인 가정에서 태어나 자랐더라도 생의 초기에 어머니와 오랫동안 분리된 경험을 가진 아이들도 시설에서 성장하는 아이들과 비슷한 문제를 가지고 있음을 알게 되었다. 보울비는 이러한 아이들의 문제가 생의 초기에 어머니와의 강하고 끈끈한 애착관계를 형성하지 못하여 나타난 것으로 보았다.

그의 주장에 따르면 인간은 태어나면서부터 생득적인 애착기제를 가진다. 즉, 아기는 부모와 관심을 끌고 애착을 형성하기 위한 생득적인 요인들, 몸짓, 미소, 울음 등의 신호를 가지고 태어나는데, 아기가 부모에게 미소 짓고 울고 옹알이를 하면 부모는 아기와 함께 있으려 하고 아기에게 관심과 사랑을 보인다. 이와 같은 과정을 거치면서 부모와 아이 간에는 끈끈한 정서적 유대가 생기는데, 이러한 강한 정서적 유대는 부모가 아기 곁에서 아기를 보호하고 보살

피도록 한다. 인간이 애착을 형성하는 시기는 동물의 각인행동 등에서 나타나는 결정적 시기보다는 덜 제한적이기에 민감기(sensitive period)라는 용어로 설명한다. 민감기는 어떠한 행동이 나타나거나 발달하는 최적의 시기로 민감기가 지난 후에도 발달은 가능하지만 그 속도가 늦거나 제대로 잘 이루어지지 않을 수 있다.

보울비의 이론은 진화론적 관점에서 인간의 생존과 발달에 매우 중요한 가치를 지니는 애착관계에 주목하고 관련 연구를 발전시켜 갔다는 점에서 의의를 가진다. 하지만 보울비의 이론은 지나치게 유아기에만 집중되어 있어 유아기 이후의 발달에는 어떻게 적용될 수 있을지 제시해주지 못한다는 한계를 가진다. 또한 아기가 보이는 미소, 울음, 빨기, 쥐기, 추종반응 등을 모두 생득적 행동으로 보고 이 행동들에 영향을 미칠수 있는 경험과 학습의 기제를 무시하였다는 점에서 한계를 가진다.

9) Bronfenbrenner 생태학적 이론

브론펜브레너에 의하면 발달은 항상 변화하는 사람과 주위의 다양한 환경과 상호작용하면서 함께 발달한다고 한다. 이러한 생태학적 이론은 자신이 직접적으로 처한 환경뿐만 아니라 타인이 처한 환경에 의해서도 영향을 받는다는 환경론적인 이론으로서 특히 거시적 환경의 중요성을 강조하여 개인이 직접적으로 상호작용하지 않는 환경에서도 관심을 기울이게 하여 오늘날의 생태학적 환경보호에까지 영향을 미쳐 왔다.

생태학적 이론의 발달은 부분적으로 환경과 사회적인 영향의 산물이므로 청년은 가족, 친구, 친척, 종교단체, 학교 등의 영향을 받는다는 이론이다. 즉, 사람들은 가족, 이웃, 국가라는 여러 가지 환경뿐만 아니라 대중매체와 자신이 속한 사회와 세계 도처에서 일어나는 사건에 의해서도 영향을 받는다.

브론펜브레너의 생태학적 접근은 인간의 전 생애를 포함하지만 새롭고 다양한 환경들에 직면해 있는 아동들에게는 더욱 중요하다는 것을 강조하여 인간을 둘러싸고 있는 환경을 미시체계, 중간체계, 외체계, 거시체계, 시간체계의 다섯 가지의 환경체계로 구분하였다. 생태학적 이론을 처음 주장한 브론펜브레너의 이론을 살펴보기로 한다.

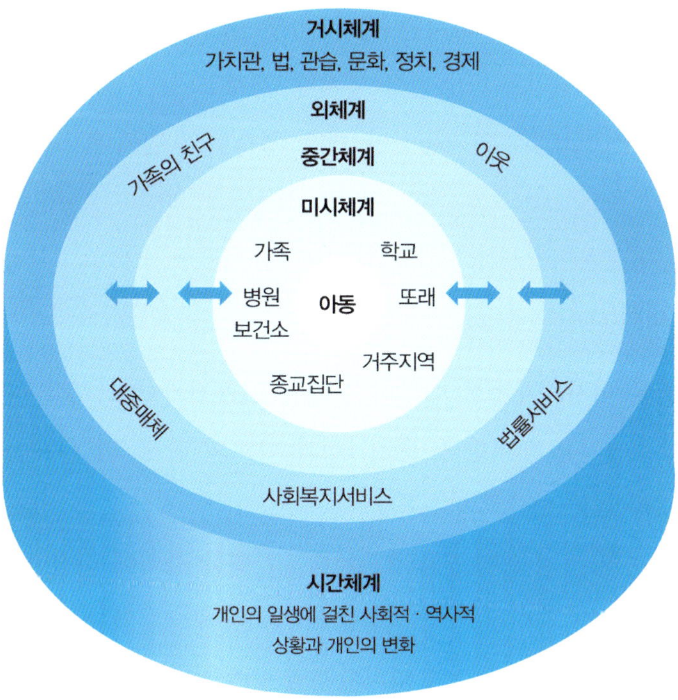

그림 4-9 생태학적 체계이론의 환경구조

(1) 미시체계(microsystem)

개인의 가장 근접한 환경으로 청소년의 경우에 가장 근접하게 상호작용하는 가정과 학교, 또래집단, 이웃들인 비공개체계들과 공식체계인 운동 팀, 수련캠프, 교회 등의 사회환경 그리고 그 환경 안에서 갖는 지위, 더불어 경험하는 활동들, 역할들, 대인관계들의 패턴들을 의미한다.

개인은 이들과 직접적으로 대인관계를 맺는 것을 말하며, 활동이란 사람의 행동을 의미하며, 역할이란 사회가 그 개인의 위치에 맞게 요구하는 일련의 모든 기대하는 행동들이다. 대인관계란 언어적, 비언어적으로 사람끼리 서로 반응하고 상호작용하는 것을 의미한다.

청소년들인 경우 미시체계의 동료집단은 지위, 우정, 인기, 소속감, 같은 심리적인 보상을 제공하기도 하지만 절도, 비행, 흡연, 음주, 약물 사용, 성적 행동 등을 부추기는 역기능적인 면을 동시에 가지고 있다. 따라서 이러한 미시체계의 순기능적인 면과 역기능적인 면은 청소년의 발달에 지대한 영향력을 미친다.

(2) **중간체계**(mesosystem)

서로 연결된 미시체계들로 이루어진 체계로 가정과 학교 같은 관계 속에서 상호작용하는 개인을 의미한다. 즉, 가정과 학교의 관계, 가정과 동료집단과의 관계가 대표적이다.

한 개인이 여러 가지 역할을 수행하는데, 그 역할 사이에 적절한 조정이나 비율이 발생하고 각각의 여러 가지 역할을 수행하는데, 그 역할 사이에 적절한 조정이나 비율이 발생하고 각각의 미시체계의 구성원들 사이에도 조화와 통일이 발생한다.

청소년의 경우 가정과 학교의 관계, 가정과 동료집단과의 관계가 대표적이다. 즉, 가정, 학교, 동료집단에서 각각 경험한 것들이 청소년에게 통합적으로 맥락을 가지면서 경험된다.

(3) **외체계**(exosystem)

개인이 직접 관여하지 않으나 개인이 포함되어 있는 인접환경을 둘러싸고 있기 때문에 그 안에서 일어나는 일에 영향을 줄 수밖에 없는 환경을 말한다. 청소년에게는 직접 영향을 주지는 않지만 가정을 통해 간접적인 영향을 미칠 수 있는 부모의 직장 등이 이에 속한다.

외체계는 지역사회수준에 기능하고 있는 사회의 주요 기관, 즉 직업세계, 이웃, 대중매체, 정부기관, 물품과 용역의 분배체계, 교통 및 통신시설, 비형식적인 사회적 관계망 등이 있다.

(4) 거시체계(macrosystem)

사회경제와 정치적 체계, 대중매체와 같은 영향을 포함하는 거대한 체계인 이것은 동일 문화권 내에 일반적으로 존재하는 환경으로 환경의 구조나 활동의 패턴을 구체적인 수준에서 설정하는 기능이 있다.

사회와 문화이념, 가치, 법률, 규칙, 법칙 등과 같이 명백한 형태를 가진 것도 있으나 대부분의 거시체계는 비형식적이고 묵시적인 것으로 사회구성원들의 정신세계 속에 내재된 관습과 일상생활습관으로 표현되는 이데올로기이다. 거시체계에서 가지는 시대정신이나 풍토는 청소년의 신념과 구체적인 행동에 영향을 미친다.

(5) 시간체계(chronosystem)

개인의 전 생애에 걸쳐 일어나는 변화와 역사적인 환경을 포함하는 체계로서 개인의 발달에 결정적인 영향을 미치며, 시간적으로 여러 사건이 누적되면서 개인에게 영향을 미친다.

청소년의 경우에 부모의 이혼에 대한 영향이 이혼 첫해에 가장 강하며 이혼 후 2년 정도 지나면 가족 간의 상호작용은 안정을 되찾는 경우를 의미한다.

4 영유아발달의 제 측면

1) 신체발달

영아기는 제1성장 급등기로 불릴 만큼 빠른 성장을 보이며 신장과 체중 외에도 골격과 근육 등의 신체 내부적 발달도 급속도로 이루어진다. 이때의 발달은 두미발달의 원리, 근원발달의 원리를 따른다. 감각운동이 발달의 기초가 되는 시기로 시각, 청각, 촉각, 미각, 후각 등의 다양한 감각적 자극은 이후의 발달에 영향을 미친다.

유아기는 영아기에 비해 성장 속도는 다소 느리지만 신체가 균형을 이루고, 운동능력이 정교해지며 능숙해진다. 활동적으로 몸을 움직이고 대소변을 가릴 수 있게 된다. 또 소근육의 발달로 물건을 잡을 때 손가락을 이용할 수 있게 되며, 5세가 되면 글씨를 쓸 수 있게 된다. 하지만 이때의 유아는 활동영역은 커진 반면 안전의식이 충분히 발달되지 못한 상태이므로 성인의 세심한 주의가 요구된다.

2) 인지발달

피아제의 감각운동기에 해당하며, 반사행동에 의지하던 영아는 감각기관의 경험에 의해 획득된 적응반응을 거쳐 점차 자신의 욕구를 충족시키기 위해 의도적으로 행동하게 된다. 1~4개월의 영아는 다른 사람과 자신을 분리하여 생각하기 시작하고, 대상영속성의 개념이 생기기 시작하여 물체가 눈앞에서 보이지 않게 되어도 그것이 존재한다는 것을 인지하기 시작하고 이 시기에는 주변의 사물을 호기심 있게 관찰한다. 또한 목적 지향적이고 단순하고 구체적인 사고를 한다.

유아기의 아동은 주의집중력, 지각변별력과 같은 지각능력이 발달하며, 경험을 3가지의 과정을 거쳐(부호화-저장-인출) 기억하게 된다. 기억의 종류로는 감각기억, 단기기억, 장기기억이 있다. 유아는 자기중심적 사고를 하고 무생물을 살아 있다고 여기는 물활론 사고와 행동이 관찰된다. 어떤 대상이나 사물의 외양(수, 양, 길이, 면적, 부피)이 변해도 그 속성이나 실체가 변하진 않는다는 보존개념은 5세경이 되어서야 어느 정도 습득이 가능하며, 상징적 기능으로의 모방과 상상놀이를 즐긴다.

3) 언어발달

영아기 언어발달에도 개인차가 적용되며, 의사소통이 가능하기 이전부터 표정과 몸짓의 비언어적 행동으로 의사소통을 꾀한다. 뜻을 알 수 없는 울음에서 옹알이를 거쳐 12개월경에는 타인이 알아들을 수 있는 단어를 사용하기 시작한다. 18개월부터 언어능력이 폭발적으로 발달하여 단어를 이용해 의사표현을 하거나 단어와 단어를 연결한 문장을 사용하기 시작한다.

18개월부터 폭발적으로 발달한 언어는 유아기에 들어서 타인과의 의사소통이 가능할 정도로 발달한다. 어휘가 나날이 증가하여 주어+서술어, 문장+문장의 구사가 가능해지지만 단어의 의미를 과잉축소하거나 과잉 확대를 하기도 한다. 또 "왜? 재밌지? 그치?" 등의 부가의문문을 많이 사용하고 "왜냐하면~, 그러니까~" 등의 생각을 정리하여 말하는 습관이 생긴다. 유아기의 언어발달은 상호관련성 원리에 근거하여 후에 사회화나 대인관계에 영향을 미친다.

4) 정서발달

성격발달의 기초가 되는 분노, 공포, 불안, 기쁨, 애정반응 등을 보인다. 친숙한 사람에겐 미소를 보이고 낯선 사람에겐 고개를 돌려버리는 행동을 보이고 주 양육자(엄마)와 떨어지게 되면 분리불안을 느낀다.

정서분화가 두드러지게 나타나 5세경에는 성인의 정서와 거의 동일하게 발달한다. 분노, 기쁨, 공포, 질투, 애정 등의 감정이 폭발적이고 단기적으로 일어나며 때로는 감정을 부정적으로 표출하기도 한다. 친구들과 연합놀이, 협동놀이, 상상놀이를 즐긴다.

5) 사회성발달

6개월이 되면 엄마와의 애착이 잘 형성된 영아는 엄마를 탐색을 위한 안전기저로 이용하여 주변을 탐색하고 12개월엔 타인의 표정을 보고 감정을 인식하기 시작한다. 언어가 발달하는 18개월 이상의 영아는 자신의 감정을 언어로 표현할 수 있게 된다.

유아의 자아발달은 자율성, 성취감 및 자존심을 기초로 하여 자기 스스로 자신을 생각하는 이미지인 자아개념을 발달시켜 나간다. 긍정적인 자아개념을 성취하기 위해 부모의 지지적인 양육태도와 부모-자녀 간의 의사소통이 무엇보다 중요하다. 이 자아개념을 기초로 사회가 적절하다고 생각하는 신념, 가치, 행동 등을 획득해 간다. 칭찬과 상을 통한 행동의 강화, 동일시 과정, 관찰을 통해 유아는 사회화의 기초를 다진다.

5장

유아교육 프로그램

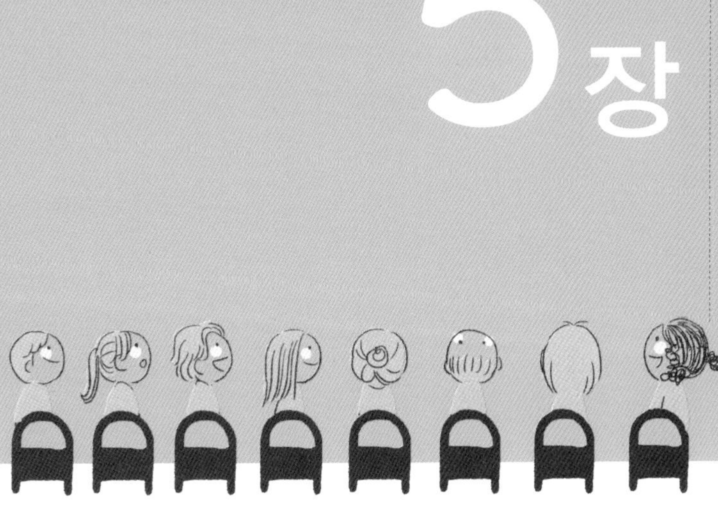

5장
유아교육 프로그램

1 개방주의 프로그램

1) 의미

개방교육의 이념은 루소, 페스탈로치, 프뢰벨, 몬테소리, 맥밀란 자매, 피아제, 듀이 등 대부분의 교육이론가들에 의해 주장되어 왔다. 이들은 종래의 전통적인 교사 중심적 교육방식을 탈피하고 아동의 자유, 개성, 흥미, 창의성 등에 기초한 아동 중심적 교육방식을 지향해야 한다는 점을 강조하였다. 개방교육은 영국의 유아학교를 시작으로, 오늘날 영국과 미국의 많은 유아교육시설과 초등학교에서 시행되고 있는 교육방식이다. 미국에서의 개방교육 프로그램은 1966년 매사추세츠주의 뉴턴에 있는 교육개발센터에서 개발된 프로그램을 대표적인 것으로 들 수 있다.

특히, 영국에서는 1967년 플라우덴 보고서를 통해 초등학교 교육의 개혁을 위해서는 유아원, 유아학교 및 초등학교 간의 교육적 연계가 이루어져야 하며, 이를 위해 아동의 개성과 자유에 기초한 놀이 중심의 개방교육 프로그램을 지향하는 것이 바람직하다고 권고한 바 있다.

또한 개방교육은 인간의 성장·발달에서 생득적 측면을 강조하고 있는 게젤, 프로이트, 에릭슨 등 성숙론자들의 이론과 인간의 존엄성 및 가치를 존중하는 인본주의 철학 내지 현상학적 인간관에 그 기초를 두고 있다. 따라서 개방교육 프로그램은 유아의 인격, 개성, 자유, 자발성 등에 초점을 두고 아동 중심적인 통합 유아교육과정을 지향하고 있다.

2) 교육목적

- 자신의 능력과 한계를 인식하는 아동
- 학습과 생활의 목표를 향해 효율적으로 시간을 사용하는 아동
- 민주적 가치와 신념을 가지고 실생활에 적용하는 아동
- 문제해결과정에서 다른 사람의 견해를 존중하는 아동
- 긍정적인 자아개념을 가진 아동
- 학습환경과 학습자료를 효과적으로 사용하는 아동
- 학교에 대해 긍정적인 태도를 가지고 학교에서 행복을 느끼는 아동
- 독립적이고 건전한 자아를 가진 아동
- 당면한 문제에 자신감을 가지고 해결하는 아동
- 학습의 가치와 방법을 아는 아동

2 몬테소리 프로그램

1) 의미

오늘날 몬테소리 방법의 철학과 교육과정은 몬테소리의 저서와 그녀가 이탈리아 빈민촌에서 시작한 '어린이집' 모형에 근거를 두고 있다. 몬테소리는 이론가로서보다는 교육이론들의 실제적 적용과 과학적인 관찰을 통한 연역적 접근을 통해 자신의 독자적인 교육철학과 교수방법을 개발한 교육자이다. 몬테소리는 이탈리아 최초의 여자 의학박사로서 지적장애아들의 의학적 치료뿐만 아니라 교육적 지도의 필요성을 강조하였다. 몬테소리의 교육이론은 가톨릭 신자로서의 종교적 배경, 의사로서의 생물학적 배경, 의학을 통한 실증주의적 · 자연과학적 배경, 루소, 페스탈로치, 프뢰벨 등의 자연주의 철학적 배경 등에 바탕을 두고 있다.

몬테소리 교육방법은 자율, 개성존중, 흥미 위주의 아동 중심 교육을 지향하는 진보주의 교육철학과 생득적이고 유전 우위적 경향의 전통주의 교육철학의 양 극단을 조화시킨 것이라고 볼 수 있다. 또한 몬테소리는 이타드와 세강의 영향을 받았는데, 특히 세강이 지적장애아들의 감각을 자각하고 그들의 인상을 명료화하기 위해 제시한 수많은 장난감은 몬테소리 교구의 전신이 되었다.

몬테소리는 당시의 전통적인 아동관을 비판하면서 아동은 자기 고유의 독특한 발달적 특성과 세계를 가지고 있으므로, 아동과 성인은 인간의 성장과정에서 단순한 시기적 구분이 아니라, 개체로서의 독특성을 지닌 상이한 존재로 보고 있다. 또한 몬테소리는 태내에서 성장하는 신체적 태아의 존재에 비유하여 유아를 환경 속에서 성장하는 정신적 태아로서 간주하고 있다. 인간개체의 성장 과정에서 신체적 태아가 자라는 데 어머니의 태내가 필요하듯이, 정신적 태아가 자라는 데는 따뜻한 사랑과 충분한 영양을 갖춘 외적 환경의 보호를 받아야 한다는 것이다. 유아들은 0~6세 기간 동안 관습, 언어, 보는 것, 감정 등의 외현적 환경을 끊임없이 의식적·무의식적으로 흡수하는 정신력을 가지고 있으며, 이러한 흡수정신은 어떤 특정한 시기에 어떤 특별한 사물이나 지식에 유난히 관심을 가지는 민감기가 있다는 것이다.

2) 교육목적

몬테소리 프로그램의 주요 목적은 독립심, 자신감, 내적 규제와 자신의 활동을 스스로 이끌어 낼 수 있는 능력, 유아의 자발적인 인성발달을 돕고, 유아의 능력을 보다 육성시키는 데 있다고 할 수 있다. 이 프로그램의 궁극적 목적은 도덕적 사회의 건설이며, 도덕적인 행동을 할 수 있는 지성인의 형성에 있다. 그러한 목적을 성취할 수 있는 수단으로서 지식과 경험을 중시하고 감각적인 연마를 강조한다.

몬테소리는 교육을 통해서 유아들의 소유본능이 정화되고, 혼자서도 작업에 임할 수 있으며, 질서를 좋아하여 참다운 선택을 하게 되고, 독립심이 풍부하여 내적 안정과 만족을 가질 수 있는 자발적이고 정상적인 아동을 육성하는 데 주된 관심을 두고 있다. 몬테소리는 교육의 목적을 정신적 발달뿐만 아니라, 신체적 협동과 평형, 자발적인 자기 성장과 발전 등에 두었다고 볼 수 있다.

3 뱅크 스트리트 프로그램

1) 의미

뱅크 스트리트 프로그램은 1930년대부터 미첼과 비버에 의해 시작되어 지금까지 계속되고 있는 미국에서 가장 오랜 역사를 가진 유아교육 프로그램이다.

이 프로그램은 미국의 뉴욕에 있는 뱅크 스트리트 사범대학의 실험학교에서 저소득층 유아들을 대상으로 개발·활용되었다. 그 후 이 프로그램은 1960~1970년대를 거치면서 헤드스타트 프로젝트와 팔로우스루 프로젝트의 일환으로 더욱 발전되어, 현재는 뉴욕뿐만 아니라 뉴잉글랜드, 알라바마, 콜로라도, 하와이 등 여러 주의 저소득층지역 유치원과 공립초등학교 저학년 유아들에게 적용되고 있는 유아교육 프로그램이다.

이 프로그램은 프로이트, 에릭슨, 듀이, 피아제 등의 정신발달이론과 상호작용론에 기초를 두고 있다는 점에서 발달적·상호작용 프로그램이라고 부른다. 결국, 이 프로그램은 유아가 구체적인 학업성취기능을 획득하는 것보다는 주변의 물리적·사회적 환경과의 상호작용을 통해 다양한 교육적 경험을 함으로써, 창의성과 자신감을 가진 유능한 인간을 육성하는 데 주안점을 두고 있다. 학자에 따라서 성숙주의 유아교육과정 접근법에 분류하기도 하고 개방교육으로 분류하기도 한다.

2) 교육목적

뱅크 스트리트 프로그램에서는 불우아동의 결핍을 두 가지 형태로 본다. 하나는 언어적-개념적 기능의 결핍이고, 다른 하나는 인간관계를 유지하는 기술의 결핍이다. 아동의 능력, 대인관계, 개인성 창의성을 증진시켜 자신감 있고 발명적이며, 책임감 있고 생산적인 인간을 육성하는 데 근본 목적을 두고 있다. 이를 구체적으로 제시하면 다음과 같다.

- 학교는 유아가 신체·운동적 영역, 사회·정서적 영역 및 지적 영역에서 잠재능력을 발휘하도록 도와줌으로써 그의 능력이 가능한 최고수준에 이르도록 한다.
- 학교는 유아의 가치관, 정서순화능력, 독립적 정체감 확립 등에 기여하도

록 여러 가지 형태로 개성과 개별적 학습방식을 육성한다.

- 학교는 유아가 사회적 기능화의 요건에 적응하도록 안내해 준다.
- 학교는 유아의 창의적인 표현과 발명을 격려해 준다.
- 학교는 위의 목적들을 더욱 진전시킬 수 있도록 자신감, 능력, 동기, 대인관계의 방식과 모델 등을 자극함으로써, 유아의 학교생활 자생력을 극대화시킨다.

4 디스타 프로그램

1) 의미

디스타 프로그램은 미국 오레건대학의 교수인 베라이터, 잉겔만, 베커, 오스번 등에 의해 개발된 행동주의적 학습이론에 기초한 유아교육 프로그램이다. 이 프로그램은 초기 개발자들의 이름을 따서 베라이터-엥겔만 프로그램 혹은 잉겔만-베커 프로그램이라고도 부른다. 그러나 오늘날 이 프로그램은 주로 디스타 프로그램이라고 불리는데, Direct Instructional System for Teaching Acceieration Remediation(DISTAR)의 머리글자를 따서 붙인 이름이다.

디스타 프로그램은 행동주의이론에 입각하여, 교사 중심의 직접적인 교수를 통해 초등학교 교과학습에서의 성공을 지향하고 있는, 일종의 초등학교 준비교육 프로그램이다. 기본가정은 빈곤의 악순환에 의한 사회계층 간의 격차는 학교교육의 성패에서 연유된 것으로서, 저소득층 불우아동과 중·상류층 아동 간에는 취학 전부터 학력 차이가 나타나며, 이를 극복하기 위해서는 저소득층 취학 전 유아들에게 학교학습에 필요한 기초학습기능을 가르쳐야 한다는 것이다.

2) 교육목적

디스타 프로그램은 유치원에서 초등학교 저학년까지의 저소득층 불우 아동들이 기본적인 학습기초기능을 습득함으로써, 학교학습에 성공하도록 하는 데 목적을 두고 있다. 이를 위해 읽기, 언어 및 산수의 3개 교과영역으로 구분하고, 각 교과영역에는 여러 가지 기능이나 개념들을 하위영역으로 선정·제시하고 있다.

여기서 각 교과별 하위영역의 목표, 각 영역에서 아동이 도달해야 할 행동목표, 어떤 개념이나 기능에 숙달하기 위해 아동이 성취해야 할 세부 과제에 대한 목표 등으로 세분화하고 있다. 그러나 여기서는 읽기, 언어 및 산수의 3개 교과영역에서 설정하고 있는 몇 가지 세부적인 하위목표를 제시한다.

① 읽기 영역의 교육목표

- 단어나 어휘의 부호를 나누는 것
- 주어진 단어의 올바른 발성법을 익히는 것
- 주어진 대상과 일치하는 단어를 변별할 수 있고, 올바른 단어의 소리를 낼 수 있는 것

② 언어영역의 교육목표

- 질문하는 대상이나 사물의 명칭을 바르게 말하는 것
- 반대어, 관계개념, 부성사 등의 개념어 사용법을 익히는 것

③ 산수영역의 교육목표

- 사물들의 개수를 전후로 헤아리기
- 덧셈, 뺄셈, 등식과 같은 부호의 의미 및 그 사용법을 익히는 것
- 단순한 사실의 기억보다 문제해결의 절차와 방법을 익히는 것

5 까미 · 드브리스 프로그램

1) 의미

까미 · 드브리스 프로그램은 1966년 와이카트와 함께 미국 미시간주의 입실란티 공립학교의 저소득층 유아들을 대상으로, 피아제의 인지발달이론에 기초하여 연구 · 개발하기 시작한 유아교육 프로그램이다. 까미는 그 후 1970년대 초 일리노이대학 시카고 분교로 옮겨, 드브리스와 함께 기존의 프로그램을 몇 차례에 걸쳐 수정 · 보완하여 가장 정통한 피아제식 유아교육 프로그램으로 발전시켰다.

까미 · 드브리스 프로그램은 초기 프로그램과 후기 프로그램으로 구분되는데, 1977년 이전의 초기 프로그램은 유아교육에서 피아제의 이론을 잘못 적용하는 오류를 범했으나, 후기 프로그램에서는 그 오류를 개선하였다. 후기 프로그램에서는 인지발달의 가속화에 치중하는 오류, 피아제의 실험과제 성취를 교육목표로 삼는 오류, 언어 획득을 강조하는 오류, 표상단계를 지나치게 강조하는 오류 등을 시정함으로써 명실상부한 피아제식 유아교육 프로그램이라는 평가를 받고 있다.

2) 교육목적

까미 · 드브리스 프로그램은 유아의 인지적 · 도덕적 · 사회적 · 정서적 영역의 발달을 이룩함으로써, 전인적 인간의 육성을 교육목적으로 삼고 있다. 결국, 이 프로그램의 목적은 항상 새로운 것을 창조할 수 있는 발견 · 발명적인 사람과 능동적이고 비판적인 능력을 가진 사람을 육성하는 데 있다.

까미 · 드브리스 프로그램의 궁극적인 교육목적의 달성을 위해, 인지적 영역과 사회 · 정서적 영역의 목표를 제시하고 있다. 이 두 영역의 목표는 서로 분리된 것이 아니라, 하나의 통합된 것으로 사회 · 정서적 영역이 인지영역을 포괄하고 있다.

6 프로젝트 접근법

1) 의미

프로젝트를 통한 학습의 개념은 1920년대 진보주의 교육에서 듀이와 길패트릭에 의해 '프로젝트 방법'으로 강조되었다. "유아들은 자신의 흥미가 중심이 되고 충분히 몰입할 수 있을 때, 가장 잘 학습한다."라는 전제를 가지고 그 당시 듀이의 이념에 영향을 받아 안나 프로이트에 의해 비엔나에 설립된 학교에서 활용되었다.

1960년대 영국 유아학교의 이론과 실제의 골격을 형성하는 데 기여한 아이작이 기술한 유아를 위한 활동내용에서도 볼 수 있으며, 1960년대와 1970년대 초에 미국 '개방교육'의 핵심이 되었다. 1980년대에 이르러 캣츠와 차드(1989)는 전인교육의 목적을 위해 상호학문적, 다학문적인 접근을 강조하는 통합적 교육과정의 맥락에서 유아 중심의 진보주의 철학에 기초한 '프로젝트 접근법'을 재정립하여 유아교육자들의 관심을 끌고 있다.

프로젝트는 개별, 소집단 또는 학급 전체의 유아가 흥미나 관심을 갖거나 혹은 교사가 가치 있는 것으로 판단하는 한 가지의 주제에 대해 다양한 측면을 조사하고 연구하는 확장된 주제학습활동을 말한다.

2) 교육목적

프로젝트 접근법의 목적은 유아의 '마음'을 계발하는 데 있다. 여기서 말하는 '마음'은 단순한 지식이나 기술뿐만 아니라 정서적·도덕적·심미적 감각까지도 포함한다. 프로젝트 접근법에서는 프로젝트 활동을 통해 얻을 수 있는 학습의 목표를 다음과 같이 네 가지 범주로 나누고 있다.

① 지식의 획득

- 사회적, 물리적, 논리·수학적 지식
- 행동적 지식과 그로부터 추론되는 개념적·표상적 지식
- 아이디어, 개념, 지적 구조, 사실, 정보, 이야기, 동화, 노래, 그 외 학습될 특정 사건에 관련된 지식과 사건 전개에 관한 지식

② 기술의 획득

- 순서 지키기, 협상, 친구 사귀기 등과 같은 사회적 기술
- 읽기, 쓰기, 세기 등의 학문적 기술
- 자르기, 그리기, 구성하기 등의 기술
- 의사소통기술

③ 성향의 발달

- 활동에 몰입할 수 있는 자발적, 지속적인 흥미와 호기심
- 노력, 숙련, 도전, 탐구의 성향
- 협동, 관대함, 타인 인정 등과 같은 사회적 성향
- 정보를 찾거나 문제를 해결하고자 하는 성향

④ 정서발달

- 소속감, 자존감, 적절감, 능력 인식 등과 같은 주관적인 정서나 감정
- 수용감, 만족감, 자신감 등의 긍정적 태도

7 레지오 에밀리아 접근법

1) 의미

레지오 에밀리아 접근법은 교육과정의 목표를 정해 놓고 있지 않다는 점이 다른 일반적인 교육과정과 구분된다. 레지오 에밀리아 교육 관련자들이 가지고 있는 교육과정의 개념은 그들의 기본적인 아동관이 반영된 것이다. 즉, 아동은 잠재력, 유연성, 개방성, 성장욕구, 호기심, 다른 사람들과 관계를 맺고 의사소통하려는 욕구가 있다는 믿음이다.

레지오 에밀리아 교육과정에서 교사는 미리 교육목표를 세부적으로 수립하고 거기에 따라 아동의 학습을 이끌어 가기보다는 아동의 관심에 의해 시작된 프로젝트가 진행되는 과정에서 아동이 원할 때 언제든지 필요한 지원을 제공하는 역할을 한다.

2) 교육목적

유아학교와 영유아센터는 유아의 복지와 가족의 사회적 욕구 모두를 충족시켜줌과 동시에 유아가 전문적 성인의 보살핌을 받으며 동등한 또래와 함께 우호적인 환경 속에서 학습하고 성장하도록 유아들의 기본권을 지원하면서 유아의 복지뿐 아니라 가족의 사회적 욕구 모두를 위해 노력하는 일종의 공립시스

템이다.

이런 사실을 마음속에 새기면서, 레지오 에밀리아 교사들은 레지오 에밀리아 교육 실천에 대한 지식이 유아, 가족, 교사들의 편익을 위하여 다른 나라와 다른 학교들에 새로운 시작이 되기를 바란다. 또한 도움이 되는 아이디어의 상호 교환을 통해 가르침을 반성하는 데 고무받기를 희망하며 다른 교육자들과 자신들의 경험을 공유하기를 바란다.

8 발도르프 프로그램

1) 의미

'발도르프'라는 말은 루돌프 슈타이너가 독일 슈투트가르트에 있는 발도르프 아스토리아 공장에 설립한 학교이름에서 유래한 것이다. 전인교육을 목표로 하는 자유 발도르프학교는 개혁교육학자인 슈타이너의 독특한 삼지화이념과 인지학적 인간이해에 기초하여 설립되었다. 머리만이 아니라 인간이 가지고 있는 신체, 영혼, 정신의 세 구조가 하나의 전체로 작용할 때, 참다운 인간존재가 가능해짐을 의미한다.

2) 교육목적

인지학과 인간학은 서로 배타적이지 않다. 인지학적 인간학은 형태, 삶, 의식의 삼체성에 기초하여 인간은 신체, 영혼, 정신의 삼지적 구조를 가지고 있다는 인간관을 주장한다. 따라서 인간의 모든 경험은 이 삼지적 구조를 통해 이루어진다고 본다. 또한 인간의 경험은 공간, 시간, 영원성이라는 '세계 삼체성' 속에

이들이 상응됨을 찾음으로써 이루어진다는 것이다. 즉, 영혼적인 삶은 사고, 느낌, 욕구로 나누어지며 이들은 상호작용한다. 또한 이는 다시 정신작용에 의하여 육체와 연결된다고 본다.

인간이 내부의 다양한 소질과 능력을 개별적으로 발달시키는 만큼 인간의 가치와 자유가 생겨나는 것이므로 모든 교육은 인간의 발달에 따라 다르게 이루어져야 한다고 하였다. 슈타이너는 인간의 발달을 연속적인 과정으로 보지 않고 단계적인 과정으로 보았다. 인간발달의 비약적이고 질적인 변화의 특징을 보다 잘 나타내기 위해 인간의 발달현상에 대하여 '성숙'이라든가 '발달'이라는 말을 사용하지 않고 '탄생'이라는 단어를 사용하였다.

탄생이라는 의미를 새겨보면 서두르는 교육은 미숙아를 낳는 것과 같은 결과를 가져오는 잘못된 교육임을 상징한다. 이러한 발달단계는 개인차가 있으나 신체와 정신의 성장에 있어 반드시 단계를 거치게 된다. 슈타이너(1995)는 정신과학적 인식에 따라 인간의 본질을 4가지 구성체로 구별하였다. 신체, 생명체, 감정체, 자아체가 그것이다.

- 모방과 본보기 교육
- 감각중시교육
- 리듬과 반복을 중시하는 생활교육
- 상상력 발달을 중시하는 창의성과 감성교육

유아교육과 교육과정

6장

6장
유아교육과 교육과정

1 유아교육과정의 특징

1) 목표

(1) 교육목표의 설정

교육과정 구성을 위한 계획에 있어서 가장 먼저 생각해야 할 것은 교육목표의 설정, 즉 기르려는 인간특성을 명백히 정하는 일이다. 학자에 따라서 교육목표는 교육내용에 내재하고 있기 때문에 구태여 설정할 필요가 없다고 주장하기도 하지만, 교육내용에 내재해 있는 교육목표를 찾아내는 자체가 교육목표 설정의 하나의 방법이 될 수 있다. 일반적으로는 유아교육과정의 목표를 이념, 사회와 문화, 학습자인 유아, 교육과정내용 등의 네 가지 차원에 기초해서 설정한다.

① 철학

교육목표는 우선 국가 이념과 교육적 이념을 충분히 실현시킬 수 있어야 한다. 따라서 교육목표를 설정하는 데 있어 우리나라 헌법에 명시되어 있는 국가 이념, 즉 민주주의 철학을 바탕으로 해야 한다.

그리고 유아교육에 기초하는 이데올로기를 고려하여 교육목표를 설정해야 한다. 먼저, 낭만주의에 기초한 유아교육과정에 있어서 교육목표는 인간이 갖추어야 할 건전하고 바람직한 인성특성과 일련의 덕목이라고 규정하고 있다. 두 번째로, 문화 전달주의에 기초한 유아교육과정은 학교에서의 성공이나 사회의 적응에 성공할 수 있기 위한 기능 습득과 태도 형성을 주된 교육목표로 하고 있다. 마지막으로 진보주의에 기초한 유아교육과정은 유아가 성장하는 과정에서 주변 환경과의 능동적인 상호작용의 경험을 통해서 이루어지는 발달을 목표로 삼고 있다. 이와 같은 교육적 이데올로기 중 어느 이념에 기초를 두느냐에 따라 교육목표는 달라진다.

② 사회와 문화

교육목표는 사회와 문화의 필요 및 요청을 충분히 반영할 수 있어야 한다. 그러기 위해서는 현존하는 사회와 문화의 추세, 문제점 및 그 해결방안에 대한 과학적 탐구과정이 필요하고, 다양한 분야의 전문가들의 끊임없는 연구·분석·협조가 요구된다.

③ 학습자인 유아

교육목표는 학습자인 유아의 발달적 필요, 흥미와 일치되어야 한다. 교육이 학습자의 바람직한 행동 변화를 위한 과정이라고 할 때 학습자인 유아는 교육과정의 중심이 된다.

④ 교육과정내용

교육목표는 교육과정의 교육내용이 의미하는 바를 반영해야 한다. 교육내용은 유아들의 생활경험을 선정 · 조직한 것으로 결국 생활을 통해서 궁극적 목표인 발달을 이룰 수 있다는 것에서 중요한 의미가 있다.

(2) 교육목표의 수준

교육목표에는 여러 가지 수준이 있다. 목적, 목표의 수준이 있는가 하면 교육과정목표, 수업목표의 수준이 있고, 일반목표, 정보목표, 계획목표로 구분하는 수준도 있다.

제6차 유치원교육과정에서는 유치원의 전체적 목표를 진술한 총괄목표와 이 총괄목표를 세분화한 일반목표를 제시하고 있다. 유치원의 교육목표와 함께 유치원교육과정 구성영역에 따른 영역별 목표도 제시하였는데, 각 영역별 목표도 역시 총괄목표의 수준과 일반목표의 수준으로 진술되어 있다.

그 외 교육과정 운영시간으로 볼 때 교육목표는 장기목표와 단기목표로 나눌 수 있다. 장기목표가 지극히 포괄적이고 일반적이며 추상적인 반면, 단기목표는 특수하고 구체적이다. 장기목표와 단기목표는 서로 연관성을 가지고 위계적으로 설정되어야 하지만 인간 성장발달에 관한 견해 및 학습의 본질에 관한 의견의 불일치로 인해 현대 유아교육 프로그램들은 장기목표를 강조하든가, 단기목표를 강조하는 등의 두 가지 극단적 입장을 취하는 경향을 보여 왔다.

2) 내용

(1) 교육내용의 선정

교육과정 구성에 있어서 두 번째 작업은 교육내용을 선정하여 조직하는 일이다. 어떠한 목표를 달성하기 위해서는 삶의 다양한 일상 경험들을 분석하여 교육적 의미를 지닌 내용으로 구조화할 필요가 있으며, 이렇게 한 것이 곧 교육내용이 될 수 있다.

유아교육에 있어서 교육내용은 유아교육과정의 유형에 따라 차이가 있을 수밖에 없다. 예를 들어, 성숙론적 입장에서의 교육내용은 유아들 주변의 모든 인적·물적 환경과 유아들 각자의 생활 그 자체가 되며, 매우 광범위하다. 환경론적 입장에서 교육 내용은 3R's를 중심으로 교사가 선정하거나, 이미 교과서에 제시되어 있다. 상호 작용론적 입장에서는 학습 주체자인 유아와 그 주변의 모든 인적·물적 환경이 그 범위가 된다.

이와 같이 교육내용으로 어떤 종류의 학습이 가치 있다고 보는가 하는 입장은 다양하다고 할 수 있는데, 슈바르츠와 로빈슨은 여섯 가지 유형으로 설명하고 있다.

① 사실 축적

유아가 경험하고 관찰하는 세부적인 사실들이 중요시되며, 크기·색깔·모양·질감 등 물리적 속성의 명칭들로부터 역사적인 사건들에 이르기까지의 모든 사실들을 중요한 교육내용으로 본다. 이 유형은 사실 전달을 효과적으로 하기 위해 교사가 일방적으로 설명하는 수업방식을 취할 수도 있다는 우려가 있다.

② 기술 축적

기본생활습관을 비롯하여 생활하는 데 필요한 기술들을 중요시하며 옷 입기, 신발 끈 매기, 단추 끼우기 등 일상생활 기술 및 친구 사귀기와 같은 사회적 기술, 언어기술, 대·소근육 운동기술 등을 교육내용으로 본다.

③ 교과영역

유아교육과정에서는 엄격한 의미의 교과영역에 의한 편성은 하지 않는 것이 일반적이다. 하지만 최근 들어 많은 유아교육교사들은 교육내용을 교과별로 정리한 후, 이를 단원으로 재구성하여 수업을 진행하는 경향이 있다. 여기서 중요시해야 할 것은, 유아교육에서 교육활동을 교과별로 나누는 경우는, 주요 개념을 형성하는 데 도움이 되기 위한 수단일 뿐, 그 교과영역 자체가 목적이 되어서는 안 된다는 것이다.

④ 주제 중심

유아의 다양한 생활경험, 지역사회의 사건, 여러 가지 흥미로운 정보거리 및 그 외 사회적으로 전달되는 지식 등의 내용들을 그 내용의 논리와 유아의 심리적 발달 양식에 적합한 차원에서 통합적으로 구성한 주제들을 교육내용으로 본다. 주제 중심의 교육내용 선정이 제대로 이루어지기 위해서는 유아들과의 주제 선정을 위한 합의과정이 필요하며, 주제에 따라서는 유아들이 선정하는 경우, 교사가 제안하는 경우 등이 함께 허용되어야 한다.

⑤ 구조적 학문

학문은 다양한 지식들이 가장 고차원적으로 구조화된 형태로서, 그 하위구조는 개념이라고 할 수 있다. 주요 개념을 중심으로 내용을 조직한다는 것은 유아발달수준과 내용 선정의 협응을 의미하며, 이러한 접근방식의 효율성 여부는 조직된 교육내용을 수행할 수 있는 적절한 유아 교수-학습방법에 달려 있다.

⑥ 통합적 접근

유아의 자발적인 활동들, 일상생활에서 겪게 되는 문제들, 그리고 계획하지 않았던 우연한 사건들로부터 나오는 일련의 발생되는 것들을 교육내용으로 한다. 활동이 역동적으로 일어나기 위해서는 교사가 유아의 흥미와 자발성을 인정하고 지식을 스스로 구성해 나가도록 도와야 한다.

이상과 같이 분류된 교육내용기준은 현대 유아교육과정에서 다루는 교육 내용들을 체계적으로 분석, 정리하였다는 점에서 의미가 있는 것으로 실제로 유아교육 프로그램에 따라 이들 내용들이 서로 배타적이기보다는 상호 보완적으로 다양하게 적용되고 있다.

(2) 교육내용의 조직

어떠한 기준에 의해 선정된 교육내용은 적절히 조직되어야 한다. 타일러(1940)는 교육내용의 조직 원칙을 논리적 원칙, 발달적 원칙, 심리적 원칙의 세 가지로 구분한 바 있다. 논리적 조직이란 교육내용들이 서로 논리적으로 관련된 것을 말한다. 발달적 조직은 유아가 자람에 따라서 점점 고도화되고 복잡해지며, 가치적인 해석과 응용으로 옮아갈 수 있도록 조직하는 원칙을 말한다. 마지막 심리적 조직이란 유아의 마음속에서 교육내용이 학습되어져 가는 과정, 즉 문제해결의 심리적 과정을 의미한다.

이러한 조직 원칙들은 교육내용의 연속성과 통합성을 살리기 위한 역할을 한다고 할 수 있다. 이러한 조직 원칙에 근거하여 유아교육에 적합한 형태로 교육내용을 조직하기 위한 방법에는 3가지가 있다.

① 수평적 확장 조직 접근방법

수평적 확장 조직 접근방법은 교육내용들을 조직함에 있어서 유아에게 가장 직접적이고 구체적이며, 밀접한 내용으로부터 시작하여 점차 간접적이고 추상적이며 멀리 떨어져 있는 내용으로 확장시켜 조직하는 방법을 말한다. 이는 근본적으로 유아의 경험 범위가 제한되고 자기중심적인 사고 경향이 있다는 점에서 출발하며, 논리적 원칙의 적용이 우선시되고 있다.

② 나선형적 조직 접근방법

나선형적 조직 접근방법은 교육내용을 나선형으로 계열화시켜 반복해서 제시하도록 조직하는 방법을 말한다. 이러한 나선형적 조직은 브루너가 제시한 것으로, 지식의 구조란 교육내용에 스며 있는 의미, 핵심 아이디어를 말하며, 학습자가 유의미하게 핵심 아이디어를 이해하기 위해서는 학습자 수준에 맞는 표현방식으로 경험되어야 한다는 것이다.

③ 통합적 조직 접근방법

통합적 조직 접근방법은 다양한 영역의 내용, 개념 등을 통합된 전체 경험으로 제공할 수 있도록 조직하는 방법을 말한다. 이 방법은 유아들에게 의미가 있는 상황 속에서 개념을 제시하지 않고 분리된 내용으로 가르친다면 유아들이 개념을 이해하기가 어렵다는 것을 기본 가정으로 하고 있다.

3) 교수-학습과정

유아교육에 있어 교수-학습과정을 계획하기 전에 먼저 고찰해야 할 것은 유아가 어떻게 학습하고 발달해 가는지에 대한 것이다. 유아의 발달과 학습의 기본 원리를 전제로 유아교육과정이 아동 중심 교육철학에 기초하여 구성될 때 고려해야 할 교수-학습원리를 이원영 · 이영자 · 주영희는 놀이 중심의 원리, 개별화의 원리, 탐구학습의 원리, 생활 중심의 원리, 통합의 원리로 나누어 설명하였다.

(1) 놀이 중심의 원리

놀이는 자체에 즐거움과 흥미의 요소를 내포하고 있어서 유아기 학습활동을 그대로 의미한다고 할 수 있다. 유아는 놀이를 하면서 주변의 구체적인 사물을 탐색하고, 상황을 이해하는 지식 · 기술 · 태도 등을 발달시키게 된다. 유아교육과정에서 놀이를 통한 활동은 유아 스스로 선택하고 계획하고 참여해 이루어질 수 있도록 교사의 격려와 안내자적 역할이 필요하다.

(2) 개별화의 원리

유아는 흥미·활동에 대한 이해 및 참여도·자발성 등이 다르기 때문에 유아의 학습속도에 맞게 개별적으로 학습활동을 선정하여 제시할 필요가 있다.

(3) 탐구학습의 원리

유아는 스스로 탐색하고 자신의 감각을 통하여 사물이나 현상을 직접 경험함으로써 물리적 지식, 사회적 지식, 논리 수학적 지식을 얻게 된다. 유아의 탐구학습을 돕기 위해 다양한 경험의 기회, 관찰 및 실험활동 시도, 창의적 문제해결과정 등이 유아 교수-학습과정 계획에 반영되어야 한다.

(4) 생활 중심의 원리

실제 생활 중에 일어나는 흥미와 관심, 요구, 질문, 갈등 해결은 유아에게 가장 직접적이고 구체적이며 유의미한 학습경험이 될 수 있다.

(5) 통합의 원리

통합의 원리란 영역별 교육내용, 교육활동영역, 학교와 지역사회가 각각 서로 분리되지 않고 연결되어 다루어지는 것을 말한다. 교육내용을 통합적으로 다루기 위해서는 유아들의 관심이 집중된 주제를 선정하여 그 주제를 중심으로 활동영역별로 연결되는 활동들을 계획, 구성하도록 한다.

4) 평가

교육과정 구성요소의 제일 끝 단계가 평가이며, 평가는 다음 두 가지 측면에서 이루어져야 한다. 하나는 유아교육과정 구성요소에 대한 평가이며, 다른 하나는 교육과정에 따른 유아발달 평가이다.

(1) 교육목표의 평가

교육목표가 철학적 관점, 사회 문화적 측면, 유아의 발달 및 필요, 유아교육과정 내용의 관점에서 보아 타당하게 설정되었는지를 평가한다.

(2) 교육내용의 평가

교육내용이 교육목표가 지시하는 바로 그 내용인지를 평가한다.

(3) 교수-학습과정의 평가

교수-학습과정은 교육목표와 교육내용이 뜻하는 바를 얼마나 실천했는가를 평가한다.

(4) 평가의 평가

평가의 내용이나 방법이 타당하고 신뢰되어 객관적으로 유아교육활동의 효과를 평가했는지를 평가한다.

2 유아교육과정의 개념

유아교육과정의 효시는 유치원 창설자인 프뢰벨의 자유놀이를 통한 교육활동 계획에서 찾을 수 있다. 이후 1920년대 미국에서 일어난 아동연구운동의 일환으로 유치원교육과정은 변혁이 이루어졌는데, 그 대표적 교육과정이 힐의 주관하에 구성된 〈유치원과 1학년을 위한 활동 중심 교육과정〉이다.

스포텍(Spodek)에 의하면, 프뢰벨의 교육과정이 유아와 유아기 본성에 대한 직관적인 관점을 토대로 한 것에 비하여, 미국의 유치원 개혁운동 및 유아원 교육과정은 많은 발달이론과 유아교육학습에 대한 과학적인 지식의 영향을 받은 것으로 특징지을 수 있다.

1960년대 이후 발달이론 및 프로그램 목표에 따라 다양한 유아교육과정 모델이 개발되는 양상을 보여왔다. 특히, 피아제의 인지발달이론은 유아교육과정의 학문적 기초를 형성하는 데 커다란 영향을 주어 왔다. 유아가 능동적으로 새로운 것을 발견하도록 돕기 위해서는 유아의 발달수준에 적합한 교육이 이루어져야 한다는 그의 아이디어는 구성주의 교육과정의 기초가 되었다고 할 수 있다.

이러한 흐름을 타고 발달해 온 유아교육과정은 학자들에 따라 다양한 개념으로 표현되고 있다. 슈바르츠와 로빈슨은 다양한 유아교육과정의 개념 유형을 종합하여 우연히 일어난 것으로서의 교육과정, 유아가 교육기관에서 갖게 되는 모든 경험으로서의 교육과정, 교수계획으로서의 교육과정, 교수요목으로서의 교육과정, 특정 접근이나 이론에 기초한 프로그램으로서의 교육과정으로 분류하였다.

1) 우연히 일어난 것으로의 교육과정

교육과정은 각 개인 유아의 요구와 흥미를 중심으로 교육경험이 결정되는 유아교육과정을 말한다. 이 교육과정에서 유아는 스스로 선택한 활동에 능동적으로 참여하여 학습해 나갈 수 있다는 견해를 가지고 있다. 따라서 교사는 유아가 자연스럽게 활동할 수 있는 분위기를 마련해주고 끊임없는 관찰과 배려로서 유아를 안내하도록 힘써야 한다.

2) 유아의 학교에서 갖게 되는 모든 경험으로서의 교육과정

유아가 교육기관에서 갖게 되는 모든 경험으로서의 교육과정은 유아가 교육기관에서 갖게 되는 모든 경험을 유아교육과정으로 보는 입장이다. 교사가 의도한 경험뿐 아니라, 의도하지는 않았지만 유아에게 영향을 줄 수 있는 잠재된 교육과정까지 포함하는 개념이다.

3) 교수를 위한 계획으로서의 교육과정

교수계획으로서의 교육과정은 유아기에 적합한 지식의 구조 및 기본 아이디어가 유아의 자발적인 탐구활동을 통해 형성되기 위해서는 교수계획이 잘 이루어져야 한다고 보는 교육과정이다. 학문 중심 교육과정의 견해와 입장을 같이하고 있다.

4) 교수요목으로서의 교육과정

교수요목으로서의 교육과정은 유아들에게 가르칠 수 있는 교육목표, 내용, 순서를 일련의 문서로 작성한 교수요목을 교육과정이라고 보는 입장이다. 전통적인 교과 중심 교육과정에서 개념화했던 입장과 같이 일정시기에 단원별로 학습할 내용이 교수요목으로 짜여져 있어 누가 운영하든 그 순서대로 진행할 수 있게 되어 있다.

5) 프로그램으로서의 교육과정

프로그램으로서의 교육과정은 몬테소리 프로그램, 디스타 프로그램과 같이 한 가지 접근방법이나 이론에 기초한 유아교육의 모델 유형을 유아교육과정이라고 보는 입장이다. 이 입장은 유아교육에서나 찾아볼 수 있는 독특한 관점이다.

유아교육과정 개념 유형 중 어떤 유형을 택하는가는 유아교육에 대한 관점에 따라 다를 것이다. 전미국유아교육협회(NAEYC)는 3~8세까지의 유아를 위한 바람직한 교육과정 내용과 평가를 위한 지침에서 유아교육과정을 '유아가 학습할 내용, 교육과정 목표를 성취해 나가는 과정, 유아의 목표 성취를 돕기 위한 교사의 역할, 교수와 학습이 발생하는 상황에 관해 서술한 조직화된 틀'이라고 정의한 바 있다. 이 정의는 이제까지 제시된 내용, 과정, 교수계획, 우연한 경험 등 다양한 교육과정 개념들을 포괄적으로 반영하고 있다고 하겠다.

3 유아교육과정의 접근법

20세기 중반 이후 유아의 발달적·심리적 특성에 관한 연구가 활발하게 이루어졌으며, 연구의 결과를 근거로 영유아기 경험의 중요성이 강하게 대두되었다. 이러한 연구결과와 사회적 배경의 영향으로 빈곤 아동에게 미치는 부정적 영향을 예방하고 교육의 기회균등을 위하여 유아교육에 많은 영향을 미친 헤드 스타트 운동이 미국에서 시작되었다.

1960년대 헤드 스타트 운동이 일어나면서 유아를 위한 다양한 프로그램들이 개발되었으며, 그 수는 160여 개에 이른다고 한다. 대표적인 것으로 행동주의

이론을 기초한 디스타(DISTAR) 프로그램, 놀이에 기초한 뱅크 스트리트 프로그램, 피아제의 구성주의이론에 기초한 인지적 상호작용 프로그램, 몬테소리 프로그램 등이 있다.

이러한 유아교육 프로그램들은 이론적 관점에 따라 여러 유형으로 분류될 수 있으며, 유아의 학습과 발달에 대한 관점에 따라 성숙주의적 유아교육과정, 행동주의적 유아교육과정, 상호작용주의적 유아교육과정의 세 가지 유형으로 구분될 수 있다.

1) 성숙주의적 유아교육과정

성숙주의적 유아교육과정의 이론적 배경은 루소(Rousseau)와 게젤(Gesell)의 주장에 근거한 것이다. 유아의 성장과 발달은 타고난 유전적 요인에 의해 결정된다고 보며, 환경적 요인의 영향을 최소한으로 인정한다. 게젤은 유아의 성장과 발달을 식물에 비유하여 식물이 정해진 일정표에 따라 때가 되면 꽃이 피고 열매를 맺듯이 유아의 성장과정도 이와 같이 진행된다고 보았다.

성숙주의적 입장에서는 준비도의 개념을 매우 중요시한다. 유전적으로 신체적 기능이 준비되기 전에는 훈련이나 교육은 성과가 없다고 생각한다. 유아는 성장을 위한 내적 성장의 힘을 가지고 있으며, 이러한 내적인 힘이 적정한 시기에 자연스럽게 발현될 수 있다는 것이다. 교육의 주된 책임은 유아 자신에게 있으며, 교사나 부모는 단지 자연스럽게 발현될 수 있도록 도와주는 것이다.

성숙주의적 유아교육과정은 주로 유아의 정의적 측면에 관심을 두고 교육목표를 일련의 덕목, 즉 건전하고 바람직한 인간의 인성 특성 계발로 규정하고 있다. 교육목표를 지발적이고 창의적이며 자신감 있는 인성에 두고 있으며, 이러한 인성 특성들로는 자아존중, 적극성, 주도성, 안정감, 인내심, 헌신 등이 있다. 인간이 원래 가지고 있는 내재적 특성을 계발하고자 하는 것이다.

성숙주의적 유아교육과정에서 강조되는 것은 유아를 스스로 성장할 수 있는 존재로 보고, 유아 중심적이고 개방적인 환경에서 유아가 활동을 선택하고 활동을 자유롭게 해 나가는 과정에서 자연스럽게 바람직한 인격이 형성된다고 본다. 따라서 교사는 유아들에게 따뜻하고 지지적인 환경을 제공해야 하며, 미리 계획된 교안을 가지고 유아들에게 어떤 개념이나 내용을 가르치려고 하는 것이 아니라 유아 자신의 흥미나 요구 및 발달수준에 따라 자발적으로 활동할 수 있도록 한다.

학습내용을 강조하기보다는 학습활동과정에 중요성을 부여하며, 유아는 스스로 행하면서 이해하게 되고, 놀이를 하면서 학습한다는 것이다. 교실은 여러 흥미영역으로 구성해 주며, 유아의 발달단계와 흥미수준에 따라 다양한 학습활동과 자료가 제공되어야 하며, 유아의 흥미와 욕구를 다양하게 표현할 수 있도록 풍부한 다차원적 교재가 제공되어야 한다.

유아는 여러 흥미영역에서 다양한 교재·교구를 가지고 자발적으로 다양한 학습활동을 하도록 한다. 그 학습활동들은 교사의 지도에 의해서가 아니라 유아들이 스스로 선택한 활동으로서 주로 개별 활동이나 소집단활동의 특성을 지니게 된다.

2) 행동주의적 유아교육과정

행동주의적 유아교육과정의 이론적 배경은 왓슨(Watson), 스키너(Skinner), 반두라(Bandura)의 이론에 근거를 둔다. 인간의 행동은 유전적 요인이 아닌 환경 또는 외부 자극에 의해 형성된다고 보며, 성숙주의와는 상반되는 입장을 취한다. 행동주의에서 모든 인간의 행동은 학습된 행동이며, 인간의 행동은 환경적 자극이나 조건에 의해 형성된다. 따라서 환경에 의해 형성된 인간의 행동은 환경의 변화에 따라 그 행동을 변화시킬 수 있다. 유아가 접하고 있는 환경을 변화시켜 유아의 바람직한 행동은 증가시키고, 부적절하거나 바람직하지 않은 행동은 소멸시킬 수 있다는 것이다.

행동주의적 유아교육과정에서 교육목표는 문화전승주의 교육이념에 바탕을 두고 있다. 후기 학교생활에서의 성공에 필요한 기능이나 태도를 길러주는 것을 교육목표로 설정한다. 사회 중심적인 입장에서 교육목표를 그 사회·문화의 가치관과 지식을 내면화하는 것이며, 유아의 흥미나 요구보다는 후기 학교에서의 성공을 위하여 필요한 전통적인 학문기술 습득에 초점을 둔다.

행동주의적 유아교육 프로그램에서는 초등학교에서 필요한 읽기, 쓰기, 셈하기 등의 학문적 기초 형성이라는 분명한 교육목표를 제시하고 있다. 행동주의적 유아교육 프로그램은 유아의 기초학문 습득을 위하여 미리 계획된 학습활동을 하며, 유아가 성취해야 할 과제를 세부적인 작은 단위로 나누어 직접적인 교수를 한다. 학습과제는 위계화, 순서화되어 있으며, 각 단계는 단순한 과업에서 점차 복잡한 과업으로 점진적으로 나아가게 된다. 유아의 흥미나 요구와는 상관없이 미리 구체적인 교육목표와 내용을 설정하고 유아에게 단계적으로 잘 배열하여 제공한다. 일반적으로 활동들은 연습지 형식인 직접적인 교수법에 의해 진행되며, 교육의 성과 및 효과의 극대화를 위한 구조화된 교수-학습과정을 강조한다.

학습과제에 초점을 맞추고 학습과제와 관계가 적은 활동은 규제한다. 또한 유아가 학습에 집중하도록 소집단으로 작은 공간에서 활동을 많이 하며, 교사에 의해 환경은 통제된다. 교사는 매우 적극적으로 교육에 개입을 하며, 유아는 계속적인 반복과 연습 및 모방을 통하여 학습하고, 강화에 의하여 보다 더 잘 학습할 수 있다고 본다. 교사는 유아의 행동을 바람직한 방향으로 지시하고 수정·강화해 주며, 바람직하지 않은 행동은 교성해 준다.

따라서 교사는 유아의 행동이나 학습을 바람직한 방향으로 이끌기 위하여 직접적인 교수나 적절한 강화와 방법을 사용한다. 또한 교수전략으로 모델링을 중요시하는데, 유아에게 어떤 행동을 가르칠 때 바람직한 행동에 관한 모델을 보여 준다.

3) 상호작용주의적 유아교육과정

상호작용주의적 유아교육과정은 피아제의 인지발달이론에 기초를 두며, 유아의 발달을 성숙과 환경의 상호작용의 결과라고 본다. 유아의 대부분의 심리적 특성들이 환경에 의하여 수동적으로 획득된다고 보는 행동주의이론가들과는 달리 유아는 능동적으로 환경에 적응하고, 스스로 사고하며, 정보를 처리하고, 새로운 표상과 지식을 저장하며 구성하고 창조해 나가는 적극적이며 주도적인 존재로 본다.

발달은 객관적인 환경적 요인에 의해 결정되는 것이 아니라 유아가 어떻게 환경적 요인들과 상호작용하며 처리해 나가느냐의 주관적이 경험내용에 의해 결정되는 것이다. 이와 같이 유아의 발달은 유전적 요인과 환경적 요인 간의 상호작용의 결과로 보며 상호작용주의라고 한다. 상호작용주의적 유아교육과정에서 학습의 주체는 유아이다. 유아는 풍부한 호기심을 바탕으로 주변 세계를 주도적으로 탐색하고 스스로 지식을 구성해 나가는 능동적이고 전인적인 존재이다. 유아를 학습에서 수동적 존재로 보고 모방과 반복적인 연습을 통해 지식을 획득한다는 행동주의적 입장과는 대조를 이룬다.

이 유형의 교육과정은 교육목표를 유아의 전인적 성장발달이나 지적·도덕적 자율성에 두며, 창조적이고 발명적인 사람, 발견자 및 비판하고 검증할 수 있는 능력을 길러내는 것을 중요시한다. 이러한 교육목표에 따라 유아의 성장과 발달을 위하여 환경과의 직접적인 상호작용을 강조한다.

교사는 유아의 지적 호기심을 유발할 수 있는 다양한 교재·교구 및 활동을 제공해 주고, 능동적으로 환경을 탐색하며 활동을 선택하여 주도적으로 학습경험을 할 수 있도록 해 주어야 한다. 또한 교사는 유아들의 학습경험을 확장시키고 유아 자신의 경험을 반성할 수 있도록 지적 사고를 자극하는 질문을 하며, 또한 유아가 지적 도전을 할 수 있는 질문을 할 수 있어야 한다. 따라서 유아와 교사 모두가 학습활동을 주도해 나가며, 교사는 유아의 지적 관심과 발달상태에 대한 예민한 관찰과 이해를 근거로 촉진적인 지적 자극을 주는 일을 중요시한다.

상호작용주의적 교육과정에서 적절한 교수방법으로 인지적 갈등방법을 제시한다. 인지적 갈등이란 유아가 알고 있는 내용과 다소 거리가 있는 내용을 보면 의문, 질문이 스스로 발생한다. 이러한 상태를 인지갈등이라 부르며, 인지갈등은 유아들이 지적 호기심을 가질 수 있도록 내적인 동기유발을 자극하고 자발적으로 문제를 해결하게 하는 동인이 된다. 학습을 위한 동기유발은 외부의 자극이나 보상에 의해서가 아니라 학습자 내면에서 인지적 불균형을 해결하기 위하여 일어나게 한다.

4 우리나라 유아교육과정의 변천

1) 유치원교육과정 제정 이전

제2차 세계대전의 종료와 함께 대한민국 정부가 수립되고, 민주국가로서의 기본이 되는 『교육법』이 1949년 12월 31일 제정 공포되었다. 이 법은 우리나라 교육의 이념, 목적, 체제 조직을 규정하고 있으며 인격의 존중, 개성과 능력의 신장, 그리고 교육의 기호 균등 및 민주주의 원리가 명시되어 있다. 이 교육법 중 유치원교육의 목적은 제146조에, 그 목적을 달성하기 위한 목표는 제147조에 5개 항목으로 진술되어 있으며, 제148조에는 입학 연령이 명시되어 있다. 이 법령에 근거하여 전국의 유치원은 잠정적으로 교육목적을 설정하고 교육과정을 운영하게 되었다.

그리고 1952년에 공포된 『교육법 시행령』 제186조에 근거하여 유치원의 보육과목으로 음악, 유희, 담화, 회화, 수기 등 5개 항목이 제시되었고, 유치원 설립인가와 폐지, 원칙, 유아 수, 보육일수 등이 명문화되었다. 이때의 유치원교육과정은 교육법 제147조에 나타난 신체발달, 사회생활, 동화, 음악, 유희 등에 관한 5개항의 목표만 정부에서 밝힌 교육내용이었다.

국가수준에서 정책적인 배려를 받지 못하고 개인 또는 단체에 의해 운용되는 민간 주도형의 교육과정이었으며, 1945년 이후 1968년까지 몇몇 유치원을 제외하고는 대체로 체계적인 교육과정 없이 오락활동이나 초등학교 입학 준비와 유아의 보호기능이 중심이 되어 유치원의 교육적 기능을 충분히 발휘하지 못하였다. 따라서 1949년도에 제정된 『교육법』상의 유치원 교육목표와는 무관하게 춤추고, 노래하고 그림 그리기나 하는 곳이 유치원이라는 생각이 사회 전반에 자리 잡았다. 따라서 유아교육이 학문적 분야로 인식되기보다는 춤, 노래 등의 재능 기르기, 남에게 보이기 위한 특기 기르기라는 생각이 사회 전반에 자리 잡게 되었다.

그러나 일부 유치원에서는 몇몇 대학과 개인이 발행한 유치원교육과정 서적들을 참고하여 교육내용을 마련하기도 하였다. 이화보육학교(현재 이화여자대학교) 발행의 '활동에 기초한 아동 교육법', '중앙대학교 부속유치원 운영요람 및 안내서', '교육계획서', 대전보육 초급대학(현 배제대학교) 부속유치원의 '유치원 교육안', 그리고 개인으로는 이영보의 '보육 일안' 등이 참고자료로 쓰였다. 이러한 자료를 중심으로 뜻있는 운영자는 광범위한 생활 테두리에서 유아들의 발달 정도에 맞도록 다양한 경험을 체험시키고 좋은 생활습관을 형성하게 하여 바람직한 방향으로 생활할 수 있도록 주력하였다. 반면에 미국에서 개발한 유치원의 교육내용을 우리의 실정과 관계없이 손쉽게 받아들임으로써 그대로 모방하고 답습하는 현상이 야기되었다. 따라서 설립자가 당시에 결정하는 내용이 교육과정으로 통용되는 경향이 많았다.

2) 유치원교육과정 제정 이후

우리나라의 유아교육과정은 유치원이 설립되고 교육부의 유치원교육과정이 제정되면서 발전되기 시작했다. 유치원교육과정은 1963년 처음 제정된 이후 1979년, 1981년, 1987년, 1992년, 1998년, 그리고 2007년에 유치원교육과정이 확정되어 2009년부터 유치원에 적용하게 될 7차 유아교육과정이 발표되면서 총 7차례에 걸쳐 개정이 이루어졌다.

(1) **제1차 유치원교육과정**(1969. 2. 19. 문교부령 제207호)

제1차 유치원교육과정은 『교육법』 제147조에 규정된 유치원 교육목표에 따른 것으로 우리나라에 유치원이 소개된 지 70여 년이 지나고, 광복 후 정부가 수립되어 교육법이 제정 공포된 지 20년이 지난 후인 1969년에 제정, 공포되었다. 교육법에서는 처음으로 유치원교육의 목적과 목표, 그리고 교육대상 등을 구체적으로 명시하였다.

1960년대 이후 급격히 증가하는 유치원들을 정비하기 위해 1962년에 『유치원 시설 기준령』이 공포되면서 이것은 유치원교육환경을 개선하는 법적인 근거가 되었다. 이러한 법령들을 기초로 유치원은 1969년 『유치원교육과정령』이 최초로 제정, 공포되었다. 당시의 유치원교육은 오랫동안 법적으로 규정된 교육과정이 없었으므로 이 교육과정의 제정은 구제적인 유치원교육의 목표, 영역, 수업일수, 운영방법 등의 제시로 전국의 유치원교육에 중요한 지침이 되었다.

교육법에 유치원에 대한 조항이 명시된 이후로 유치원의 교육목적을 설정하고 교육과정을 운영하는 기준의 틀을 이 법에 근거하고 있다. 제1차 유치원교육과정 제정의 취지는 유아의 바람직한 인격형성을 위하여 유아의 욕구와 흥미에 알맞은 환경을 만들어 주는 데 있었다. 건강한 신체와 건전한 정신으로 생활하는 유능한 한국인 양성을 유치원교육의 목적으로 설정하고, 유치원교육의 특수한 목적을 구현하기 위해서 초등학교와 같은 교과 중심의 교육을 피하고,

종합적인 교육을 계획, 실천하도록 교육과정을 조직하였다.

유치원교육과정은 곧 유아들이 유치원교육을 통하여 경험하는 모든 학습 활동의 총화를 의미하는 것으로 보았으며, 교육과정의 구성은 건강, 사회, 자연, 언어, 예능의 5개 영역으로 나누어 내용을 조직하였다. 따라서 유치원교육의 구체적인 목적을 튼튼한 몸과 마음, 기초적인 생활습관, 올바른 사회적 태도와 도덕성, 과학적이고 민주적인 사고력, 심미적 태도, 창조적인 표현능력을 기르기, 자연 및 사회의 제 현상에 관심을 가지는 것에 두었다.

유치원의 교육일수는 연간 200일 이상 하루 3시간을 기준으로 하여 각 유치원에서 기후, 계절, 유아의 발달 정도, 학습경험, 학습내용의 성질을 감안하여 실정에 맞추어 조정하도록 하였다. 교육과정의 운영도 지역사회와 밀접한 관련을 갖고 각 지역의 실정에 맞는 교육과정을 창의적으로 재구성하도록 융통성과 신축성을 부여하였다.

교육방법으로 유아의 흥미 중심, 놀이 중심 교육과 개인차에 따른 교육이 이루어지도록 강조하였으며 유아의 학습특성을 고려하여 5개 생활영역과 하루 일과의 통합적 운영, 다양하고 균형 있는 활동, 가정과의 긴밀한 협력 등을 강조하였다.

제1차 유치원교육과정에 영향을 미친 교육이론으로는, 광복 직후 우리나라의 교육에 가장 많은 영향을 미친 실용주의 사상을 배경으로 한 진보주의이론으로, 유아교육 분야도 마찬가지여서 당시의 교육과정은 교육과정의 정의, 교육목표, 내용, 방법 등이 모두 이른바 생활 중심, 경험 중심, 유아의 흥미 중심 교육을 주로 하도록 되어 있었다.

(2) **제2차 유치원교육과정**(1979. 3. 1. 문교부 고시 제424호)

제1차 교육과정이 제정되고 10년이 지나, 문교부 고시로 개정되어 공포된 제2차 교육과정은 당시의 각급 학교 교육과정에서 강조하고 있던 국민교육헌장

이념 등을 기초로 국민적 자질의 함양, 인간교육의 강조, 지식, 기술교육 쇄신을 기본방침으로 하였다. 이에 따라 자아실현을 부각시키고 국가의식의 고양과 민주적 가치의 강조를 학교교육의 일반목표로 제시하였다. 이는 세계 속의 한국인으로 성장하기 위하여 도시화, 산업화가 우선될 것을 전망하고 지식, 기술교육의 쇄신을 기본 방침으로 한 것이었으므로, 이에 따른 비인간화 경향을 극복하기 위한 인간교육의 강화와 자아실현을 강조하고자 하였다. 따라서 유치원교육의 목표도 남과 잘 사귀고 남과 더불어 생활하는 것을 즐기게 하며, 표현하는 능력 · 습관 · 태도를 기르고, 탐구능력 · 언어구사력 · 기초적인 운동능력 · 건강 및 안정생활습관을 기르는 것이었다.

교육과정의 영역은 제1차 교육과정이 교과목 형식의 5개 생활영역이었던 것을 전인적인 발달을 강조하는 사회 · 정서발달영역, 인지발달영역, 언어발달영역, 신체발달 및 건강영역의 4개의 발달영역으로 구분하였다. 연간 교육일수는 200일, 주당 교육시간은 18~24시간, 하루 학습시간은 3~4시간으로 하고, 유아와 지역사회, 학교의 실정에 적합한 계획과 운영, 통합적 학습, 유아의 흥미 중심, 놀이 중심, 개인차에 의한 학습, 가정과의 연계 등을 운영방침으로 제시하였다.

제2차 교육과정의 특징은 1970년대부터 인지발달을 강조하는 세계적 추세에 맞추어 인지발달과 정서발달을 강조한 것이었다. 이는 1960년경부터 미국에서 나타나기 시작한 학문 중심 교육과정의 영향을 받은 것으로 유치원교육과정의 총론 부분에도 학문 중심 교육과정의 특성을 명시하고 있고, 특히 브루너, 피아제의 인지발달이론의 영향으로 이전의 교육과정에는 포함되지 않았던 논리 · 수학적 개념형성, 표상능력 등의 인지적 개념들이 첨가되었다.

교육과정이 공포된 후에 유아교육현장에서 교육과정을 실천하는 교사들이 많은 혼란을 겪게 되었다. 그것은 새롭게 소개된 인지발달내용이나 용어가 너무나 추상적이고 난해했기 때문에 교육현장에서 어떻게 통합적으로 지도할지 어려웠기 때문이다. 따라서 교실현장에서의 교육과정 적용에 도움이 되도록 하기 위하여 유치원교사용 지도서를 처음으로 개발하여 보급하기 시작했다.

(3) 제3차 유치원교육과정(1981. 12. 31. 문교부 고시 제442호)

제3차 유치원교육과정은 제2차 교육과정 재정 2년 후인 1981년에 이루어졌다. 제3차 교육과정은 제5공화국이 들어서면서 유신 말기의 정책의지가 강하게 반영되었던 제2차 교육과정을 전면적으로 새롭게 한다는 정부의 의지가 반영되었다고 할 수 있다. 제3차 교육과정은 이전처럼 유치원만 각급 학교와 분리되어 별도로 개정이 이루어진 것이 아니라, 처음으로 초·중등학교 교육과정의 개정과 함께 상호 연계성 속에서 개정되었다. 이러한 변화는 제5공화국이 유아교육을 주요 교육개혁정책으로 채택하여 정부 차원에서 유아교육을 해결하고자 한 노력의 일환으로 이루어지게 된 것이었다.

종래에 문교부 편수관이 주도하여 교육과정을 개정하던 것과는 달리, 문교부가 교육전문연구기관인 한국교육개발원에 위탁하여 체계적인 연구에 의해 교육과정 개정이 이루어지게 되었다. 즉, 한국교육개발원이 주축이 되어 유아교육 전문가, 심리학자, 문교부 관계 담당관, 현장교사들이 교육과정 개발과정에 참여하였으며 수차례의 심의를 거쳐, 제2차 교육과정을 수정·보완한다는 입장에서 연구·개발이 이루어졌다.

다른 측면에서의 개정 이유를 보면 앞서 지적된 바 있는 인지발달내용을 현장에서 소화하여 적용하기 어려운 점이 지적되면서 일선교사들을 위하여 '구성방침'이나 '운영방침' 등 고시된 교육과정의 내용을 아동 중심, 활동 중심적인 유치원 현장에서 통합적으로 활용할 수 있는 세분화된 계획 지도와 평가의 요구가 발생하였다.

교육과정의 궁극적인 목적은 민주주의의 토착화, 복지사회 건설, 정의사회 구현, 교육혁신 및 문화창달 등을 제시하고 있으며 이를 통해서 인간상은 건강한 사람, 심미적인 사람, 능력 있는 사람, 도덕적인 사람, 자주적인 사람이었다.

유치원교육의 목적으로는 유아에게 알맞은 교육환경을 마련해 주어 전인적으로 성장하도록 돕는 것이었다.

교육과정 편제는 신체발달, 정서발달, 언어발달, 인지발달, 사회성발달의 5개 발달영역별로 구성되었다. 이것은 제2차 교육과정의 사회·정서영역을 사회영역과 정서영역으로 나누어 정서영역을 더 강조하였고, 신체발달 및 건강영역은 신체발달영역으로 포함시켰으며, 각 발달영역별로 구체적인 내용을 제시하였다. 또한 성장단계에 있는 유아의 발달수준에 비추어 그동안 무리했던 연간 교육일수를 하향 조절하여 기존의 200일에서 180일 이상으로 축소·조정하였고, 하루 교육시간도 3~4시간을 기준으로 하도록 하였다.

교육과정 운영지침은 계획, 지도, 평가로 구성하였으며, 계획은 유아의 발달수준, 지역사회와 유치원의 실정, 계절 등에 적합한 융통성 있는 교육과정 운영계획을 수립하도록 하였다. 또한 발달영역의 통합적 지도를 위해 교육자료의 확보·활용, 다양한 학습활동 등이 이루어지도록 하였으며 유아의 개인차에 따른 놀이 중심 지도, 가정과의 연계를 지도방법으로 제시하였다. 평가는 유아의 발달상황을 이해하고 도와주는 긍정적인 측면에서 목표 지향적인 평가를 하도록 하였으며 처음으로 평가에 대한 지침도 제시하였다. 또한 새로 개정된 교육과정을 해설하기 위한 『유치원 새 교육과정 개요』를 발간하여 교육과정에 대한 이해를 증진하는 노력을 기울였다.

제3차 유치원교육과정에 영향을 미친 이론적 변화를 살펴보면, 이 교육과정은 이전의 교육과정처럼 듀이나 피아제 등 어느 특정 이론의 영향을 두드러지게 받아 구성되었다기보다는 과거에서부터 현재에 이르기까지의 다양한 아동중심 교육이론들의 장점이 골고루 영향을 미치며 개정이 이루어졌다. 또한 1980년대 이후, 세계 각국의 추세이자 우리나라 전반적인 교육과정 변화의 추세인 인간 중심 교육과정과 통합교육과정에 대한 중요성이 강조되어 유치원교육과정에서도 반영되었다.

(4) 제4차 유치원교육과정(1987. 6. 30. 문교부 고시 제87-9호)

제4차 유치원교육과정은 1981년 제3차 교육과정 개정 6년 후인 1987년에 개정되었다. 제4차 교육과정 개정의 배경은 각급 학교의 주지적인 교육과정 개정 배경과 보조를 맞추기 위한 것과 시대적 · 사회적 변화에 따른 요구를 반영하기 위한 것이며, 제3차 교육과정의 운영에서 지적된 운영상의 문제를 수정 · 보완하기 위하여 문교부의 위촉으로 한국교육개발원이 주축이 되어 개정되었다.

제4차 유치원교육과정은 교육과정의 구체화 및 상세화의 문제, 유치원과 초등학교와의 연계성, 교육시간 운영의 자율성 확대, 프로그램 및 교재 · 교구의 풍부화와 다양화, 평가활동의 정상화 등의 구체적인 방향을 가지고 개정이 이루어졌으나 1981년 유치원교육과정의 목표와는 근본적인 차이는 없어 부분 개정이라고 할 수 있다.

제4차 유치원교육과정은 국가수준에서 교육과정의 최종목표와 목표의 성격을 띤 교육내용을 제시해 주고 그 범위 내에서 지역의 실정이나 유치원의 특성, 유아의 발달수준과 흥미에 맞게 교육내용을 통합적으로 재구성하도록 하는 것을 분명히 하기 위해 내용 부분이 삭제되었다. 따라서 교육과정의 일반목표 밑에 하위목표를 바로 연결시켜서 일반목표와 하위목표와의 관계를 바로 알 수 있도록 구성하였다.

제4차 교육과정의 목적은 인격을 완성하고 자주적 생활능력과 민주시민으로서 자질을 갖추어, 민주국가 발전에 봉사하며, 인류공영의 이상실현에 기여하게 하는 것이었고, 이러한 목적을 위하여 건강한 사람, 자주적인 사람, 창조적인 사람, 도덕적인 사람을 기르는 데 역점을 두어 교육과정을 구성하였다. 구체적인 유치원교육과정의 목표는 건강과 안전에 대한 올바른 생활습관과 신체의 조화로운 발달을 도모하고, 다른 사람의 말을 이해하고, 주변현상에 대한 느낌을 표현할 수 있으며, 자부심 및 가족과 이웃을 사랑할 줄 아는 마음씨를 지니게 하는 것이었다.

교육과정의 편제는 제3차 교육과정과 마찬가지로 신체 · 언어 · 인지 · 정서 · 사회성의 5개 발달영역이었으며, 전인발달을 위한 교육을 더욱 강조하기 위하여 각 발달영역별 내용은 제시하지 않고 교육목표수준만을 제시하여, 교사들이 교육내용을 자율적으로 선정할 수 있도록 하였다. 이는 각 발달영역을 교과로 잘못 인식할 수 있는 가능성을 배제하기 위한 것이었다.

연간 교육일수는 180일 이상, 하루 교육시간은 3시간 기준으로 하고 유아, 지역사회, 유치원의 특성에 따라 조정하여 운영하도록 하였다. 구체적인 운영지침도 교육과정 계획, 지도, 평가 등을 내용으로 제3차와 유사하였으며 지도상의 유의점을 통하여 각 영역의 통합적 운영을 명시하였고, 유아의 흥미 중심, 놀이 중심 교육의 중요성을 거듭 강조하였다.

제4차 유치원교육과정은 제3차 교육과정과 마찬가지로 과거에서부터 현재에 이르기까지 유아교육이 발전을 이룩하며 축적해 온 다양한 아동 중심 교육이론들의 장점이 골고루 영향을 미치며 개정이 이루어졌다. 이는 1980년대 이후, 세계 각국의 추세이자 우리나라 전반적인 교육과정 변화의 추세인 인간 중심 교육과정과 통합교육과정에 대한 중요성이 더욱 강조된 것으로 볼 수 있다.

(5) 제5차 유치원교육과정(1992. 9. 30. 교육부 고시 제1992-15호)

제5차 유치원교육과정 개정은 제4차 교육과정 개정과 마찬가지로 주기적인 교육과정 개정의 필요와 유치원 교육현장에서의 요구, 사회 여건 및 지식의 변화 등에 따른 개정 요구에 의해 5년 후인 1992년 개정되어 1995년 3월 1일부터 시행되었다.

제5차 유치원교육과정은 처음으로 한국유아교육학회가 교육부의 위촉을 받아 전문 연구진을 구성하고, 제4차 유치원교육과정의 문제점과 개정방향을 연구하여 새롭게 개정 · 고시하였다는 데에서 그 의의를 찾아볼 수 있다. 유치원 교육과정 개정방향은 '유아들의 기본습관의 형성과 전인적인 성장발달을 돕는 교육'에 두고 기본생활교육, 개별화교육, 놀이 중심 교육, 전인교육실현에 중점을 두었다.

제5차 교육과정의 특징을 구체적으로 살펴보면, 우선 1991년에 교육법의 개정으로 유치원 취원 연령이 기존의 만 4·5세에서 3·4·5세로 조정됨으로써 1992년 3월부터 만 3세의 유치원 입학이 합법화됨에 따라 교육과정의 내용이 발달수준에 따라 Ⅰ수준과 Ⅱ수준으로 구분되어 제시되었다. 유치원 교육내용을 Ⅰ수준과 Ⅱ수준으로 구분한 것은 초등학교의 학년 개념과는 달리 유아의 발달은 상호 연관해서 통합적으로 이루어지기 때문에 3·4를 Ⅰ수준으로, 4·5세를 Ⅱ수준으로 하여 교육내용을 선정하였다. 이것은 3·4·5세 유아들의 발달이 연속적으로 일어나며 이들의 학습 속도가 점진적이기 때문이었다. 이것은 유치원 교사들을 위한 개별화 교육의 지침이었으며 이러한 내용들은 3·4·5세 유아들을 위한 감각경험이나 놀이활동으로 전환해서 제공하였다.

교육과정영역은 2·3·4차 교육과정이 발달영역으로 구성되었던 것을 5개 생활영역으로 구성하였다. 유치원교육과정이 발달영역별로 구성되었을 때에는 교사들이 이를 교과처럼 인식하고 교육하였기 때문에 전인발달이 약화되었고, 발달영역별 목표수준이 주어진 제4차 교육과정이 제시되었던 때는 각 영역의 목표를 직접 교육활동으로 연결시키는 데 어려움이 있었다. 따라서 교육목표는 전인적 발달의 방향에서 구분하되, 교육내용은 생활영역에서 전정하여 제공하도록 하였다. 또한 기본생활교육 및 사회적 관계를 강조하였다.

제5차 유치원교육과정은 건강생활, 사회생활, 표현생활, 언어생활, 탐구생활의 전 영역에서 다른 사람과 더불어 사는 지식, 기술, 태도를 익힐 수 있는 사회적 관계와 기본생활습관을 중시하였다. 특히, 취업모의 증가에 따른 유치원 종일반 운영과 유아의 발달특징에 알맞은 읽기·쓰기 교육에 관한 지침을 구체적으로 제시하여 학부모의 요구도 교육과정에 반영하고자 노력하였다.

또한 제5차 교육과정이 실시되는 1995년도부터 지방자치제에 의한 교육자치가 실시되었기 때문에 유치원교육과정도 지역화를 강조하고, 각 시·도 교육청과 유치원이 국가수준 교육과정을 기초로 편성, 운영지침을 마련하여 각 지역의 실정에 맞는 교육을 하도록 강화하였다.

유치원의 연간 교육일수는 기존과 같이 180일 기준이며, 하루의 교육시간도 180분을 기준으로 하되, 조정하여 운영할 수 있도록 하였다. 제5차 교육과정은 교육법에 명시된 유치원교육의 목적과 목표를 기본으로 하고, 건강한 사람, 자주적인 사람, 창의적인 사람, 도덕적인 사람을 이상적인 인간상으로 추구하며, 기본생활교육의 강조, 유아의 흥미 · 요구 · 개별성의 존중, 놀이 중심 교육, 유아의 전인적 성장발달 등을 교육과정의 구성 중점으로 삼았다.

(6) 제6차 유치원교육과정(1998. 6. 30. 교육부 고시 제1998-10호)

제6차 유치원교육과정은 국가수준의 공통성과 지역이나 개인 수준의 다양성을 추구하고 유치원교육체제를 교육과정 중심으로 개선하기 위한 교육과정으로 교육의 질적 수준을 높이기 위하여 개정되었다. 한국유아교육학회는 제6차 유치원교육과정 개정작업을 위한 기초 연구로서 '제5차 유치원교육과정 구성 및 운영의 적절성 평가연구'를 수행하여 문제점 및 개정방향을 설정하고 교육과정 개정위원회를 구성하였다.

교육과정 개정위원회는 각종 전문가와의 협의회, 세미나, 공청회, 시 · 도 교육청과 유치원현장 검토, 심의 및 수정 보완을 거쳐 제6차 유치원교육과정 개정 시안을 개발하였으나 제5차 유치원교육과정과 별다른 차이를 발견할 수 없었다. 이 교육과정에서 추구하는 인간상은 전인적인 성장의 기반 위에서 개성을 추구하는 사람, 창의적인 사람, 우리 문화를 이해하고 새로운 가치를 창조할 수 있는 사람, 민주시민으로 공동체의 발전에 공헌하는 사람이다. 이를 위하여 기본생활습관과 협동적인 생활태도의 강조, 학습내용의 선정 및 수준별 적절성을 도모하고, 감성계발교육의 강조, 창의성과 정보능력 함양교육의 강화, 세계화에 대비한 전통문화교육을 충실하게 할 것을 강조하고 있다.

교육과정의 편성은 5차 교육과정과 같이 건강생활, 사회생활, 표현생활, 언어생활, 탐구생활의 5개 영역으로 되어 있다. 교육내용도 5차에서와 같이 교육내용을 Ⅰ수준과 Ⅱ수준으로 구분하여 제시하고 있다. 이는 학습내용의 선정 및 수준별 적절성을 도모하기 위한 것으로 Ⅰ수준 3 · 4세, Ⅱ수준 4 · 5세의 발달특성을 나타내는 유아에게 적합한 교육내용이며, 공통수준은 3 · 4 · 5세 모두에게 지속적으로 경험할 필요가 있는 내용이라고 할 수 있다. 교육일수는 180일 이상으로 하고 교육시간의 운영은 180분으로 하되 유치원에 따라 융통성 있게 할 것을 명시하고 있다.

(7) 2007년 개정 유치원교육과정(2007. 12. 19. 교육인적자원부 고시 제2007-153호)

교육인적자원부는 2007년 12월 13일 유치원교육과정 개정안을 확정하여 발표하였다. 이번 개정은 지난 1998년 6월 30일에 고시한 '제6차 유치원교육과정'을 급변하는 시대 상황에 맞게 개정 보완하는 '수시 개정' 작업의 일환으로 추진해 왔으며, 이날 확정된 개정안은 2007년 개정 유치원교육과정 확정 2009년부터 유치원에 적용하게 된다. 교육인적자원부는 이번 교육과정 개정을 위하여 기초연구(2005~2006)를 거쳐 교육과정 개정 시안을 연구 개발(2006~2007)하였으며, 그 밖에 학술대회, 토론회, 현장적합성 검토, 교육과정 심의회, 여론수렴 협의회 등을 통해 각계각층의 다양한 여론을 수렴하여 개정안에 반영하였다.

교육과정 개정의 기본 방향은, 제7차 교육과정의 기본 철학과 체제를 유지하되 운영상의 문제점을 보완하는 수준에서 개정을 추진하였으며, 주요 개정 내용에는 유치원에서 다양한 교육시간을 운영할 수 있도록 교육과정을 개선한 것을 비롯하여, 교육과정내용의 개선, 교육과정영역별 내용의 구체화, 지도상의 유의점 신설, 읽기와 쓰기의 전단계로서의 읽기와 쓰기 기초교육 강화, 초중등학교 교육과정과 연계한 교육과정 문서체계의 통일 등이 포함되어 있다.

제7차 교육과정은 다양한 교육시간 운영이 가능하도록 교육과정을 개선하였다. 교육일수와 교육시수 운영의 자율성을 확대하였는데, 현행 180일(근거 : 유아교육법) 이상과 180분 이상을 기준으로 하되, '최소 기준'임을 명시하였고 시 · 도 교육청의 지침과 유치원 실정에 따라 자율적으로 반일제, 시간연장제, 종일제 등 다양한 교육시간을 운영 가능하게 했다. 종일제 운영을 위한 다양한 교육주제 근거 마련 및 교육활동 지도자료 내용을 강화하였다. 시간연장제, 종일제의 오후 일과는 편안한 휴식, 바깥놀이, 개별 유아의 특성을 충분히 고려한 놀이 중심 활동으로 구성하였다.

교육과정 내용체계를 개선하였다. 현행 '구분–내용–수준별 내용'을 '내용–하위내용–수준별 내용'으로 수정하였고 영역별 교육과정의 '내용'을 '–하기'로 바꿈으로써 어려운 개념적 표현을 실생활 중심 활동으로 전환했다. 초등 통합 교육과정의 영역과 연계를 강화하고 실생활 중심 교육과정의 특성을 반영하였다.

수준별 교육내용의 개선 및 적정화 수준별 내용은 현행 2수준(I, II, 공통수준)의 틀을 유지하되, 수준별 내용 간 차별성, 계열성을 강화하는 내용으로 개선하여 유아의 생활경험, 요구, 필요 등을 고려한 다양한 교육이 이루어질 수 있도록 했다. 연령별 내용(만 3,4,5세) 수준 제시는 교사용 '교육활동 지도자료'에 구체화하도록 했다.

교육과정 문서체계 및 편성, 운영 지침을 개선하였다. 문서체계를 초중등학교 교육과정 총론에 맞게 통일하였고 '교수학습방법 및 평가'를 앞쪽으로 배치하여 공통적 · 일반적 지침으로 했다. 영역별 교육과정에 '지도상의 유의점' 항목을 추가하여 실제적인 교수–학습방법의 지침을 마련하였다. 교육과정 편성 운영 지침 항목들을 선정하고, 초등학교 지침 중 유치원에 해당되는 부분을 추가하였다. 교육과정영역별 내용으로는 건강생활, 사회생활, 표현생활, 언어생활, 탐구생활이 있다.

첫째, 건강생활은 다양한 감각적 경험과 몸의 움직임 기회를 제공하여 건강하고 안전한 생활태도와 습관형성에 중점을 두어 신체운동과 건강교육으로 4개 내용 및 15개의 하위내용 제시, 지도상의 유의점 6개를 신설하였다.

둘째, 사회생활영역은 인간과 인간 간의 관계 형성에 중점을 두어 4개 내용 13개 하위내용으로 적정화, 지도상의 유의점을 5개 신설하였다.

셋째, 표현생활영역은 자연과 생활 속에서 느낀 감정의 예술적 표현 및 감상에 중점을 두어 3개 내용 11개 하위내용으로 음악, 움직임과 춤, 조형활동, 극놀이의 통합성 강조, 지도상의 유의점 6개를 신설하였다.

현행		개정
• 감각 및 신체인식 • 기본 운동 능력 • 건강 • 안전	→	• 나의 몸 인식하기 • 나의 몸 움직이기 • 건강하게 생활하기 • 안전하게 생활하기
• 기본 생활습관 • 개인 생활 • 가정 생활 • 사회 생활과 환경	→	• 나를 알고 사랑하기 • 가족과 함께 하기 • 이웃과 더불어 생활하기 • 사회현상에 관심 가지기
• 탐색 • 표현 • 감상	→	• 자연과 생활에서 아름다움 찾아보기 • 예술적 표현 즐기기 • 감상하기
• 듣기 • 말하기 읽기·쓰기에 관심 가지기	→	• 듣기 • 말하기 읽기: • 읽기에 관심 가지기 • 책에 관심 가지기 쓰기: • 쓰기에 관심 가지기 • 쓰기 도구 사용하기
• 과학적 탐구 • 수학적 탐구 • 창의적 탐구	→	• 탐구하는 태도 가지기 • 과학적 기초능력 기르기 • 수학적 기초능력 기르기

그림 6-1 2007년 개정 유치원교육과정

넷째, 언어생활영역은 언어 사용의 바른 태도와 일상에서 언어 사용을 즐기는 태도에 중점을 두고 언어생활영역의 내용과 하위내용을 개선하였다. '읽기, 쓰기에 관심 가지기' 영역을 '읽기'와 '쓰기'로 분리하여 읽기와 쓰기의 전단계로서의 기초교육을 강화하였다.

다섯째, 탐구생활영역은 자연 존중, 창의적 사고 및 탐구, 논리적 문제해결 등 기초 소양을 강조했고, 3개 내용 11개의 하위내용으로 구성, 지도상의 유의점 5개를 신설하였다.

5 누리과정

1) 누리과정의 의의

누리과정은 기존의 이원화되어 있던 유치원교육과정과 어린이집 표준보육과정을 일원화하여, 유치원과 어린이집 어디에 다니든지 수준 높은 과정을 제공받을 수 있도록 표준화된 공통의 보육·교육과정이다.

누리과정의 영역은 5개 영역(신체운동·건강, 의사소통, 사회관계, 예술경험, 자연탐구)이며 20개 내용범주, 62개 내용, 136개 세부내용으로 구성되어 있다. 누리과정 운영의 질을 높이기 위해 누리과정 해설서와 교사용 지도서, 교사용 지침서, 교수-학습 자료동영상 등 총 4종(세부 총 26종)의 교사용 자료를 개발하여 보급하였다.

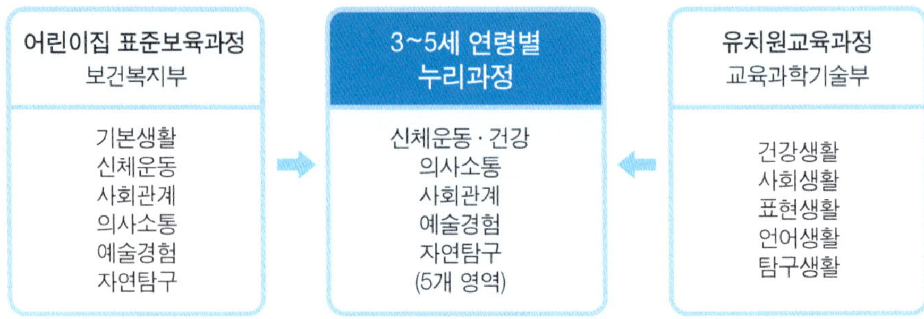

그림 6-2 누리과정의 영역

누리과정은 2012년 3월 1일 시작한 5세 누리과정을 기점으로 하여 2013년 3월부터는 3~4세까지 확대되어 시행되고 있다. 이에 따라 우리나라의 어린이들은 누구나 누리과정이라는 공통보육과 교육을 통해 어린이집이나 유치원 등에 구분 없이 동일한 내용을 배울 수 있게 되었을 뿐만 아니라 기존의 보육정책에 의해 그동안 소득하위 70%에게만 제공되었던 보육료와 유아학비 등이 부모의 소득 수준에 전혀 상관없이 모든 계층의 학부모와 아동들에게 제공되는 것을 원칙으로 하고 있다. 이러한 원칙에 따라 보육료 지원비가 2012년에는 20만 원, 2013년 22만 원, 2014년 24만 원, 2015년 27만 원, 2016년 30만 원 등으로 증가하게 되었다.

우리나라는 저출산으로 인구규모가 감소되고 인구의 구조가 변화하게 되면서 노동력 감소, 노인인구의 증가, 이에 따른 사회적 비용의 증가 등 심각한 사회문제를 초래할 것이라는 우려가 확대되고 있다. 이러한 상황에서 영아교육, 보육비 부담은 저출산을 심화시키는 요인으로 지적되었다. 저소득층은 경제적 부담으로 유치원이나 어린이집에 다니지 못하고, 고소득층은 영어나 조기교육을 위하여 고가의 영어학원에 다니는 등, 이러한 계층 간에 나타나는 차이를 줄이고 모든 유아가 교육, 보육의 혜택을 동등하게 받아야 한다는 인식이 높아짐으로써 제도가 도입되었다. 누리과정의 도입은 우리나라 출산율 제고에 기여를 할 뿐만 아니라 모든 유아에게 보편적 경험을 제공하는 데 그 의의가 있다.

2) 누리과정의 목적과 목표

유치원과 어린이집의 통합적인 공통교육과정에 해당하는 누리과정은 만 3~5세의 유아들로 하여금 공통보육과 교육과정을 통해 보편적인 경험을 제공받도록 하기 위함이다. 즉, 대한민국의 모든 만 3~5세의 유아들에게 공통적으로 보다 수준 높은 양질의 교육과 보육경험을 제공할 수 있도록 유도함으로써 모든 유아들의 공정한 출발선을 보장하고자 하는 것인 동시에 초등학교에 입학하기 전의 유아들에게 초등학교의 교육과정과 체계적으로 연계할 수 있는 보편적인 교육을 실시하고자 하는 것이다.

이러한 취지를 내포하고 있는 누리과정의 목적은 만 3~5세 유아들의 심신의 건강도모와 조화로운 발달을 돕고자 하는 것인 동시에 유아들에게 필요한 기본적인 능력 함양과 더불어 바른 인성을 기를 수 있도록 함으로써 궁극적으로 민주시민의 기초를 형성하도록 하고자 하는 것이다.

이러한 목적을 통해 누리과정이 이루고자 하는 세부적인 목표는 다음과 같은 사항들이 존재한다.

첫째, 기본적인 운동능력과 건강하고 안전한 생활습관을 기른다.

둘째, 일상생활에 필요한 의사소통능력과 바른 언어 사용 습관을 기른다.

셋째, 자신을 존중하고 다른 사람과 더불어 생활하는 능력과 태도를 기른다.

넷째, 아름다움에 관심을 가지고 예술경험을 즐기며, 창의적으로 표현하는 능력을 기른다.

다섯째, 호기심을 가지고 주변세계를 탐구하며, 일상생활에서 수학적 · 과학적으로 생각하는 능력과 태도를 기른다.

3) 누리과정 제정의 배경

(1) 보육을 바라보는 시각이 변화

보육은 단순한 복지 차원의 문제가 아니라 미래 인적자원에 대한 투자로서 사회 · 경제 · 교육의 측면에서 인식이 강화되어가고 있다. 즉, 성장과 복지의 선순환을 추구하는 것을 의미한다. 저출산 고령화사회에 대비하는 지속가능한 투자로서 보육을 바라보고 있다. 이러한 배경하에 보육에 대한 관심이 집중되면서 5세 누리과정이 도입되었다. 만 5세 아동에게 동등한 교육의 기회를 제공하는 것은 계층 상승의 '희망의 사다리' 역할을 할 것으로 기대된다.

(2) 취학 전 어린이에 대한 국가의 책임 확대, 사회적 공감대 확산

취학 전의 시기는 인지능력, 정서 함양, 사회적 관계 형성 등 기본 소양이 집중적으로 길러지는 발달단계이다. 따라서 전 생애에 걸친 생활습관이 자리 잡고 창의력이 함양되는 시기이다. 또한 초등학교와 연계되는 연령대로서 교육의 측면이 강화되어야 한다.

1997년부터 영유아보육법과 유아교육법에 만 5세아 무상보육에 대한 정부의 의지가 표명된 바 있으나 여러 가지 여건으로 인해 현행 소득하위 70%로 머물러 있었다. 이제는 과거와 달리 사회적 인식이나 재정여건이 갖추어져 전 계층을 지원할 수 있는 보육의 개념으로 발전하였다. 정부는 2011년 5월 2일에 우리 사회의 오랜 바람을 단계적으로 실현해 나가기로 결정하고 '만 5세 공통과정'을 도입하게 되었다.

(3) 어린이집 및 유치원 미이용 어린이 4만 명에 대한 대책 필요

만 5세 어린이 90%가 유치원, 어린이집을 다니고 있으나, 약 10%인 4만 명은 혜택을 받지 못하고 있는 것으로 나타났다. 10%의 어린이 중 저소득층은 추가 경제적인 부담으로 인해 이용하지 못하고 있었고, 고소득층은 유치원이나 어린이집 대신 고가의 영어 학원을 선택하는 것으로 밝혀졌다.

(4) 영유아에 대한 보육 및 교육의 중요성

영유아기는 최종 지능의 80%가 발달되는 지적 발달의 결정적인 시기로서 매우 중요한 시기라고 할 수 있다. 게다가 각 생애단계별 투자비용을 동일하게 산정할 경우, 영유아기의 인적 자원 투자대비 회수비율이 가장 크게 나타나는 것으로 밝혀졌다. 따라서 영유아기의 인적 자원 투자의 중요성의 인식은 더욱 확대되고 있는 추세이다.

4) 누리과정의 특징

누리과정은 만 3~5세의 유아들로 하여금 생활 속에서의 놀이를 중심으로 하여 통합적으로 이루어지는 유아교육 및 보육의 정체성을 살리는 동시에 교과의 목표, 내용, 방법, 평가 등의 요소들이 중심이 되는 초등학교 교육과정과의 연계성을 강화하였다는 특징을 내포하고 있다. 이러한 포괄적인 특징을 토대로 하여 보다 세부적인 누리과징만의 특징적인 구성방향을 구체적으로 살펴보면 다음과 같다.

첫째, 질서, 배려, 협력 등을 포함한 기본생활습관과 바른 인성을 기르는 데 중점을 두어 구성한다는 특징이 있다.

둘째, 자율성과 창의성 등을 기르는 데 중점을 두고, 전인발달을 이르도록 구성한다는 특징이 있다.

셋째, 사람과 자연을 존중하고, 우리 문화를 이해하는 데 중점을 두어 구성한다는 특징이 있다.

넷째, 만 3~5세 유아들의 발달특성을 고려하여 연령별에 따라 교육과 보육의 내용을 구성한다는 특징이 있다.

5) 누리과정의 내용범주

누리과정의 보육 및 교육의 내용범주는 다음과 같다.

첫째, 신체운동과 건강영역의 범주에는 신체 인식하기, 신체조절과 기본 운동하기, 신체활동에 참여하기, 건강하게 생활하기, 안전하게 생활하기 등이 포함된다.

둘째, 의사소통영역의 범주에는 듣기, 읽기, 쓰기, 말하기 등이 포함된다.

셋째, 사회관계영역의 범주에는 나를 알고 존중하기, 나와 다른 사람의 감정을 알고 조절하기, 가족을 소중히 여기기, 다른 사람과 더불어 생활하기, 사회에 관심 갖기 등이 포함된다.

넷째, 예술경험영역의 범주에는 아름다움을 찾아보기, 예술적 표현하기, 예술 감상하기 등이 포함된다.

다섯째, 자연탐구영역의 범주에는 탐구하는 태도 기르기, 수학적 탐구하기, 과학적 탐구하기 등이 포함된다.

6) 누리과정의 영역별 방향

(1) 신체운동 · 건강

신체운동 · 건강영역은 유아로 하여금 기본운동능력과 건강하고 안전한 생활습관을 기르도록 하는 것이다. 이의 영역별 방향은 다음과 같다.

첫째, 감각능력을 기르고, 자신의 신체를 긍정적으로 인식한다.

둘째, 신체를 조절하고 기본운동능력을 기른다.

셋째, 신체활동에 즐겁게 참여한다.

넷째, 건강한 생활습관을 기른다.

다섯째, 안전한 생활습관을 기른다.

(2) 의사소통

의사소통영역은 일상생활에 필요한 의사소통능력과 바른 언어습관을 기르도록 하는 것이다. 의사소통영역별 방향은 다음과 같다.

첫째, 다른 사람의 말을 주의 깊게 듣는 태도와 이해하는 능력을 기른다.

둘째, 자신의 생각과 느낌 등을 말하는 능력을 기른다.

셋째, 글자와 책에 친숙해지는 경험을 통하여 글자 모양을 인식하고 읽기에 흥미를 가진다.

넷째, 말과 글의 간계를 알고 자신의 생각, 느낌, 경험 등을 글로 표현하는 데 관심을 가진다.

(3) 사회관계

사회관계영역은 자신을 존중하고 다른 사람과 더불어 생활하는 능력과 태도를 기르도록 하는 것이다. 이 영역별 방향은 다음과 같다.

첫째, 자신을 소중히 여기며 자율성을 기른다.

둘째, 자신과 타인의 감정을 알고, 자신의 감정을 적절하게 표현하고 조절한다.

셋째, 가족과 화목하게 지내며 서로 협력한다.

넷째, 친구, 공동체 구성원들과 서로 돕고, 예의·규칙 등 사회적 가치를 알고 지킨다.

다섯째, 우리 동네, 우리나라, 다른 나라 등에 관심을 가진다.

(4) 예술경험

예술경험영역은 아름다움에 관심을 가지고 예술경험을 즐기며, 창의적으로 표현하는 능력을 기르도록 하는 것이다. 이 영역별 방향은 다음과 같다.

첫째, 자연과 주변 환경에서 발견한 아름다움과 예술적 요소에 관심을 갖고 탐색한다.

둘째, 자신의 생각과 느낌을 음악, 움직임과 춤, 미술, 극놀이 등을 통해 창의적으로 표현하는 것을 즐긴다.

셋째, 자연과 다양한 예술작품 등을 감상하며, 풍부한 감성과 심미적 태도를 기른다.

(5) 자연탐구

자연탐구영역은 호기심을 가지고 주변세계를 탐구하며, 일상생활에서 수학적 · 과학적으로 생각하는 능력과 태도를 기르도록 하는 것이다. 이 영역별 방향은 다음과 같다.

첫째, 주변의 사물과 자연 세계에 대해 알고자 하는 호기심을 가지고 탐구하는 태도를 기른다.

둘째, 생활 속의 여러 상황과 문제를 논리 · 수학적으로 이해하고 해결하기 위한 기초능력을 기른다.

셋째, 주변의 관심 있는 사물과 생명체 및 자연현상을 탐구하기 위한 기초능력을 기른다.

유아교육과 놀이

7 장

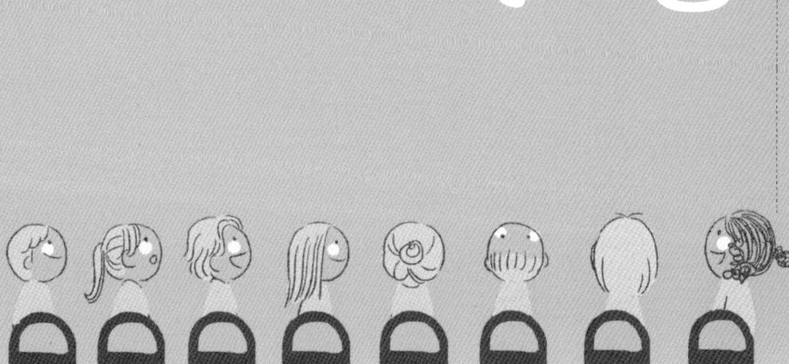

7장
유아교육과 놀이

1 놀이의 정의

1) 놀이의 개념

인간의 경험과 학습의 밑바탕이 되는 시기인 유아기에 놀이는 학습이고 생활 그 자체이다. 놀이의 사전적 의미로는 '즐거움을 얻기 위해 자발적으로 행하는 모든 활동'이라고 말한다. 놀이에 대한 개념은 놀이의 중요성이 강조된 고대 희랍의 플라톤 이래로 최근까지 많은 사상가 교육학자들에 의해서 다양하게 조명되어져 왔다. 플라톤에 의하면 놀이는 제천의식에서 비롯된 것으로 놀이와 삶의 관계를 중요시했으며 코메니우스는 놀이의 중요성을 강조하면서 놀이는 자발적인 참여로 즐거움을 주는 것이라고 보았다. 프뢰벨과 몬테소리는 놀이를 교육활동으로 활용할 것을 주장하였다.

프뢰벨은 놀이를 통하여 유아의 독특성과 개성이 발달한다고 보며 놀이를 가장 고귀하고 순결한 활동으로 보았다. 피아제에 의하면 유아는 놀이를 하면서 동화와 조절 불균형 평형화의 상태를 거치면서 인지가 발달하기 때문에 인지발달에 있어서 놀이는 필수적인 요소라고 할 수 있다. 프로이트는 '아동이 가장 사랑하고 가장 몰두하는 일은 놀이다.'라고 정의하며 유아에게 있어 놀이의 중요성을 강조했다. 유아는 놀이를 통해서 삶을 이해하고 발전시킬 수 있는 것으로, 놀이는 단순히 노는 것이 아닌 발전의 의미가 있다. 이것은 유아가 놀이를 통해서 많은 학습을 한다는 의미로도 해석된다.

유아가 자신의 생각을 표현할 수 있는 방법으로 행동적인 표현을 사용한다. 그러므로 자유로운 놀이를 통해서 자신의 생각을 표현할 수 있도록 돕는 것이 중요하다. 놀이는 활동 그 자체에서 만족감을 찾을 수 있어야 하며 결과나 목적 지향적이기보다 활동의 과정과 활동 그 자체가 주는 즐거움을 중요시한다. 유아는 놀이를 통해 새로운 환경을 탐색해 나가며 자신과 주변의 이해를 넓혀 나간다. 놀이는 감정의 표출도구로서 정서적 갈등을 해소하고 즐거움과 행복을 제공해 준다.

2) 놀이의 특성

놀이의 속성에 대하여 여러 학자들의 관점을 살펴보면 다음과 같다.

첫째, 놀이는 재미있고 즐거운 것이다. 놀이는 즐겁기 위해 하는 행위이다. 놀이활동이 지루하거나 권태로워지면 유아들은 더 이상 놀이로 즐기지 않는다.

둘째, 놀이는 자발적이다. 명령에 의한 것이 아니라 스스로 놀고 싶기 때문에 놀이 한다. 놀이는 내적으로 동기화된 자연스럽고 자발적인 행동이다.

셋째, 놀이는 융통적이다. 어린이는 마음대로 자유롭게 놀이를 하면서 필요에 따라 놀이의 내용이나 행동을 변화시킬 수 있다.

넷째, 놀이는 상상적이다. 놀이에는 가작화 요소(as-ifelements)가 많이 내포되어 실제의 자기가 아닌, '~인 척', '마치 ~처럼' 변화되는 상상의 요소가 많아 현실에서는 할 수 없는 다양한 행동들을 표현할 수 있다.

다섯째, 놀이는 결과보다 과정 중심적이다. 놀이하는 과정 자체가 중요한 것으로 놀이자는 놀이가 끝난 뒤 얻게 되는 결과보다 놀이과정 속에서 만족을 얻는 놀이행동 자체가 목적이 된다.

여섯째, 놀이는 능동적이다. 놀이자가 놀이를 스스로 시작하고 능동적으로 참여한다.

일곱째, 놀이는 외부에서 부과된 규칙의 구속을 받지 않는다. 놀이는 외적인 규칙에 대해 상대적으로 자유롭다. 놀이에 필요한 규칙은 대부분 놀이자들이 함께 정한다(이경화, 2006).

이상에서 살펴본 바와 같이 놀이를 한마디로 정의하는 것은 다소 어려움이 있지만 다양한 시각에서 정의할 수 있음을 알 수 있다. 즉, 놀이는 유아가 즐겁고 흥미롭게 하는 활동이며 자발적이고 능동적으로 참여하여 자기의 동기화와 능력감을 발전시켜 나가는 데 도움을 주는 활동이라 할 수 있다.

3) 유아놀이의 중요성

유아들에게 놀이는 삶 자체이며, 생활의 전부이다. 유아들은 놀면서 자라고, 놀면서 배우고, 놀면서 사랑한다. 아침부터 잠들 때까지 놀이에 열중하는 모습은 놀이가 내적 동기에 의한 본능적 행동이며, 적극적으로 놀이에 참여하는 중에 배우고 알아가는 효과적인 학습방법이자 발달의 지름길, 교육과정의 중심이며 출발점이라 할 수 있다.

이러한 놀이를 통해 또래집단과의 상호작용을 통해서 사회성이 길러지고 놀면서 발생하는 문제도 풀어가는 문제해결력도 생기게 된다. 그 속에서 자아에 대한 존중감도 싹트게 된다.

유아는 놀이를 통해 집중력을 기르고 이러한 집중력은 학습에 전이되고 놀이행동의 반복성은 경험한 내용을 확실하게 인지시킨다. 놀이의 집중성, 반복성, 창의성의 특성 때문에 놀이활동이 학습으로서 교육적 의미를 지닌다.

유아는 언어적 가르침보다 놀이를 통해서 훨씬 쉽게 새로운 지식을 얻는다. 그만큼 놀이는 유아가 인간답게 성장하고 발달하는 데 꼭 필요하며 가치 있는 활동이다. 다음은 유아교육에서 왜 유아놀이가 중요한지를 다섯 가지로 요약해 본 것들이다.

첫째, 놀이는 신체활동의 즐거움을 느끼게 한다. 유아는 놀이를 하면서 신체를 움직여야 한다. 놀이를 통해 유아는 신체가 올바르게 성장하고 기본적인 운동능력이 발달하게 된다.

둘째, 사고력과 창의력을 길러준다. 놀이를 하면서 얻는 다양한 경험과 놀잇감을 통해 유아는 환경과 사물에 대한 지식과 창의적인 사고를 넓혀 나간다.

셋째, 언어능력을 길러준다. 유아가 말을 할 수 있게 되고 어휘력이 늘어남에 따라 놀이도 복잡해지고 조직화된다. 유아는 친구와 놀이하는 과정에서 서로 말을 주고받음으로써 자기중심적 언어에서 벗어나 좀 더 활발한 의사소통 능력을 가지게 된다.

넷째, 또래와 어울리게 된다. 친구와 함께 놀이하면서 사회적 관계를 형성하고 친구관계에서 일어나는 문제에 대처하는 방법을 배우게 된다. 작은 세계가 펼쳐지는 놀이 속에서 유아는 풍부한 사회경험을 하게 된다.

다섯째, 부정적인 감정을 자연스럽게 해소하는 기회를 제공한다. 놀이는 억압된 감정을 풀어 주고 공포, 갈등, 감정, 공격성, 적대감 등 부정적인 감정을 해소시켜 준다. 놀이는 단순한 표현의 수준을 넘어서 자신이 지닌 정서적 문제를 해소시키는 감정 정화의 역할까지 한다.

궁극적으로 놀이는 유아의 전인적 성장을 돕는 것으로 놀이 중심의 학습방법은 유아교육의 중요한 교육원리로 간주된다고 볼 수 있다. 유아교육의 본질적 기는 가운데 놀이의 중요성을 지적하였는데, 놀이가 유아교육의 조화적 발달, 종합적인 학습을 성취시키는 최선의 방법이며, 유아교육은 놀이를 왕성하게 유도함으로써 종합적이고 유연성 있는 지도가 가능하고 인간교육의 목표도 달성할 수 있다.

유아교육에서 놀이가 중심이 되어야 한다는 생각은 역사가 깊다. 루소(Rousseau), 페스탈로치(Pestalozzi), 프뢰벨(Fröbel), 듀이(Dewey), 피아제(Piaget), 비고츠키(Vygotsky) 등의 놀이선구자들은 이미 놀이 중심 교육 개념을 강조한 바 있으며, 한때 학문 중심 교육사조로 놀이 중심 교육이 쇠퇴한 적도 있었으나, 구성주의와 발달에 적합한 교육의 실제에 대한 관심은 다시 놀이를 유아교육에서 중요한 위치로 부상시켰다. 교육과학기술부(198)가 제시한 우리나라 유치원교육과정에서도 교수-학습방법의 원칙으로 놀이 중심 교육활동이 강조되고 있음을 볼 수 있다.

유아에게 놀이는 물이나 공기, 햇빛처럼 없어서는 안 될 필수적이고, 기본적인 중요한 것이지만 즉시적·가시적 교육성과에 급급하여 그 중요성을 잊기 쉽다. 왜냐하면 놀이의 성과는 빨리, 가시적으로 나타나지 않기 때문이다. 유아교육현장에서 잃어버린 놀이를 되찾기 위해, 유아들의 놀 권리를 보호하기 위해 교사로서 놀이에 대한 신념을 확고히 하고 실천하는 의지가 중요하다.

2 놀이의 이론

1) 고전적 놀이이론

(1) 잉여 에너지 이론

잉여 에너지 이론의 대표자는 18세기 독일 시인인 실리(Schiler)와 19세기 영국 철학자 스펜서(Spencer)이다. 이 이론에서는 인간이 노동을 하고 난 후 에너지가 남으면 에너지를 소모하기 위해 놀이를 한다고 주장하였다. 실러는 놀이는 기본적 생존에 더 필요하지 않은 잉여 에너지 때문에 일어난다는 것이다. 고등동물은 생계를 유지하기 위한 활동보다는 다른 여타 활동에 더 많은 에너지를 쓰게 되는데, 여기서 생기는 여분의 에너지가 실제적 목적 없이 수행될 때 놀이라고 본다.

스펜서는 놀이를 정복하고 지배하려는 욕망과 같은 자기만족적이고 생득적인 본능의 무의식적 행위로 보는 본능설도 지지하였다. 물이 끓으면서 발생되는 증기에 비유하면서 성인들에 비해 과잉 에너지를 많이 갖는 유아들이 놀이를 많이 한다고 하였다. 그러나 유아들은 끊임없이 놀이를 하며 에너지 과잉상태뿐 아니라 피로한 상태에서도 놀이를 하고, 정신적 놀이를 즐기는 점 등을 고려할 때 이 이론으로 놀이를 설명하기는 어렵다.

(2) 연습이론

그로스(Gross)의 연습이론에서는, 놀이를 성인기의 생존활동을 충분히 연습하기 위해 필요한 학습 수단이라고 보았다. 그는 유아기 놀이경험을 통해서 각 발달시기마다 필요한 특수한 과업들을 적절히 성취할 수 있어야 하므로 발달에 따라 놀이활동의 종류가 다르다고 했다. 즉, 놀이를 성인생활에서의 역할을 수행하기 위해 유아들에게 준비시키는 초보적인 형태로 보았다. 걷기 위해 몸을 뒤집고, 기어가기, 앉기, 일어서기 등의 연습을 계속하여 완전하고 정교한 행동을 발달시키는 과정이 놀이라고 할 수 있다.

그로스의 주장은 놀이를 진지한 목적하에 이루어지는 의미 있고 가치 있는 행동으로 보게 했다. 그러나 놀이는 단순한 기술뿐 아니라 전인적 발달에 영향을 주며, 성인기에 필요한 기술을 연습하여 획득한 후에도 놀이가 계속된다는 점은 연습이론으로 설명하기에 부족하다.

(3) 반복이론

반복이론은 인간이 하등동물에서 진화되었다는 다윈(Darwin)의 진화론에 기초하여, 19세기 진화론자인 헐(Hall)과 구릭(Gulick)의 주장을 바탕으로 하는 이론이다. 미국의 심리학자 헐은 유아의 놀이에서 인류 역사의 과정이 재현된다고 보았으며 놀이를 '문화의 반복'으로 설명하였다. 유아들이 놀이기구를 타고 기어오르는 놀이는 조상들이 나무에 올라가 열매를 따는 행위의 재현이라고 설명한다. 그러나 자전거 타기, 컴퓨터놀이 등 문화의 반복으로는 설명할 수 없는 놀이가 많이 나타나며, 놀이의 다양하고 복잡한 특성은 진화과정의 직선적 발달로 설명하기 어려운 점이 많다.

구릭도 놀이에서 개체발생은 계통발생을 반복한다는 진화론적 원리가 나타난다고 하였다. 현대 인류의 게임은 원시인의 행동을 재현한 것이다. 예를 들어, 야구에서 잘리기, 정확히 던지기, 방망이로 맞추기 등은 초기 사냥활동의 재현이라는 것이다. 따라서 반복이론은 현대기술 문명사회에서는 설명하기 어려운 단점이 있다.

(4) 휴식이론

휴식이론에서는 놀이를 에너지의 잉여가 아니라 결핍 때문에 나타나는 것으로 본다. 휴식이론은, 요컨대 노동으로 쌓인 피로를 풀기 위해 놀이를 한다는 것으로 대표적인 학자는 라자루스(Lazarus)와 패트릭(Patrick)이다. 19세기 독일의 철학자 라자루스에 의하면, 인간은 몹시 힘든 노동을 해서 정신적 · 육체적으로 에너지가 고갈되면 휴식과 수면을 통해 그것을 재충전한다. 이때 충분한 재충전을 위해서 되도록 현실에서 벗어나 일이 아닌 다른 활동을 할 필요가 있는데, 그러한 활동이 바로 놀이라는 것이다. 그러나 재충전의 목적을 달성할 수 있는 노동이 아닌 활동이 무엇인지 충분히 규명하지 못했고, 더구나 유아의 놀이에 대해서는 거의 언급하지 못한 결함이 있다.

20세기 초 패트릭은 라자루스의 이론을 확대시켜 휴식이론을 성립시켰다. 현대 사회의 노동은 추상적 사고, 주의집중, 눈과 손의 협응을 요하는 것인데, 오늘날은 육체노동보다 정신노동이 더 많이 요구된다. 정신노동으로 쌓인 피로는 뛰기, 달리기, 던지기 등 고대의 원시적 활동이라고 일컬어지는 사냥이나 낚시와 같은 놀이를 통해 회복될 수 있다는 주장이다.

패트릭은 일례로 유아가 가지고 노는 북이나 나팔과 같은 악기는 '조상의 활동에 대한 무의식적 기억'에 의한 놀이라는 것이다. 휴식이론은 스트레스가 심한 현대사회에서의 놀이를 합리적으로 설명해 주는 것으로 볼 수도 있다. 반면 육체적 노동이 정신적 노동보다 덜 피로한 것이라면 왜 노동자들이 놀이를 하는가에 대한 설명과 놀이가 일의 스트레스를 풀고 재충전하기 위해 필요한 것이라면 유아들은 왜 놀이를 하는가에 대한 재현이라는 설명도 만족스러운 과학적 증거와 설명이 될 수 없다.

(5) 고전적 놀이이론이 유아교육에 주는 시사점

잉여 에너지 이론은 20세기 놀이이론에 많은 영향을 주었으나 다른 한편으로는 여러 가지 비판도 받고 있다. 노동을 한 후 에너지가 남으면 에너지를 쓰기 위해 놀이를 한다고 했는데, 아이들의 놀이상황을 보면 어린이는 새로운 자극을 주면 앞의 다른 활동 때문에 지쳐 있어도 활동을 다시 시작한다는 것이다. 또한 외형적인 행동이 장난스러울 때만 그 활동을 놀이라고 규정하게 되는데, 이것은 소비 에너지로 인하여 놀이행동이 나타났다기보다는 외면적 행동이 장난스러울 때 그것을 소비 에너지가 남아서 생기는 놀이행동이라고 추측한다는 것이다. 이것은 문제의 본질에서가 아니라 언어논리로서 놀이의 의미를 추론해 보려는 언어들에 불과하다는 비판을 받을 수 있는 것이다.

연습이론에서는 놀이가 일차적으로 유아 및 아동기에 나타난다는 것을 잘 설명했고, 놀이의 연습적 기능을 충분히 설명 · 강조했으며, 놀이의 계통발생이론과 지적인 행동 간의 관계를 잘 설명하였다. 이런 연습이론은 심리학자들에게 많은 영향을 주었다.

반복론은 현대 놀이이론의 근저를 이루는 '정화기능'을 잘 설명하고 있다. 하지만 종족 초기의 더 많은 활동들이 간과되고 있으며, 세대가 지나면서 전차 유아나 아동기의 놀이에서 그런 것들이 변형 · 퇴화되고 있는 과정을 충분히 다루지 못하고 있다는 점과 놀이활동의 불변적 순서에 대한 구체적 증거가 제시되지 못하고 있다는 점이 비판을 받고 있다.

휴식이론은 스트레스가 심한 현대사회에서의 놀이를 합리적으로 설명해주는 것으로 볼 수 있다. 반면, 육체적 노동이 정신적 노동보다 덜 피로한 것이라면 왜 노동자들이 놀이를 하는가에 대한 설명과 놀이가 일의 스트레스를 풀고 재충전하기 위해 필요한 것이라면 유아들은 왜 놀이를 하는가에 대한 설명이 부족하다. 그리고 놀이가 먼 옛날 수렵생활의 기억에 대한 재현이라는 설명도 만족스러운 과학적 증거와 설명될 수 없다는 것이다. 지금까지 살펴본 고전적 놀이이론들은 현실적인 놀이의 특성을 설명해 주기에는 부족하였다. 그러나 그 제한점에도 불구하고 놀이에 관한 역사적 조망을 제시해주고 있으며 현대적 놀이이론의 근원이 되고 있다.

2) 현대 놀이이론

(1) 정신분석이론

프로이드(Freud)와 에릭슨(Erikson)에 의하면, 유아는 놀이를 통하여 자신의 능력, 감정 등을 향상시킨다. 즉, 놀이를 통하여 자아가 증진되며 본능과 이성 간의 간격이 조정될 수 있다. 또한 프로이트는 놀이를 이용하여 유아의 정서적 안정을 찾기 위한 '놀이치료'의 개념을 놀이로 보기도 하였다.

① 프로이트의 이론

프로이트는 인간의 행동을 설명하면서 어떤 행동도 그 원인이 없이 일어나지 않는다고 보고 있다. 따라서 유아의 놀이활동도 저절로 일어나는 것이 아니라 그 유아의 감정과 소망에 의해서 결정된다고 하였다.

프로이트에 따르면 놀이는 감정의 정화효과를 가지고 있어서 유아로 하여금 놀이에 참여함으로써 부정적인 감정을 제거할 수 있게 해주는 치료의 효과가 있다. 인간의 심적 과정을 원초아, 자아, 초자아의 세 가지로 나눈다.

유아의 놀이세계는 현실과 분리되는 경우가 많기 때문에 유아의 자아가 본능적 충동과 초자아를 조절할 수 있게 되며, 그 결과로 유아의 자아가 성숙된다고 한다. 유아에 있어서 놀이란 '소망과 충족'과 더불어 충격을 받은 사건을 '극복'하는 데 필요한 것이라고 하였다.

프로이트는 놀이의 동기를 '쾌락의 원리'로 설명한다. 놀이는 유아의 상상 속에서 원하는 바를 표현하여 자신의 바람과 희망을 충족시키는 수단이다. 놀이는 유아로 하여금 현실이라는 장애물과 여러 행동에 대한 사회에서의 인정 여부를 피하게 해주고, 실제 생활에서 받아들여지기에는 너무 위험한 공격적 충동을 위한 안전막을 제공해 준다.

자아가 발달함에 따라 유아는 쾌락적이거나 받아들여질 수 있는 본능적 소망을 직접적 · 체계적으로 표출하는 것이 불가능하게 된다. 대신에 자아가 농담이나 익살 또는 예술적인 창조활동을 통해 자신의 소망을 표출하도록 제시한다. 이러한 과정을 통해 놀이는 점차 사회에서 수용할 수 있는 실제적이고 현실적인 활동으로 대치된다.

② 에릭슨의 이론

정서적 갈등을 해결하고 정서적 갈등의 재조정을 이행할 수 있도록 독립적인 '자아' 기능을 강화시키는 데에 놀이의 가치가 있다고 조망하기 시작했다. 유아의 사회-심리발달 정도는 놀이행동에 표출되며, 놀이는 현실을 숙달할 수 있도록 하는 원동력이 된다. 에릭슨은 유아가 놀이상황에서 놀잇감을 구성하는 방식을 주의 깊게 관찰하여 심리적인 갈등이 반영됨을 심리자료를 통해 나타내고 있으며, 정서적 어려움을 겪고 있는 유아들에게 이를 극복할 수 있도록 사용되는 놀이치료의 이론적 토대를 제공했다.

놀이를 유아가 주변을 탐색하고 주도권과 독립심을 보여 주는 방법으로 보았다. 에릭슨은 놀이의 발달단계를 자신의 신체를 가지고 놀이하는 자기 세계의 놀이단계, 놀잇감이나 사물을 놀이대상으로 하는 미시영역 놀이시기의 3단계로 나누었으며 놀이란 놀이자에 따라 개별적이고 독특한 의미를 지니기 때문에 놀이의 형태나 내용을 세밀히 관찰하지 않고는 놀이의 의미를 파악할 수 없다고 주장했다.

(2) 인지발달이론

① 피아제의 이론

피아제와 그를 뒤따른 인지심리학자들의 연구는 모두 유아들이 자료와 활동의 즐거운 감각적 탐구에 적극적으로 몰두할 때 가장 잘 배운다는 사실을 지적했다. 유아가 어떻게 지식을 획득하는가에 관한 피아제의 연구는 유아들이 서로 다른 세 가지 지식의 종류를 구별하였다.

첫째는 물리적 지식, 둘째는 논리-수학적 지식, 셋째는 사회적-관습적 지식이다. 유아들은 환경에 있는 사물 및 사람들과 물리적으로 상호작용하는 것에 의해, 그리고 이 지식을 정신적으로 처리하는 것에 의해 세 종류의 지식 모두를 획득한다. 동시에 그들은 새 정보를 자신의 이전 지식에 비추어 시험하여 새로운 또는 수정된 정신구조를 만들어 낸다. 모든 유아들은 어느 곳에 있든지 간에 그들의 초기 인지발달단계 동안 지식을 구성하는 이 같은 자연적 과정을 밟는다고 한다.

피아제이론에서 놀이는 학습과 동의어는 아니지만, 놀이는 확실히 학습을 촉진시킬 수 있다. 놀이는 실제에 맞는 지적 구조의 조절을 필요로 하지 않는다. 놀이는 이전에 학습된 신체적이고 정신적인 통합을 의미하지만, 주위 세계를 다루는 새로운 경험과 새로운 가능성을 부여한다는 측면에서 학습을 촉진한다고 볼 수 있다.

② 비고츠키의 이론

러시아의 심리학자 비고츠키는 놀이는 유아가 자신의 정신세계를 표현하고 또 정신발달에 매우 중요한 역할을 한다는 점을 발견하였다. 따라서 놀이가 유아 자신의 행동을 지배할 수 있도록 하는 정신적 도구라고 하였다. 비고츠키는 발달을 어느 한 지점이 아니라 행동의 연속 혹은 성숙의 정도로 보았기 때문에 지역이라는 용어를 사용하였다. 그는 지역을 근접한 것으로 설명함으로써 가까운 미래에 개발될 행동들로 제한하였다. 즉, 근접이라는 것은 유아들에게 궁극적으로 나타날 수 있는 모든 행동들을 의미하는 것이 아니라 주어진 시간 내에 가장 가까운 때에 나타날 행동을 의미하는 것이다.

비고츠키는 행동의 발달은 근접발달지역(ZPD)의 경계가 되는 두 수준 사이에서 나타난다고 보았다. 그중 하한계는 유아가 독립적으로 수행하는 것이 가능한 수준, 즉 유아가 혼자서 알고 행동할 수 있는 수준이고, 상한계는 유아가 도움을 얻었을 때 도달할 수 있는 도움을 받아야 수행할 수 있는 수준이다.

비고츠키에 의하면, 어른에 의한 가르침은 유아들에게 도움을 될 수 있다. 하지만 그것은 유아들 자신의 근접발달지역에서의 기술발달을 조건으로 한다. 이 '지역'은 유아들이 스스로 할 수 있는 것 사이의 거리를 나타낸다. 유아들은 이 첫 지식을 놀이를 통해서 획득한다. 놀이는 사물을 통찰하고 문제를 해결하는 유아들의 방법이다. 놀이에서 유아는 항상 자신의 평균 나이 이상으로 자신의 일상행동을 넘어서 행동한다. 놀이에서 마치 유아는 자신보다 머리 하나 정도 더 큰 아이처럼 행동한다. 그 자체가 주된 발달의 근원이라고 하였으며, 비고츠키는 놀이가 유아를 위해 근접발달지역을 만든다고 하였다.

③ 서튼 스미스와 브루너의 이론

서튼 스미스(Sutton-Smith)와 브루너(Bruner)는 놀이가 유기체의 적응능력 신장에 기여한다는 점에서 놀이의 중요성을 강조하였다. 이 관점에 따르면, 개인은 놀이의 안전한 지역 내에서 놀이를 통하여 새로운 행동과 아이디어 조합을 시도해 볼 수 있다. 이렇게 함으로써 개인은 더 심각한 맥락에 적용할 새로운 행동이나 전략을 발달시킬 수 있다.

서튼 스미스가 놀이를 통해 대안적 · 상징적 구성을 발달시킬 수 있다는 것을 강조했다면, 브루너는 놀이가 운동기술의 행동적 유연성을 개발시키는 데 기여한다는 점을 강조하였다. 새로운 행동전략을 발견하고 연습할 수 있게 하는 놀이의 유용성이 도구 사용 전략의 발달을 가능하게 한다고 가정하고 있다. 서튼 스미스와 브루너 등의 인지이론가들은 놀이가 유아의 창의성과 사고의 융통성을 촉진시킨다고 주장하였다.

(3) 각성조절이론

인간의 각성수준을 적정하게 유지시키려는 중추신경조직의 욕구를 만족시키기 위하여 놀이를 한다고 설명하는 이론이다. 이 이론은 벌린(Berlyne)이 제기하고, 엘리스(Ellis), 페인(Fein) 등에 의해 수정 · 보완되었다. 벌린에 의하면, 유기체의 중추신경조직은 각성의 최적수준을 유지하려 하는데, 자극의 수준이 지나치게 높거나 반면에 지나치게 낮으면 각성의 수준이 적정상태 이상으로 증가된다. 이러한 경우 인간은 자극수준을 조절하여 각성수준을 낮춤으로써 평형상태로 만들게 된다.

엘리스와 페인은 유아의 놀이가 유기체에 다양한 자극형태를 제공한다고 하였다. 여기에는 운동감각, 신체적 자극, 지각자극, 지적 자극이 포함된다. 놀이하는 유아는 새로운 결과를 산출하고 처음에는 새로운 상황의 불확실함을 걱정한다. 그러나 그 후 상황의 불확실함이 감소됨으로써 일반적으로 놀이의 효과는 적극적이 된다.

(4) 상위 의사소통이론

빗슨(Beatson)은 놀이의 초 의사소통적인 측면을 의사소통체계에 연결시켰다.

그는 화이트헤드와 러셀에 의해 제기되었던 논리적 사고방식에 영향을 받았다. 빗슨은 놀이의 초 의사소통적 측면을 규명하여 놀이상황의 의사소통체계에 역설이 존재하고 있다고 하였다. 의사소통과 초 의사소통의 관계는 놀이의 주제와 놀이의 맥락의 관계와 같다. 아동이 '엄마와 아빠놀이'를 할 때, 아동이 역할놀이를 함으로써 어떻게 엄마나 아빠가 되는가를 배운다는 것보다는 아동이 역할 같은 것이 존재하는 사실을 배운다는 것이 더 중요하다. 학습이론에서는 아동이 놀이에서 역할행동을 배우기 때문에 아동에게는 놀이가 중요하다고 주장한다.

빗슨은 '역할'이라는 단어를 사용하지 않고, 대신에 '양식'이라는 개념을 사용하였고 이것을 다시 '틀을 지워 주는 맥락'으로 대치하였다. 이를 근거하여 놀이가 발달에 기여하는 중요도는 아동놀이의 내용에서 발견되는 것이 아니라는 점을 강조했다. 이보다는 아동이 어떤 역할을 하면서 놀고 있을 때 그들이 역할을 형성·재형성하는 과정에 대해 배우는 것이 가장 중요하다는 것이다. 아동은 놀이를 통해 하나의 문화, 즉 사람들이 어떻게 이야기하고 의사소통하는가에 대한 공통된 이해가 층화되어 있는 범주체계에 대해 배우게 되며 이런 점에서 놀이가 아동의 학습에 중요하다고 할 수 있다.

(5) 각본이론

각본이론은 어린이가 성숙해지면 경험에 근거하여 사건을 구성할 수 있게 되는데, 경험에 대한 어린이의 해석이 놀이내용으로 표현된다는 것이다. 각본이란 기억에 의해 활성화되는 지식 구조를 뜻한다. 울프(Wolf)와 그롤만(Grollman)은 어린이의 극놀이를 각본으로 간주하고, 놀이 중에 표현되는 이야기 조직의 수준을 분석하였다.

울프와 그롤만에 의하면 이야기 조직은 한 가지 소규모 사건에 관련되는 한두 가지의 단순한 행동을 하는 쉐마 수준, 단순 사건과 윤각 사건으로 구분되는 사건 각본 수준, 한 가지 목적 달성을 위해 두 가지 이상의 각본을 행하는 에피소드 수준으로 분류된다. 단순 사건은 한 가지 목적을 달성하는 데 적어도 두 가지 쉐마를 행하는 것으로 두 가지 각본을 사용하면 단순 에피소드라고 한다. 윤각 사건은 적어도 네 가지 쉐마를 행하는 것으로 두 가지 이상의 윤곽 사건이 내포되는 것을 윤곽 에피소드라고 한다.

(6) 현대적 놀이이론이 유아교육에 준 시사점

현대적 놀이이론 중에 비고츠키는 인지발달 기제 중심에서 벗어나서 사회 정서적 관련을 중시하여 단순한 기계적 인지 이론에서 초월해서 역동적 사회 인지를 형성했다. 또한 다른 영역도 그러하지만, 유아의 놀이는 유아가 사회적 관계와 능력을 인간관계 속에서 학습한 중요한 계기를 제보한다는 사회화의 기능을 제기한 점이다.

유아는 놀이활동에서, 개인의 내재적인 발달 법칙이나 교사·부모의 강압적 지도의 효력에 의해서 찰흙처럼 수동적으로 빚어지는 존재가 아니고, 스스로 사회적 질서를 파악하고 스스로의 성장 욕구를 충족시켜 나가려는 의지를 가지고 실천하는 하나의 주체적 인격체라는 점을 강조했다.

피아제는 소극적 인지발달에 입각해서 놀이를 설명한 데 비해 비고츠키는 적극적 사회·인지론에 의해 설명한 점이다. 현대 놀이이론의 다른 이론인 각성 조절이론가들은 유아가 놀이가 유기체에 다양한 자극 형태를 제공한다고 하여, 놀이하는 유아는 새로운 결과를 산출하지만, 처음에는 새로운 상황의 불확실함을 걱정하게 된다. 그 후에 상황의 불확실함이 감소됨으로써 일반적 놀이의 효과를 증진시키는 효과를 가져왔다고 볼 수 있다.

이상에서와 같이 다양한 준거를 가지고 다양하게 전개되고 있음을 알 수 있다. 이러한 각각의 놀이이론은 그 어느 것도 놀이 자체를 완벽하게 설명해 주지 못하고 있다. 따라서 우리는 여러 놀이이론을 종합적인 안목으로 이해하고 적용해야 할 필요가 있다. 왜냐하면 하나의 이론에 의존하다 보면 다른 부분을 잃어버릴 수가 있기 때문이다.

3 놀이와 유아의 발달

유아들의 생활은 거의 놀이 같은 생활이다. 놀면서 배우고, 탐색하며, 놀면서 친구들과 사귀고 놀면서 신체가 발달한다. 유아교육에서 놀이의 중요성이 강조되는 이유는 유아의 생활일 뿐 아니라 학습의 기본 형식이기 때문이다. 놀이에 대한 교육적 가치에 대해 플라톤(Platon)과 아리스토텔레스(Arisotles)는 개인의 전반적인 발달로 놀이의 중요성을 인식하였으며, 코메니우스(Comenius), 루소(Rousseau), 페스탈로치(Pestalozzi)와 같은 학자들도 역시 놀이의 중요성을 강조하였다.

놀이의 교육적 가치를 신체발달, 사회성발달, 인지발달, 언어발달, 정서발달, 창의성발달로 나누어 각각의 교육적 가치를 살펴보고자 한다.

1) 놀이와 신체발달

놀이를 통한 신체발달의 측면을 보면 유아는 놀이를 통해 기본운동능력이 발달된다는 주장으로 '유아기는 기본적인 운동능력 기술의 이상적인 시기이며, 이 시기의 유아는 신체가 유연하여 새로운 기술을 갈등 없이 받아들이는 이상적인 시기일 뿐 아니라 모험심이 많아 새로운 동작을 시도해 보려는 열의가 대단한 시기'라고 하였다.

신체발달을 돕기 위해서는 조직적 또는 비조직적인 놀이활동의 기회를 제공하여야 하는데, 유아는 여러 가지 신체적 놀이활동에 자발적으로 참여함으로써 신체의 건전한 발달은 물론 적응능력의 발달에까지 영향을 받는다고 할 수 있다.

2) 놀이와 인지발달

브루너와 피아제는 유아는 놀이를 통하여 환경적 모든 사상을 적합한 표현방식에 의하여 습득하게 되며, 이러한 경험은 새로운 경험을 할 수 있는 정보체계를 형성하게 된다고 하였다.

놀이활동에서 얻은 모든 감각적 경험은 관찰, 비교, 분류, 서열 짓기, 해석, 요약 및 상상을 통하여 처리됨으로 인하여 지각의 발달을 가져오며, 다시 언어가 발달하고, 감각대상에 언어적 표현을 할 수 있을 경우에 자기가 경험한 사실에 의미를 생각하게 될 것이며, 이것은 다시 유아로 하여금 여러 가지 방법으로 인지적 구조를 형성하는 데 도움을 준다고 주장하였다(노영신, 2004).

유아의 모든 놀이활동은 그들 나름대로의 최상의 결과를 가져오기 위하여 추리하고 문제해결을 시도하며 선택하려는 의지와 지적 활동이 포함되어 있다고 할 수 있다.

3) 놀이와 언어발달

브루너는 '놀이, 사고, 언어(Play, thought and language)'라는 논문에서 아동의 놀이와 언어 및 사고 간의 관련성을 살펴보았다. 브루너는 아동의 언어 숙달에 놀이가 상당히 중요한 역할을 하는데, 문법적이고 실제적인 가장 복잡한 언어 형태는 유아의 놀이활동 맥락에서 산출된다고 지적하였다. 또한 사고와 상상력은 대부분 놀이상대자와의 대화 형태로 시작되고, 이러한 대화 기회에 의하여 사고발달이 결정됨을 논의하였다.

유아들의 놀이는 역할놀이, 사회극놀이를 통하여 적절한 언어를 사용함으로써 언어발달이 자연스럽게 이루어지며 놀이 중에 발생하는 여러 가지 사건이나 이용되는 사물에 대한 어휘를 습득할 수 있는 기회도 갖게 된다.

4) 놀이와 사회성발달

놀이활동 중 집단을 형성한 놀이를 통해서 유아는 협동심을 배우고 상호 기대되는 역할을 수행함으로써 자기중심적인 언행에서 탈피하여 사회성을 발달시킨다. 유아가 점차 성장하여 친구들과 놀이할 기회가 많아지면 사회적 능력은 더욱 발달한다. 놀이 중에서 가작화 요소가 내포되는 사회극 놀이나 역할놀이가 유아의 사회성발달을 촉진한다.

5) 놀이와 정서발달

유아는 놀이를 하면서 자신의 감정을 통제하는 방법을 배워 갈등상황을 극복해 나가거나 친구들의 다양한 놀이방법을 관찰하여 동일한 정서가 각기 다르게 표현됨을 깨닫기도 한다. 놀이를 통해 감정이 순화되고, 정서를 표출함으로써 불안을 감소시키게 되며, 정서적인 사회적 요구에 좀 더 쉽게 적응을 할 수 있게 된다.

6) 놀이와 창의성발달

피플(Peple)은 놀이가 창의적 발달에 기여하는 과정을 세 가지로 분석하였는데, 이는 놀이 경험이 있는 유아는 과제에 호기심과 흥미를 보이고 융통성과 자발성이 높다는 것과, 놀이경험이 있는 유아는 창의성 실행을 자극할 수 있으므로 가작화 요소가 포함된 놀이가 유익하다고 제안하였다.

이상으로 놀이가 유아의 신체의 성장발달과 언어학습의 기초, 대인관계 구축과 사회성발달, 호기심에 대한 탐구, 발견, 창조를 가능하게 해주며, 성인의 역할을 배우게 할 뿐 아니라 판단력과 문제해결력을 길러주며 지식을 구성하는 데 중요한 역할을 한다고 볼 수 있다.

4 연령별 놀이행동의 특징

1) 연령별 놀이특징

(1) 영아기(출생~1세) 놀이 특징

아동들은 놀이를 하면서 자료를 서로 나누어 갖고 양보하고 규칙을 지키며 질서를 유지하고 협동하며, 서로를 존중하는 사회적 기술을 연습하고 숙달하게 할 기회를 가지므로 사회성발달 및 도덕발달을 조장한다. 피아제(Piaget)가 주장한 놀이발달단계를 기준으로 보면 어린이들을 성장단계에 따라 유아, 유년, 소년의 세 그룹으로 구분하였다.

이는 주로 피아제가 주장한 놀이발달단계에 기준을 둔 것이며 장애 아동에게도 동일하게 적용된다. 유아는 0~4세의 어린이로서, 영아기(0~2세)에는 기거나, 걷거나, 올라가는 연습을 하는 단계이다.

(2) 유아 전기(24~36개월) 놀이특징

유아 전기(2~4세)에는 장난감 등을 갖고 주로 혼자서 놀고 어른들의 흉내를 내며, 서서히 그룹놀이를 배우기 시작한다. 유아기에는 자기중심적(egocentric)인 공간인지가 이루어지므로 혼자서 집을 찾을 수 없다.

따라서 이 연령층의 어린이들이 놀이터에 갈 때에는 보호자의 동반이 필수적이다. 유년은 5~11세의 어린이로서 유치원부터 초등학교 6학년까지가 이에 해당된다.

(3) 유아 후기(3~6세) 놀이특징

유아 후기(3~6세)에는 규칙 있는 놀이를 시작하며 그네, 미끄럼틀 등의 옥외

놀이기구를 즐기며, 수 및 시간의 개념도 알게 된다. 유년 후기(9~11세)에는 집단놀이를 즐기며 따라서 보다 동적인 야구, 축구 등의 공놀이를 하게 된다. 유년 전기에는 자기중심적인 공간인지로부터 특정사물(landmark)을 중심으로 한 공간인지로 옮겨가는 전이기간이며 유년 후기에 이르러 특정 사물 중심의 공간인지가 확립된다.

소년은 12~14세의 어린이로서 중학교 학생이 이에 해당된다. 소년기의 어린이들은 보다 복잡한 놀이규칙을 즐기며, 본격적인 스포츠를 즐긴다. 소년기에는 특정 사물 중심의 공간인지로부터 단일 좌표체계(coordinatedsystem)를 통한 공간인지능력이 확립되므로 혼자서 대중 교통수단을 이용할 줄 알게 된다.

2) 연령별 놀잇감 특징

(1) 영아기(출생~1세)

- 신체놀이 : 대형 스펀지 블록, 유모차, 큰공, 시소, 미끄럼틀, 끌
- 조작놀이 : 모양상자, 퍼즐(그림 맞추기, 숫자 맞추기, 도형 맞추기), 물, 모래
- 쌓기 및 블록놀이 : 쌓기 놀잇감
- 역할놀이 : 인형(손인형, 막대인형)
- 언어놀이 : 그림책, 헝겊책, 동화자료, 그림카드
- 미술놀이 : 그림카드, 곤충모양카드, 색종이
- 음률놀이 : 각종 종이류, 크레파스, 색연필, 사인펜, 소형 스펀지, 악기
- 사회적 놀이 : 밀가루점토, 녹음기

(2) 유아 전기(24~36개월)

- 신체놀이 : 공, 줄, 풍선
- 조작놀이 : 강아지인형

- 쌓기 및 블록놀이 : 블록, 나무블록, 그림컵
- 역할놀이 : 부엌놀이 장난감, 그림접시
- 언어놀이 : 모형전화기
- 미술놀이 : 그림판과 모형, 과일 모형, 그림책
- 음률놀이 : 북, 장구, 탬버린
- 사회적 놀이 : 동물모자

(3) **유아 후기**(3~6세)

- 신체놀이 : 미끄럼틀, 줄넘기, 축구공
- 조작놀이 : 찰흙, 반죽(점토, 밀가루)
- 쌓기 및 블록놀이 : 볼링핑, 성 쌓기 블록
- 역할놀이 : 로봇 장난감, 소방차
- 언어놀이 : 그림책, 연극놀이
- 미술놀이 : 물감, 색연필
- 음률놀이 : 장구, 실타래, 종
- 사회적 놀이 : 장난감 자동차, 기차 모형

5 놀이발달에 영향을 미치는 요인

1) 개인적 요인

놀이는 상상력이 내포되어 있고 내적 동기를 지니며 과정을 중요시하고 자유롭게 선택하여 행하는 즐거운 활동이다. 무엇보다 유아는 자발적이고 적극적으로 놀이를 유발시켜 외부 세계를 파악하고 창조해 나가는 능동적인 놀이 주체이다.

(1) 연령

유아의 놀이에 영향을 미칠 수 있는 개인적 요인으로 우선 연령이 중요하다. 이것은 유아가 신체적·정신적으로 성장함에 따라 점차 발전된 형태의 놀이를 주도하기 때문이다.

티저드(Tizard), 필립스(Philps) 그리고 플위스(Plewis)의 연구에서는 어린이는 정신적으로, 신체적으로 성장하면서 발전된 놀이를 하는데, 성장과정에 따라 놀이도 변한다는 것을 밝혔다. 어린 집단의 어린이는 상징놀이와 실외놀이를 덜 참여하며 단독놀이를 많이 하지만 연령이 많은 아이들은 더 오랫동안 놀이에 참여하며 상징놀이를 많이 하고 그에 비해 단독놀이 횟수가 감소하는 경향을 보인다.

연령에 따른 상상놀이의 변화로 볼 수 있는 사실은 어린 연령대의 아이들은 놀잇감을 용도대로 활용하는 사실놀이로 시작하여 점점 성장할수록 다양한 놀잇감을 가지고 가상하는 사물 상상놀이로 발전하고 연령이 더 많은 경우에는 사람의 역할을 다양하게 가장하는 인물 상상놀이에 많이 참여하게 된다. 어린이들은 어릴수록 단독놀이를 많이 하지만 연령이 증가함에 따라 단독놀이보다는 집단놀이가 증가한다.

유아의 놀이행동을 살펴보면 성장해감에 따라 한 연령층에서 빈번하게 나타나던 놀이행동이 다른 연령층에서는 그렇지 않으며, 또 다른 놀이행동이 나타남을 알 수 있다. 예를 들면, 방관적 행동, 지켜보기 행동, 혼자 기능놀이 등은 연령이 높아질수록 감소하는 놀이행동이며, 연합놀이와 협동놀이행동은 증가한다. 어린이의 연령이 많아질수록 친구와 함께하는 사회적 놀이 빈도가 증가하고, 놀이지속시간도 길어졌으며 상징놀이가 발달하여 복잡한 규칙이나 기술이 필요한 놀이를 하게 된다.

표 7-1 연령에 따른 놀이방식

연령	놀이방식
1세 영아	자기중심적 상징놀이
2세 영아	또래와의 상호 보완적 상징놀이
3, 4, 5세	단순한 놀이에서 복합적이고 다양한 놀이

(2) 성별

성별에 따라 놀이의 형태가 다르게 나타날 수 있다. 놀이에 대한 여러 연구 결과는 유아들이 선호하는 놀이와 놀이 유형, 놀이 성향 및 놀잇감은 성별에 따라 차이가 있는 것으로 나타났다. 이에서의 성별 차이는 생후 초기부터 나타나기 시작하며, 일반적으로 남아는 적극적이고 능동적인 놀이를 즐기는 반면 여아는 조용한 놀이를 많이 보이는 경향이 있다.

남아는 싸움에 관한 상상놀이를, 여아는 가정생활과 관련 있는 상상놀이를 하는 것으로 밝혀졌으며 타우버(Tauber, 1979)에 의하면 남아는 여아에 비해 단독놀이를 많이 하고 루빈, 마이오니와 호뭉(Rubin, Maioni & Homung, 1976)은 남아는 여아에 비해 극놀이, 단독기능놀이 및 연합극놀이에 덜 참여한다고 하였다.

남아와 여아는 선호하는 놀잇감의 종류도 달랐는데, 남아는 교통기관 놀잇감과 조직놀잇감과 같은 블록이나 자동차 종류의 놀잇감을 자주 사용하며 여아는 인형과 밀가루 반죽, 소꿉그릇과 같은 부드러운 촉감의 놀잇감과 미술작업 자료를 많이 사용한다. 그리고 남아가 여아보다 더 많이 상상놀이를 즐겁게 참여하며 그 빈도수가 더 높다. 상상놀이에서도 성별의 차이를 볼 수 있는데, 남아는 주로 환상적 모델의 역할놀이를 즐겨하지만 여아는 가정생활에 관련된 상상놀이를 많이 한다.

놀이방법적으로 보이는 차이는 남아는 실물과 다른 사물을 많이 사용하는 데 비해 여아는 실물과 유사한 사물을 많이 사용하며 같은 전쟁놀이를 하더라도 남아는 공격자, 가해자, 구원자 같은 적극적인 역할을 하고 여아는 피해자, 구조받는 자 같은 수동적 역할을 한다.

거친 신체놀이에서 보이는 성별 차이의 경우, 남아는 여아보다 몸을 거칠게 움직이면서 거친 신체놀이를 한다. 이러한 놀이에서 보이는 성별 차이는 부모, 교사, 친구들의 영향력이 큰데, 이들은 아이들이 전통적인 성 역할에 부합되는 놀이를 동성의 친구와 하도록 부추기는 경향이 크기 때문이다. 레인골드(Rheingold)와 쿡(Cook)은 놀이에서의 성별 차이가 부모의 태도 때문이라고 주장하였으며, 패고트(Fagot)는 어린이가 어렸을 때부터 성 유형화된 놀이를 하는 데 대해 교사의 영향력을 지적하였다. 패고트는 교사는 부모와 마찬가지로 어린이가 전통적인 성 역할에 부합되는 놀이를 동성의 친구와 하도록 부추기는 경향이 있었다(이숙재, 1998).

또한 로스(Ross)는 친구의 영향을 받아서 놀이에 성별 차이가 나타난다고 주장하였다. 그 밖에 루이스(Lewis)에 의하면 놀이에서의 성별 차이를 야기하는 요인은 생물학적 요인으로 남자는 여자보다 탐색적인 행동을 많이 하는 생득적 특성을 지니고 있다고 하였다. 또한 부모들이 자녀에게 보상과 처벌을 가함으로써 성역할행동을 가르치며, 어린이 스스로가 그들의 성역할행동을 유도하는 제반 관습을 학습한다는 것이다.

벰(Bem)은 성항상성 요인을 주장하며, 유아가 인지발달을 하면서 자신의 성이 변하지 않는다는 성항상성을 가지고 이를 기초로 하여 성에 대한 역할과 정보를 얻고 이것을 확장시키는 과정이 놀이에 반영되는 것이라고 하였다.

(3) 지적 능력

일반적인 행동발달에 있어서 지적 능력이 높은 사람이 지적 능력이 낮은 사람에 비해 더 활동적이고 창조적이다. 이러한 행동특성은 유아의 놀이행동에도 영향을 준다.

지적 능력이 우수한 유아는 사고능력을 요구하거나 조용한 놀이, 상상놀이, 창의적인 놀이에 관심을 많이 보이는 반면 지적 능력이 평균보다 낮은 유아는 단순하고 반복적인 놀이를 보이는 경향이 있다.

놀잇감의 선택이나 놀이친구와의 관계 및 복잡한 내용의 게임 참여 등에 어린이의 지적 능력이 중요하게 작용됨을 알 수 있으나, 유아의 지적 능력이 유아의 놀이발달에 충분조건은 아니라고 할 수 있다.

(4) 성격

놀이행동은 개개인의 성격에 따라 차이를 보인다. 여기서 성격은 상상성향, 기질, 장난기 정도로 구분할 수 있다. 이 성격들은 아이의 놀이형태, 놀이 스타일에 영향을 미친다.

(5) 건강

영유아의 신체는 생명 유지를 위한 에너지 공급뿐만 아니라 신체적인 활동과 직결되어 있기 때문에 적절한 식사를 통해 충분한 에너지 공급이 이루어져야 하며 그 에너지가 영유아의 놀이를 통해 원할하게 발산되어야 한다. 그렇게 영유아의 적절한 건강은 신체적인 활동으로 나타나며, 이것은 곧 놀이와 연결되는 과정으로 건강한 영유아일수록 미각, 시각, 촉각, 후각, 청각 등 오감에 기초한 감각적인 놀이에 열중하게 된다.

허약하거나 병약한 영유아 같은 경우에는 쉽게 피로해지고 피곤이 회복되는 시간이 느리며 발육이 저하되고 체질 이상이 뒤따라 심리적으로 소심하고 인내심이 부족하며 정서가 불안정하여 신경질적이거나 잘 울고 성인에 대한 의뢰심이 강하다(정재권, 1986). 이런 아이 같은 경우에는 놀이에 몰두하지 못하고 공격적이며 즐거움과 만족감을 느끼기가 어려워 운동발달과 관련된 풍부한 놀이 환경을 제공해야 한다.

따라서 교사는 개별적인 건강을 고려하여 달리기, 오르기, 자전거 타기 등 대근육을 발달시키는 놀이가 필요하며 퍼즐, 인형 옷 입히기, 바느질을 통해 소근육을 발달시킬 수 있다.

2) 가정환경

(1) 사회 · 경제적 배경

상상놀이에 관한 여러 연구결과에 의하면 사회 경제적 수준이 하류 계층인 어린이는 중류 계층의 어린이보다 상상놀이에 덜 참여하는 것으로 밝혀졌다. 즉, 아버지의 직업이 무직이거나 단순직인 어린이보다 전문직, 관리직인 어린이가 상상놀이를 더 많이 했다.

상상놀이 이외에 다른 놀이에서도 사회 경제적 수준에 따른 차이가 나타난다. 루빈 등은 놀이에서는 중류 계층의 어린이는 하류 계층의 어린이보다 병행놀이와 기능놀이에 덜 참여하는 반면 연합놀이와 협동놀이 그리고 구성놀이를 더 많이 했다. 어린이의 놀이는 가정의 사회경제적 수준에 의해 영향을 받는다고 할 수 있으나 그 효과가 직접 작용한다고 보기는 어렵다.

가정의 사회 경제적 배경이 어린이의 놀이능력이나 흥미에 직접 영향을 미치는 것이 아니라 상황적 요인에 작용하여 간접적으로 영향을 미친다고 볼 수 있다. 즉, 사회 경제적 수준에 따라 놀이에 대한 부모의 인식이나 가정의 놀이환경에 상당한 차이가 생기게 되고 그 결과로 각 계층 어린이의 놀이가 달라진다.

어린이는 자신을 둘러싸고 있는 가정, 사회, 문화의 전체적인 맥락에서 놀이를 하게 되므로 어린이의 놀이의 가정의 사회 경제적 · 문화적 배경은 불가분의 관계에 있다고 하겠다.

(2) 부모

놀이에 관한 많은 연구에서 공통적으로 지적되는 사항은 놀이발달의 전제조건으로 양육자의 관심과 참여가 절대적으로 필요하다는 사실이다. 어린이의 모든 놀이경험은 일차 양육 책임자인 어머니, 아버지와 밀접하게 연관되어 있으므로 부모역할의 영향이 지대하다.

유아발달에 있어 중요한 역할을 하는 놀이의 처음 환경은 가정이라고 할 수 있으며 가정에서도 어머니의 영향을 간과할 수 없다. 최초의 교사이자 영원한 교사로서 유아의 매우 강한 정서적 의존 대상이고 유아활동의 모델이 되며, 학습 환경의 조성자로서 가정에서 많은 시간을 유아와 보내는 어머니가 유아에게 많은 영향을 준다.

유아의 놀이상대자로서 어머니가 유아의 놀이에 끼치는 영향도 크다. 유아가 즐거운 활동에 참여하도록 지지와 격려를 제공해야 하는데, 유아의 경험은 일차 양육자인 부모와 관련된다고 할 수 있다. 또한 부모가 놀이에 대하여 어떤 인식을 갖고 있느냐에 따라 유아들의 전인적 성장발달에 미치는 영향은 매우 중요하다고 본다.

아동의 놀이는 어머니의 양육태도에 영향을 받게 되며 아울러 아동과 어머니가 맺는 상호작용의 빈도나 질 등에 영향을 받는다고 할 수 있다. 그러므로 부모들은 자녀놀이에 대하여 관심을 가지고 놀이환경을 창조할 수 있도록 도와주고 놀이의 모델이 되어주어야 한다. 또한 유아의 수준에 알맞은 장난감을 선택할 줄도 알아야 하고, 놀이영역 확대를 위해 새로운 방법을 제시해주고, 놀이를 건설적으로 이끌도록 격려하며 칭찬하고, 놀이에 대한 계획성을 가지는 부모가 되어야 한다. 그리고 학습과정의 단계, 각 성장단계에서의 아동의 특별한 행동, 발달의 예민한 시기, 각 성숙수준에 적당한 학습 유형, 그 학습을 기져올 수 있는 환경이나 활동 등에 대해서도 알아야 한다.

(3) 형제자매

가정환경에는 부모요인 이외에 형제자매의 관계도 유아의 정서적·인지적·사회적 행동의 기반을 형성하는 데 중요한 역할을 담당하며 유아의 놀이행동에도 많은 영향을 미친다.

형제자매의 놀이와 사회적 상호작용은 일반적으로 부모-자녀 간 행위 패턴과 다르며 또래관계와도 구별된다. 유아놀이에서 어머니는 감독자와 교수자의 역할을 수행하는 반면, 형제는 동등한 놀이 상대자로 유아놀이에 참여한다. 따라서 부모보다는 흥미와 관심이 유사한 형제와의 상상놀이가 훨씬 정교한 형태로 전개된다.

3) 교육환경

(1) 놀이공간

유아교육기관은 유아에게 최적의 자유로운 장소이어야 한다. 이와 같은 장소에서 유아는 스스로 자유롭게 실험하고 탐구하며 많은 것을 시도해 봄으로써 자신의 행동을 조절하고 자기훈련을 할 수 있게 된다. 따라서 유아가 학습하고자 하는 요구에 반응하는 공간을 제공할 때 환경은 생동적이며 의미 있게 된다. 이렇게 놀이공간의 크기와 배치는 유아의 놀이행동에 영향을 주는 주요 변인이다. 실제로 유아교육은 대부분 환경과의 직접적인 상호작용을 통하여 학습과정이 이루어지는 까닭에 놀이환경의 중요성이 더욱 강조된다. 예컨대 적절한 놀이공간에서 유아는 본능적이고 생동적인 신체적 욕구를 펼쳐갈 수 있다. 이러한 생태학적 필요에 의해 유아행동과 공간 구성은 밀접한 관련을 맺는다. 특히, 유아교육기관은 유아-유아, 유아-교구, 그리고 유아-교사 간의 사회적 상호작용을 할 수 있는 적절한 공간을 제공해 줄 수 있어야 한다.

놀이환경은 유아의 연령과 유아 수뿐만 아니라 프로그램의 형태, 목표를 고려하여야 한다. 학습과정의 개선은 특별한 놀이공간 구성을 통하여 이루어질 수 있다. 활동영역의 크기, 위치, 수, 영역의 매력성, 자료의 활용, 칸막이의 높이나 위치는 유아의 행동에 영향을 미칠 환경적 요소로서 고려될 수 있다. 일반적으로 공간 밀도가 높은 놀이실에서는 조작놀이가 빈번하게 일어나고, 비참여 행동이나 방관적 행동이 많이 나타난다.

놀이공간을 유아교육기관에서 흥미영역별로 구분하는 중요한 이유는 융통성을 최대화하고 놀이의 전반적인 질을 강화하기 위함이다. 따라서 블록놀이 영역에서 구성놀이를 하든지, 소꿉놀이영역에서 극놀이를 하든지, 미술영역에서 그림이나 찰흙으로 창의적인 놀이를 하든지 간에 놀이공간이 계획한 활동에 초점을 두게 되는 것이다.

놀이공간의 밀도가 높고 자료가 부족하며 공간 배치가 잘 구성되지 않은 놀이의 환경은 유아의 공격적 행동을 유발시킬 뿐만 아니라 놀이의 질을 평가하는 데 결정적인 영향을 미칠 수 있다. 그러므로 바람직한 놀이공간을 위해서는 유아에게 적합한 실내외 공간을 제공해 주고, 실내외 놀이환경을 흥미영역으로 구성하는 것이 효율적인 배치가 된다. 그리고 유아에게는 적절한 놀이공간과 놀이환경을 제공하는 것이 학습에 더 효과적이라고 했다.

(2) 놀잇감

놀잇감은 유아의 놀이행동에 영향을 미치는 중요한 요인으로 유아가 자신의 감정이나 흥미를 표현할 수 있는 매체가 되며 타인과의 사회적인 상호작용을 연결시켜주는 역할을 한다. 유아는 자신에게 매력적이면서도 발달수준에 적합한 놀잇감을 선택하게 된다. 놀잇감과의 상호작용에서 경험하는 시행착오는 스스로 문제를 해결할 수 있는 능력을 길러주며 문제해결로 인한 성취감은 유아에게 새로운 놀이활동에 대한 도전과 호기심을 자극하게 된다.

놀잇감은 유아의 놀이에 직접적으로 영향을 줄 수 있으며 특정한 유형의 놀잇감들은 특별한 형식의 놀이를 유도하며, 놀잇감의 종류, 구조화 정도, 수량에 따라서도 유아의 놀이에 영향을 미칠 수 있다. 예를 들면, 유아가 용도가 명확하게 제한되어 있는 수렴적 놀잇감을 가지고 놀이할 때는 제한적이고 반복적인 놀이를 많이 한 반면, 용도가 여러 가지로 활용될 수 있는 확산적 놀잇감을 이용한 유아는 탐색놀이, 구성놀이, 상상놀이를 많이 했다고 한다.

놀잇감의 구조성이 낮은 놀잇감보다는 구조성이 높은 놀잇감을 가지고 상상놀이를 많이 하였으며, 구조성이 높은 놀잇감을 가지고는 원래의 기능대로 직접적으로 가작하여 상상놀이를 하였다. 반면에 구조성이 낮은 놀잇감을 이용할 때는 쌓기 만들기를 한 후에 이를 가작화하거나 신체, 언어를 이용하여 가작화하였다.

놀잇감의 수량이 부족하고 종류도 제한될 때, 놀이의 비참여 빈도와 신체운동 빈도가 높게 나타났다. 놀잇감의 종류, 수량, 구조화 정도 및 활용도가 유아의 놀이행동에 영향을 미친다고 할 수 있다.

그러므로 교사가 난이도가 다양한 자료를 제시하는 것이 필요한데, 이것은 유아가 시간의 흐름에 따라 성취감을 느끼도록 도와준다. 유아가 단순한 것에서 복잡한 수준까지의 놀잇감, 그리고 구체적인 것에서 추상적인 놀잇감을 선택할 수 있도록 교사가 놀이실의 환경을 구성해야 한다. 모든 유아가 원하는 것을 가지고 놀 수 있고 교사가 유아의 요구에 따라 활동을 단순화하거나 확장시킬 수 있도록 충분한 놀잇감을 갖추는 것이 중요하다.

(3) 교육 프로그램

시대에 따른 철학적 사상과 사회적 배경 그리고 아동발달이론이 경향은 놀이에 대한 가치 및 유용성에 대한 방향을 결정짓는 역할을 담당해 왔다. 실제로 이러한 흐름과 더불어 나타난 여러 유아교육 프로그램들은 각기 다른 철학적·사회적·심리적 배경을 바탕으로 하며 유아의 놀이를 보는 관점도 다르다. 따라서 유아교육기관에서 지향하는 교육 프로그램이 무엇인가에 따라 유아의 놀이는 영향을 받게 된다.

(4) 또래

친구와 함께 놀이하는 능력은 친구와 친분이 있느냐에 달려 있다. 친분이 있는 친구들과 놀이를 할 때, 사회적 놀이를 더 빈번하게 하며 수준이 있는 인지적 놀이에 참여한다. 친구의 극놀이 수준이 낮은 어린이가 높은 어린이와 상호작용을 함으로써 표상능력과 협상능력이 증진된다. 인기아는 협동놀이를 많이 하고, 고립아는 부정적 놀이를 많이 한다.

매우 안정된 또래집단과의 상호작용을 한 아동은 안정되고 일관성 있는 집단에 속하지 않은 동일연령의 유아보다 더 성숙한 방법으로 놀이를 한다. 또래들이 좋아함과 싫어하는 것을 또래에 의해 수용되지도 않고 거부당하지도 않는 고립아 간의 놀이참여방식 및 개입방식이 다르다. 대부분의 유아는 동성의 친구를 좋아한다. 남아와 여아가 상호작용을 많이 하도록 환경을 계획한다면 혼성놀이가 더 많이 일어날 수 있다.

(5) 교사

교사는 유아의 놀이행동과 관련해서 교육기관에서 어머니를 대리한 사회화 대행자이자, 유아가 자기 자신에 대한 인식을 점차로 확대, 발전시켜 나갈 수 있도록 교육적인 놀이환경을 창조하는 성인이다. 이러한 교사는 교육환경에서 놀이를 증가시키고 발전시키며 유아의 놀이 유형, 지속시간, 놀이의 질에 영향을 미칠 수 있는 가장 중요한 요인이 된다. 그러므로 교사는 유아에게 적합한 놀이를 제공하고, 놀이가 흥미롭게 진행될 수 있도록 도와주며, 현재의 놀이수준보다 더욱 발전될 수 있도록 풍부한 교육환경을 마련해 주어야 한다. 또 그 시간을 통해 교사는 유아들이 놀이하는 것을 관찰할 필요가 있으며, 그들 세계에 대한 유아들의 지각을 통찰할 수 있어야 한다.

교사는 다양한 방법으로 유아들의 놀이를 확장시켜 주어야 하며, 유아들의 독자성을 촉진시키고 교사의 개입을 최소화하도록 주의하면서 유아들의 놀이를 확장시켜 주어야 한다.

교사가 어떤 역할을 하느냐에 따라 유아의 놀이는 상당히 달라질 수 있다. 놀이과정에서 교사와의 상호작용을 통해 보다 안정적인 애착을 형성할 수 있다. 그리고 친사회적 행동을 증가시킨다든지, 놀이를 적절하게 제안하여 상징놀이를 더욱 발전시키고 문제해결능력이나 새로운 아이디어를 만들어 낼 수 있다. 또한 교사가 놀이를 적극적으로 좋아함으로써 유아들이 놀이를 즐기면서 흥미롭게 진행하는 방법을 알게 될 뿐만 아니라 교육적으로 가치 있는 활동들을 놀이를 통해 구체적으로 경험할 수 있도록 도와준다. 또한 교사가 놀이 상황에서 머무르면서 주의 집중력이나 또래와의 상호작용을 위한 기술을 가르칠 수 있다.

놀이에 성공적으로 개입하고자 하는 교사는 신중하게 계획을 세우고, 예술적으로 실행에 옮기며, 철저하게 평가해야 한다. 또한 가르침의 예술성과 과학성을 동시에 갖추는 것이 필요하다. 유아의 놀이를 확장시키기 위한 성인의 역할로서 놀이할 수 있는 분위기를 조성해 주고, 놀이가 중단될 염려가 있거나 갈등이 생길 때는 새로운 역할과 경험을 제공하여 놀이가 지속될 수 있도록 적절히 개입할 것을 주장하고 있다.

놀이의 주인은 유아이다. 놀이자의 모든 선택이나 행위는 주변의 시간·공간적, 인적·물적 조건에 따라 많은 영향을 받게 되므로 놀이에 관한 유아의 관심을 환기시키고 놀이를 교육적인 방향으로 유도하기 위해 교사에게 부과된 임무는 크다고 하겠다.

교사는 유아의 놀이상황을 잘 파악하여 교사의 도움이나 지원이 필요하다고 판단될 때 물리적 개입이나 모델링에서 시작하여 점차 개방적인 방법으로 전환하여 지도할 수 있다. 즉, 놀이를 지도하는 교사는 관찰자의 역할, 계획, 조직하는 역할, 유아와 상호작용하는 역할, 감독자의 역할, 평가자의 역할을 수행해야 하며, 다양한 방법으로 유아들의 놀이를 확장시켜 줄 필요가 있다고 본다.

6 놀이지도 시 교사의 역할

유아교육기관의 하루 일과 중 대부분을 차지하는 자유놀이시간은 유아교육기관만의 독특한 시간으로 교사의 전문성과 성실성을 가장 잘 엿볼 수 있는 시간이다. 유아들은 주변 환경에 영향을 받기 쉽기 때문에 교사는 철저한 놀이 계획과 준비, 상호작용, 관찰로 효율적인 지도를 수행해야 한다. 교사는 유아의 관심과 흥미를 파악하고, 놀이 시 갈등과 혼란을 최소화하며, 유아들이 놀이 전략을 만들고 결정할 수 있는 기회를 제공해야 한다.

놀이의 주인은 유아이므로 놀이에 참여한 유아의 내적 동기와 만족, 즐거움을 중시해야 한다. 교사는 각 유아의 놀이발달단계와 특징을 알아야 하며, 한눈에 교실 전체 유아를 파악할 수 있는 능력이 있어야 한다. 관찰자, 경청자, 질문자, 자료 준비자, 지원자, 참여자, 촉진자, 격려자, 정보 제공자로서의 역할도 수행한다. 교사가 놀이를 방관하거나 지나치게 간섭할 때 놀이에 바람직하지 못한 영향을 주게 되므로, 효과적인 지도를 위해서는 개입의 정도가 적당해야 한다.

1) 관찰자로서의 역할

교사가 유아들의 놀이를 관객처럼 구경하며 관찰하는 것이다. 교사는 놀이영역 가까이에서 유아들이 놀이하는 것을 바라보며 관심을 보이고 고개를 끄덕이거나, 진행 중인 놀이가 중요함을 인정하는 비언어적 표현을 한다.

2) 무대 관리자로서의 역할

유아의 놀이에 개입하지 않고 놀이가 시작되면 놀이영역 가까이에서 놀이를 위한 준비를 돕고, 놀이의 배경을 꾸미는 데 도움을 주는 등 적극적인 역할을 하는 방법이다. 놀이를 촉진하기 위해 놀이주제와 관련된 적절한 제안과 비지시적인 진술을 하기도 한다.

3) 병행 놀이자로서의 역할

교사가 유아의 곁에서 동일한 놀이자료를 가지고 놀지만 유아와 직접적인 상호작용은 하지 않는 것이다. 기능놀이와 구성놀이에 효과적인 지도방법이다.

4) 공동 놀이자로서의 역할

교사가 유아의 놀이에 동등한 파트너로 참여한다. 그러나 중심 역할은 유아가 하도록 하고 대개 주변 역할을 맡는다. 이 방법은 놀이를 활성화하고 교사와 유아 간의 친밀감을 형성한다.

5) 놀이 리더로서의 역할

공동 놀이자처럼 유아들의 놀이에 적극적으로 참여한다. 그러나 놀이 리더는 상당한 영향력을 행사하며, 놀이 이야기를 풍부하게 하고 놀이를 촉진하기 위해 의도적으로 개입한다. 그리고 유아들이 놀이를 시작하는 데 어려움을 느끼거나 진행 중인 놀이에 흥미를 잃어 중단하려고 할 때 사용되면 효과적이다.

6) 지시자로서의 역할

교사가 유아의 놀이를 통제하고 유아에게 무엇을 할지 지시하는 것이다. 교사가 역할을 지정해 주거나 놀이전개를 지시하기도 한다.

7) 교수자로서의 역할

질문을 통해 학습을 위한 매개체로 놀이를 활용하는 것이다. 교사는 놀이를 잠시 중단하고 유아에게 학습과 현실 지향적인 질문을 한다.

유아교육과 교사

8장

8장
유아교육과 교사

1 유아교사의 전문성

1) 유아교사 전문성에 대한 인식

유아교육을 담당하고 있는 교사가 전문가인가 하는 문제가 세계적으로 많은 논란의 대상이 되고 있다. 우리나라의 경우도 최근 유아교사의 전문성에 대한 논의가 이루어지기 시작하였는데, 1980년대에 급속한 양적인 팽창으로 질적인 수준이 함께 발전하지 못한 유아교육에서 질적 향상을 위한 하나의 노력으로 교사의 전문성에 대한 연구라는 의견이 많았다.

유아교육교사는 유아의 학습과 발달에 중요한 영향을 미치며, 프로그램의 질을 결정하는 데 가장 중요한 요인이라는 점은 많은 연구자들(Katz, 1984; Phyfe-Perkins, 1982; Powell, 1986 ; Willer, 1987)에 의해 지적되었다. 유아교육교사들이 단순히 보호와 양육과 같은 수동적인 역할만을 하는 것이 아니라 유아의 발달을 촉진하고 미래를 준비시키는 데 결정적 영향을 미치게 되므로 유아교사에게 좀 더 풍부한 지식과 적절한 자질을 갖춘 전문성발달이 요구되고 있는 것이다

(이정섭, 2001).

2) 유아교사가 전문성을 가지기 위해서 필요한 조건

유아교사가 전문성을 가지기 위해서는 필요한 지식의 기초를 갖추어야 한다. 유아교사가 유아교육 분야에서 실제에 기초한 확고한 지식이 부족하기 때문에 현재 전문적인 지위를 갖지 못하는 것이기 때문에 유아교사들은 지식에 기초한 전문적 수행과 태도를 갖추고 있어야 하는 것이다.

유아교사가 전문직인가 하는 것에는 앞에서도 언급했듯이 많은 논란을 가지고 있지만 앞으로는 전문직화되어야 한다는 사실에 모두 동의한다. 현재는 유아 교직의 전문화 정도가 미흡하므로 향후 전문성을 확보하기 위해서 필요로 하는 조건들을 검토해볼 필요가 있다. 유아교사의 전문성은 고도의 지적 능력을 중심으로 하는 유아교육 목적의 명료화, 유아교육의 사회 기여도에 대한 인식, 장기간의 사전 교육과 계속적인 현장교육, 책임을 수반하는 자율성, 전문직 단체 결성, 윤리강령의 제정, 사회경제적 지위의 향상 등 일곱 가지로 정리하고 있다(이은화, 1996).

3) 유아교사의 전문성발달단계

유아교육에서 전문성은 아동들의 요구, 그들의 부모, 아동들에게 영향을 주는 사회적 제도와 관련된 광범위한 전문적 지식·기술과 관련된다(Vander Ven, 1998). 전문적 지식과 기술은 유아교육교사의 전문가 인정과 관련되므로 유아교육 실행자들의 전문성발달단계를 인식하는 것은 매우 중요하다.

카츠(Katz, 1985)는 교사의 전문성발달을 교직에 입문해서 처음 1년여에 걸친 생존기, 1~3년 사이에 자신의 기술과 지식을 확고히 해서 안정감을 찾는 강화기, 2~5년 사이에 새로운 지식과 방법을 통해 변화를 추구하려는 갱신기, 그리고

3년 이후로 볼 수 있는 자신감의 시기인 성숙기의 4단계로 보고 각 단계에서 알맞은 훈련을 통하여 다음 단계로의 발달을 이루어 간다고 보았다. 각 단계마다 이루어지는 훈련을 살펴보자면 제일 먼저 1단계(생존기)에서는 현장에서의 지원과 기술적 보조를 하는 훈련을 하고 2단계(강화기)에서는 전문가와의 접촉, 동료교사의 충고 상담 등을 통한 도움, 3단계(갱신기)에서는 회의, 전문인협회, 저널, 시범 프로젝트의 참관, 4단계(성숙기)에서는 세미나, 협회, 학위과정, 책, 저널, 회의 등에 참가하는 것으로 보고 있다(박진희, 1990).

우리나라의 경우 교사의 재직기간이 매우 짧은 것을 고려해 보면 대다수의 교사들이 생존과 적응의 단계에서 교사직을 그만두는 것이 되므로 인적 자원의 극심한 낭비현상이라고 볼 수 있으며 전문가로서의 완벽한 역량을 갖추기도 전에 교직의 길에서 벗어난다고 할 수 있다.

2 유아교사의 역할

교사라는 지위에 부여되는 기대에 따라 한 교사가 수행하는 행동을 말한다. 교사의 역할은 그가 수행하는 기능, 그에게 부여된 권한, 그의 개인적 자질과 경험 등에 따라 다양하게 나타나며, 주위 사람들로부터 기대되는 역할과 교사의 역할 지각, 그리고 그 기대역할이 교사의 인성과 동기 등에 일치하는 정도에 따라 교사의 역할이 상이하게 나타나지만 대체로 가르치는 일, 사회화를 돕는 일, 평가하는 일, 생활지도와 같은 것이 있다.

바람직한 유아교사의 역할은 양육자, 상호작용자, 학습지도자, 부모교육자, 의사결정자 등의 다섯 가지로 각 역할을 균형 있고 조화롭게 수행해야 한다.

1) 양육자로서의 역할

양육자로서의 역할을 살펴보면 유아들의 건강보호나 안전은 주변 성인들에게 의존하게 되므로 보호와 양육적 역할이 요구되는데, 이것은 모성적 역할과 유사하다. 바람직한 유아교사는 유아들에게 지나친 경쟁상태를 조성하거나, 유아의 능력한계를 벗어나는 기대를 한다거나 일관성 없는 훈육 등으로 유아들에게 불안을 조성하는 일이 없도록 함으로써 심리적으로 어머니와 같은 편안함을 제공해 주어야 한다.

2) 안내자의 역할

유아는 자기 주변에 있는 여러 사람들과 계속적인 상호작용을 통해 자신의 경험의 폭을 넓혀 간다. 바람직한 유아교사는 유아와의 상호작용을 통해 신뢰감을 심어 주고, 사물에 대해 효과적으로 반응하며 환경에 잘 적응할 수 있도록 하여야 한다.

유아들에게 보다 자세한 방법과 이유를 제시하고 안내하는 안내자의 역할과 그런 안내를 통해 유아의 언어와 사고력이 보다 더 증진되도록 자극하고 촉진하는 촉진자로서의 역할을 다함으로써 상호작용자로서의 구체적 역할을 다할 것이 요구된다. 바람직한 유아교사는 놀이상황에서도 유아에게 활동을 소개하고 응용하는 방법을 제시해 주며 놀이에 개입함으로써, 유아를 안내하고 자극하며 촉진하는 역할을 유아와의 상호작용을 통해 해야 한다.

3) 학습지도자의 역할

학습지도자로서의 역할이란 유아교사가 가장 핵심적인 학습지도과정에서 학습을 촉진시키기 위하여 환경이나 조건을 정비하며 활동을 계획, 전개, 정리하고 필요한 것을 도와주는 역할을 담당하게 된다. 바람직한 유아교사란 유아에게 무엇을 가르치는 존재라기보다 교수-학습자료 등 학습환경을 마련하여 유아 스스로가 배울 수 있고 반응할 수 있도록 학습환경을 조성해 주는 역할을 담당하여야 하며, 단순한 지식전달 또는 자극 제공의 중개적 역할을 하면서 목표하는 바에 대하여 변화 정도를 관찰할 필요가 있으므로 관찰자와 평가자의 역할도 함께 수행하여야 한다.

4) 부모교육자로서의 역할

유아교육의 효과는 부모의 역할에 따라 달라진다. 부모가 유아교육에 적극적으로 개입하여 가정과 유아교육기관 간의 연계성이 효율적으로 이루어진다면 유아교육의 효과를 극대화시킬 수 있다. 여러 측면에서 바람직한 유아교사는 부모와의 상담, 부모교육, 부모회 등을 통해서 각 유아의 가정과 접하게 될 때 부모에게 유아교육의 여러 가지 측면을 알려 주어 부모가 관심을 갖고 임할 수 있는 기회를 주어야 하며, 부모가 요구하기 전에 적극적으로 부모를 대하는 자세가 필요하다.

유아교사가 특히 유의할 점은 부모에게 유아와 관련된 문제와 사실을 교사로서 일방적으로 알려준다는 자세보다 교사와 부모가 함께 협력하여 문제를 발견하고 함께 접근함으로써 문제해결을 하려는 공동 노력의 자세가 필요하다는 점을 부모에게 알려주는 것이다.

유아와 관계되는 사실이나 문제를 유아교사와 부모가 함께 접근하고 해결한다는 자세로 유아교사가 부모를 대할 때 유아교육은 질적으로 향상될 것이다. 부모교육자로서 유아교사의 역할은 피교육자 역할을 부모에게 강조하기보다 파트너로서 부모와 교사의 공동 노력이 효율적인 교사로서의 역할을 온전하게 수행하게 해준다는 것을 유아교사는 유념하여야 한다.

5) 의사결정의 역할 모델

사전에 계획되어 있는 교육안과 원칙이 있다고 하더라도 유아교사는 상황에 따라 교육적인 역할을 수행하기 위해서 융통성 있게 대처해야 하며, 그에 따른 의사결정을 단행하는 것이 필요하다.

유아교사는 아주 짧은 시간의 상황적 판단과 경험적 판단을 바탕으로 사전에 문제상황을 예측할 필요가 있고, 혹시 예측하지 못한 측면의 문제가 발생하더라도 유아들과 함께 문제를 해결하려는 적극적인 자세를 보이는 것이 필요하다. 의사결정자로의 바람직한 유아교사의 역할은 유아에게 보다 분명한 학습내용과 가치를 전달하며, 의사결정의 역할 모델로서 유아가 스스로 의사결정을 해보게 하는 데 도움을 주는 중요한 역할을 수행하는 것이다.

3 유아교사의 자질

어린 시기의 교육은 인생을 좌우할 만큼 중요한 것으로 유아 교사의 영향은 지대하다. 그러므로 유아교사가 훌륭한 자질을 가지고 있을 때 유아교육의 질도 높일 수 있는 것이다.

유아교사의 자질은 각자 학자마다 모두 다르게 이야기하고 있어서 무어라고 딱히 정의하기는 어렵다. 하지만 이러한 여러 학자들의 관점을 종합하여 살펴보면, 유아교사의 개인적·성격적 특성이나 교육기술뿐 아니라 가치관 등 포괄적 요인이 유아교사의 자질에 포함되어야 함을 알 수 있다. 이를 토대로 유아교사의 자질에 대한 관점을 크게 개인적 자질과 전문적 자질로 나누어서 살펴볼 수 있다.

1) 개인적 자질

유아교사의 개인적 자질은 다음과 같다.

첫째, 유아교사는 유아에 대한 사랑을 가지고 있다. 인성 면에서는 인간에 대한 사랑을 가지고 있으며, 성실하고 봉사성이 투철하고, 사려성이 깊으며 자발성이고 도덕적이며 원만한 인간관계를 가지는 것, 지적인 호기심이나 알아보고자 하는 모험심이 포함된다.

둘째, 건강적인 측면에서 살펴보면 신체적 건강, 정신적 건강(긍정적 자아관, 타인에 대한 긍정적 사고, 건전한 인생관, 정서적 안정)으로 나누어 생각할 수 있다.

2) 전문적 자질

지식적 측면에서 일반교양, 유치원교육과정, 교수방법 및 평가, 유아에 대한 지식을 갖추고 있어야 하며 교수기술적 측면에서 교육과정 구성기술, 프로그램 실천 및 평가기술, 의사소통기술, 부모 및 전문가 참여기술, 창의성, 융통성, 교재·교구의 제작 및 활용기술을 갖추고 있어야 한다. 전문적 자질의 교육관에서는 교육에 대한 소명감, 직업윤리, 전문성 함양의 노력을 갖추고 있어야 한다.

특히, 유아에 대한 지식은 유아 전반에 대한 이해에서 더 나아가 그들의 사고 및 학습방식을 이해하고 존중하는 마음으로 확장될 것을 요구한다. 이를 위해서 교사들에게 아동을 관찰하는 것은 매우 중요하다.

바람직한 유아교사의 자질

- 영리해야 한다(영악한 것이 아니라 지혜로워야 한다는 뜻이다).
- 다른 사람을 사랑하는 마음을 가진 사람이어야 한다.
- 누구에게나 친절한 사람이어야 한다.
- 인자한 성질을 가진 사람이어야 한다.
- 특별히 도덕적으로 깨끗해야 한다.
- 협력할 줄 아는 사람이어야 한다.
- 용맹스런 사람이어야 한다.
- 평민적인 사람이어야 한다.
- 신뢰할 만한 사람이어야 한다.
- 위엄이 있어야 한다.
- 공평해야 한다.
- 성실하고 관대한 성질을 가진 사람이어야 한다.
- 정직한 사람이어야 한다.
- 이상이 고상한 사람이어야 한다.
- 단정하고 정숙하며 인내력이 강한 사람이어야 한다.
- 적극적이어야 한다.
- 진보적인 생각을 가진 사람이어야 한다.
- 신체가 건강한 사람이어야 한다.
- 존경할 만한 인격을 갖춘 사람이어야 한다.
- 융통성이 있는 사람이어야 한다.
- 유아들을 항상 즐겁게 해 줄 만한 성격이어야 한다.

4 유아교사의 자격

1) 유치원교사 자격기준

유아교사의 자격기준에 대하여 제각기 자신이 생각하는 기준이 다 있을 것이다. 개개인이 생각하고 있는 유아교사의 자격기준은 개인에 따라 다르기 때문에 흔히 법률화된 자격기준을 일반적인 기준으로 생각하고 사회에서 통용되고 있다. 그렇다면 유아교사의 법적 자격기준이 무엇인지 알아보자. 구체적인 유아교사의 법적 자격기준은 다음과 같다.

유치원교사는 유아교육법 제22조에 명시된 바에 따르면 유치원교원이라 함은 원장, 원감 및 교사를 의미한다. 교원의 자격은 유아교육법 제22조에 명시되어 있다.

제22조(교원의 자격)

① 원장 및 원감은 별표 1의 자격기준에 해당하는 사람으로서 대통령령으로 정하는 바에 따라 교육과학기술부장관이 검정·수여하는 자격증을 받은 사람이어야 한다. 〈개정 2008. 2. 29, 2010. 3. 24〉

② 교사는 정교사(1급·2급)·준교사로 나누되, 별표 2의 자격기준에 해당하는 사람으로서 대통령령으로 정하는 바에 따라 교육과학기술부장관이 검정·수여하는 자격증을 받은 사람이어야 한다. 〈개정 2008. 2. 29, 2010. 3. 24〉

③ 삭제 〈2010. 3. 24〉

④ 삭제 〈2010. 3. 24〉

⑤ 삭제 〈2010. 3. 24〉

제26조(교원의 자격)

법 제22조의 규정에 의한 유치원교원의 자격검정과 유치원교원자격검정위원회의 조직·권한 및 운영에 관하여 필요한 사항은 따로 대통령령으로 정한다.

별표 1 원장·원감 자격기준

자격 / 종별	자격기준
원장	1. 유치원의 원감자격증을 가지고 3년 이상의 교육경력과 소정의 재교육을 받은 자 2. 학식·덕망이 높은 자로서 대통령령이 정하는 기준에 해당한다고 교육과학기술부장관의 인정을 받은 자
원감	1. 유치원 정교사(1급)자격증을 가지고 3년 이상의 교육경력과 소정의 재교육을 받은 자 2. 유치원 정교사(2급)자격증을 가지고 6년 이상의 교육경력과 소정의 재교육을 받은 자
비고 : 1. 원장·원감, 초·중등교육법의 규정에 의한 교장·교감, 교육장·장학관·장학사·교육연구관·교육연구사의 경력연수는 교육경력연수로 볼 수 있다.	

별표 2 교사자격기준

자격 / 급별	자격기준
정교사 (1급)	1. 유치원 정교사(2급)자격증을 가진 자로서 3년 이상의 교육경력을 가지고 소정의 재교육을 받은 자 2. 유치원 정교사(2급)자격증을 가지고 교육대학원 또는 교육과학기술부장관이 지정하는 대학원의 교육과에서 유치원교육과정을 전공하여 석사학위를 받은 자로서 1년 이상의 교육경력이 있는 자
정교사 (2급)	1. 대학에 설치하는 유아교육과 졸업자 2. 대학(전문대학 및 이와 동등 이상의 각종 학교와 「평생교육법」 제31조 제4항에 따른 전문대학학력인정 평생교육시설을 포함한다) 졸업 자로서 재학 중 소정의 보육과 교직학점을 취득한 자 3. 교육대학원 또는 교육과학기술부장관이 지정하는 대학원의 교육과에서 유치원교육과정을 전공하고 석사학위를 받은 자 4. 유치원 준교사자격증을 가진 자로서 2년 이상의 교육경력을 가지고 소정의 재교육을 받은 자
준교사	1. 유치원 준교사 자격검정에 합격한 자

비고 : 1. 원장·원감, 초·중등교육법의 규정에 의한 교장·교감, 교육장·장학관·장학사·교육연구관·교육연구사의 경력연수는 교육경력연수로 볼 수 있다.
2. 이 표 중 전문대학에는 종전의 초급대학·전문학교 및 실업고등전문학교를 포함한다.

유아교사의 자격을 제대로 갖추기 위해서 대학과정에서 다음과 같은 과목을 이수해야 한다.

1. 유아교육은 유아들의 전인적 성장에 필요한 기본능력을 기르는 교육이므로 유아교사는 유아의 발달과 교육원리에 대한 전문적인 지식을 갖추어야 한다. 이를 위한 교과목으로는 유아교육론, 아동발달, 유아교과교육론, 유아교육과정, 유아교육철학 등이 있다.
2. 유아교사는 교육자로서의 인격과 사명감을 갖춘 사람이어야 한다. 유아교사론 등의 과목을 통하여 교사로서의 사명감을 고취하고 유아교육 전반에 걸친 통합적 안목을 기를 수 있다.
3. 유아를 이해하고 유아의 잠재력을 최대한 발휘하도록 돕기 위해서 유아교사는 전문적인 지식을 효율적으로 가르칠 수 있는 능력이 필요하다. 부모교육, 놀이지도, 유아음악교육, 기악, 유아사회교육, 유아동작교육, 유아과학교육, 유아수학교육, 유아교과교재연구 및 지도법 등의 교과목은 이러한 능력을 기를 수 있다.

2) 보육교사 자격기준

보육교사의 자격은 유치원과 초·중등학교 교원의 자격과 같이 대통령이 정하지만, 자격증을 검정·수여하는 것은 보건복지부장관이 한다. 보육교사의 자격은 영유아보육법 제21조에 명시되어 있다.

제21조(보육시설의 장 또는 보육교사의 자격)

① 보육시설의 장은 대통령령으로 정하는 자격을 가진 자로서 보건복지부장관이 검정·수여하는 자격증을 받은 자이어야 한다. 〈개정 2008. 2. 29, 2010. 1. 18〉

② 보육교사는 다음 각 호의 어느 하나에 해당하는 자로서 보건복지부장관이 검정·수여하는 자격증을 받은 자이어야 한다. 〈개정 2008. 1. 17, 2008. 2. 29, 2010. 1. 18〉

1. 「고등교육법」 제2조에 따른 학교에서 보건복지부령으로 정하는 보육 관련 교과목과 학점을 이수하고 전문학사학위 이상을 취득한 사람

1의2. 법령에 따라 「고등교육법」 제2조에 따른 학교를 졸업한 사람과 같은 수준 이상의 학력이 있다고 인정된 사람으로서 보건복지부령으로 정하는 보육 관련 교과목과 학점을 이수하고 전문학사학위 이상을 취득한 사람

2. 고등학교 또는 이와 같은 수준 이상의 학교를 졸업한 자로서 보건복지부령으로 정하는 교육훈련시설에서 소정의 교육과정을 이수한 자

③ 제2항에 따른 보육교사의 등급은 1·2·3급으로 하고, 등급별 자격기준은 대통령령으로 정한다.

고등교육법 제2조 (학교의 종류) 고등교육을 실시하기 위하여 다음 각호의 학교를 둔다. 〈개정 2007. 10. 17〉

1. 대학
2. 산업대학
3. 교육대학
4. 전문대학
5. 방송대학·통신대학·방송통신대학 및 사이버대학(이하 "원격대학"이라 한다)
6. 기술대학
7. 각종 학교

별표 1 보육시설의 장과 보육교사의 자격기준 (제21조 관련) 〈개정 2010. 3. 15〉

1. 보육시설의 장의 자격기준

가. 일반기준
1) 보육교사 1급 자격을 취득한 후 2년 이상의 보육 등 아동복지업무 경력이 있는 사람
2) 「유아교육법」에 따른 유치원 정교사 2급 자격을 취득한 후 5년 이상의 보육 등 아동복지업무 경력이 있는 사람
3) 유치원 원장의 자격을 가진 사람
4) 「초·중등교육법」에 따른 초등학교 정교사 자격을 취득한 후 5년 이상의 보육 등 아동복지업무 경력이 있는 사람
5) 「사회복지사업법」에 따른 사회복지사 1급 자격을 취득한 후 5년 이상의 보육 등 아동복지업무 경력이 있는 사람
6) 「의료법」에 따른 간호사 면허를 취득한 후 7년 이상의 보육 등 아동복지업무 경력이 있는 사람
7) 국가 또는 지방자치단체에서 7급 이상의 공무원으로 보육 등 아동복지업무에 5년 이상 근무한 경력이 있는 사람

나. 가정보육시설
1) 일반기준에서 정한 자격을 갖춘 사람
2) 보육교사 2급 이상의 자격을 취득한 후 2년 이상의 보육업무 경력이 있는 사람

다. 영아 전담 보육시설 : 만 3세 미만의 영아만을 20명 이상 보육하는 시설
1) 일반기준에서 정한 자격을 갖춘 사람
2) 간호사 면허를 취득한 후 5년 이상의 아동간호업무 경력이 있는 사람

라. 장애아 전담 보육시설 : 「장애인복지법」 제32조에 따라 장애인으로 등록된 영유아만을 20명 이상 보육하는 시설
- 일반기준에서 정한 자격을 갖춘 사람으로서 다음의 어느 하나에 해당하는 사람
1) 대학(전문대학을 포함한다)에서 장애인복지 및 재활 관련 학과를 전공한 사람
2) 장애아 보육시설에서 2년 이상의 보육업무 경력이 있는 사람
3) 보건복지부령으로 정하는 장애아 보육 직무교육을 받은 사람

마. 「고등교육법」에 따른 대학(전문대학을 포함한다) 또는 법 제21조 제2항 제2호에 따른 교육훈련시설이 운영(위탁 또는 부설 운영을 말한다)하는 보육시설
- 보육시설을 운영하는 대학의 전임강사 또는 교육훈련시설의 전임교수 이상으로서 보육 관련 교과목에 대하여 3년 이상의 교육 경력이 있는 사람

2. 보육교사의 자격기준

등급	자격기준
보육교사 1급	가. 보육교사 2급 자격을 취득한 후 3년 이상의 보육업무 경력이 있는 사람으로서 보건복지부장관이 정하는 승급교육을 받은 사람 나. 보육교사 2급 자격을 취득한 후 보육 관련 대학원에서 석사학위를 취득하고 1년 이상의 보육업무 경력이 있는 사람으로서 보건복지부장관

	이 정하는 승급교육을 받은 사람
보육교사 2급	가. 전문대학 또는 이와 같은 수준 이상의 학교에서 보건복지부령으로 정하는 보육 관련 교과목 및 학점을 이수하고 졸업한 사람 나. 보육교사 3급 자격을 취득한 후 1년 이상의 보육업무 경력이 있는 사람으로서 보건복지부장관이 정하는 승급교육을 받은 사람
보육교사 3급	고등학교 또는 이와 같은 수준 이상의 학교를 졸업한 사람으로서 보건복지부령으로 정하는 교육훈련시설에서 정해진 교육과정을 수료한 사람

※ 비고

1. "보육 등 아동복지업무 경력"이란 다음의 어느 하나에 해당하는 경력을 말한다.
   가. 「영유아보육법」에 따른 보육시설 또는 보육정보센터에서 근무한 경력
   나. 「유아교육법」에 따른 유치원에서 근무한 경력
   다. 「아동복지법」에 따른 아동복지시설에서 근무한 경력
   라. 「장애인복지법」에 따른 장애 영유아 생활시설에서 장애아동과 관련된 업무에 종사한 경력
   마. 「유아교육법」 및 「초·중등교육법」에 따른 특수학교(유치원 및 초등학교 과정)에서 특수학교 교원으로 근무한 경력
   바. 법률 제7120호 유아교육법 제정으로 폐지되기 전 「유아교육진흥법」에 따른 새마을유아원에서 근무한 경력
   사. 가목부터 바목까지의 아동복지업무를 수행하는 시설 등에서 간호사로 근무한 경력
   아. 국가 또는 지방자치단체에서 7급 이상의 공무원으로 보육 등 아동복지에 관한 행정 업무에 종사한 경력
2. "보육업무 경력"이란 다음의 어느 하나에 해당하는 경력을 말한다.
   가. 「영유아보육법」에 따른 보육시설 또는 보육정보센터에서 근무한 경력
   나. 「유아교육법」에 따른 종일제 유치원에서 원장, 원감, 교사로 근무한 경력
3. "아동간호업무 경력"이란 병원의 소아청소년과나 신생아실, 보건소 모자보건센터, 초등학교 보건실 등에서 근무한 경력을 말한다.

5 교직윤리

1) 교직윤리의 개념

일반적으로 법률이 사회 질서를 유지하기 위한 공식적 통제체제라면 윤리는 바람직한 사회를 위한 당위적이고 이상적인 내적·자율적 통제체제이다. 인간이 사회생활 속에서 지켜야 하는 규범을 윤리라고 할 때, 교직윤리는 교직사회라는 특정 사회의 윤리이며 교직사회의 구성원인 교사들에 의하여 지켜져야 할 것으로 기대되는 사회규범이요 행동준칙인 것이다.

교직윤리는 주어진 교사의 직무를 수행함에 있어서 마땅히 지켜야 할 자율적 행위와 규범을 의미한다. 교직윤리의 개념은 '교직자가 교직을 수행함에 있어 지켜야 할 것으로 기대되는 행동규범으로서 교사로서 강제적·타율적인 것이 아닌 자발적이며 능동적으로 실천하는 행위'라 하겠다.

교직윤리의 특징은 다음과 같다.

첫째, 교직은 사회적 상식을 사회화 측면과 관련하여 일상인의 윤리가 기본적으로 요구된다.

둘째, 교직이 아동들에게 가능성의 세계에 대한 안목을 넓혀가도록 촉진하는 측면과 관련하여 일상인과는 다른 전문적 윤리가 요구된다.

셋째, 최근의 시대 변화와 관련해서 더 강한 전문적 윤리가 요구된다.

넷째, 학생들의 성장을 보조하는 것이 교사의 본분이고 학생이 성장하는 것을 보면서 느끼는 즐거움이 그에 대한 사례라는 것에 비추어 볼 때 교사들은 소명의식에 기초한 봉사정신을 가져야 한다.

결국 교직윤리는 일상인의 윤리를 기초로 하여 강한 전문적 윤리와 더불어 성직자적 소명의식까지 포함하는 것을 볼 수 있다.

교직윤리의 책무성과 관련하여 영유아보육과 교육에 있어서의 윤리적 행동의 기준은 영유아보육과 교육 분야의 오랜 역사에 근간을 둔 핵심가치에 대한 책무에 근거한다. 그 핵심가치란 유아기를 인생에서 특별하고 가치 있는 단계로 인식하고, 유아가 어떻게 발달하고 학습하는지에 대한 지식에 기초한다. 유아와 가족 간의 결합을 인식하고 지원하고, 유아는 가족, 문화, 조직, 사회의 맥락에서 가장 잘 이해되고 지원받는다는 것을 인지한다. 유아, 가족구성원과 동료 각 개인의 존엄, 가치, 유일함을 존중하고, 유아, 가족, 동료들의 다양성을 존중한다. 유아와 성인은 신뢰와 존중을 기초로 한 관계의 맥락에서 그들의 모든 잠재능력을 발현한다는 것을 인지하는 것이다.

교직윤리는 교사가 그 직무수행과 관련하여 스스로 또는 관련된 다른 사람들에 대하여 지켜야 할 것으로 약속되고 기대되는 사회적 규범으로, 자발적 · 능동적 · 비공식적이며 책무성을 지닌다. 특히, 고도의 자율성에 따른 보육의 책무성은 영 · 유아보육과 교육의 오랜 역사에 근간을 둔 핵심 가치에 대한 사회적 책무에 근거하는 것이다.

2) 교직윤리의 필요성

모든 인간은 사람다운 사람으로 불리기 위해서 최소한의 도덕성과 윤리가 요청된다. 특히, 훌륭한 인간을 길러내고자 하는 교육활동을 하는 교사들에게 다른 직종의 사람들보다 더 높은 윤리의식과 태도가 요청된다. 교사의 윤리의식은 교수 지식 및 기술과 같은 교직의 전문성보다 우선 되어야 할 조건으로 교사 스스로 윤리의식을 디지고 실천하여 교사의 윤리적 수준을 고양시킴으로써 교사의 권위를 회복하는 것이 필요하다.

교직윤리는 교직 실천의 포괄적 행동지침으로, 교사의 행동을 포괄적으로 규정하고 있다. 교사의 행위와 관련된 교수활동, 유아 및 부모 등 관련인과의 관계, 공직생활 전반에 걸쳐 윤리적 기준이 제시되는 경향이 있다. 교직윤리는 다양한 문제해결상황에서 기본적인 원리를 제공하며 유아발달에 관한 지식, 가족과 문화적 중요성의 인식, 유아와 성인의 가치와 존엄성의 존중, 신뢰, 긍정적 관계를 통하여 그들의 잠재력을 극대화하도록 돕는 데 초점을 두고 있다. 교직윤리는 교육의 질을 좌우하며 교사의 윤리관 확립이 교육의 질을 보장하기 위하여 우선적으로 확보되어야 한다. 교직윤리의 확립 없이는 양질의 교육을 확보하기 어렵다.

교직윤리의 핵심은 바로 교사 역할 수행의 질적 향상과 개선이라 할 수 있다.

첫째, 과거에는 엄격한 과학적 연구를 토대로 한 지식을 잘 가르치는 것이 성공적인 교수로 간주되었지만 이제는 교사의 지혜에 의존하는 경우가 커졌기 때문이다.

둘째, 교사의 일을 사회나 조직의 측면에서 접근하기보다는 개인적 측면에서 접근하는 것이 필요하기 때문이다. 교사가 수행하는 일은 정치적 · 조직적 개혁에 의해서만 해결하기보다는 교사의 인식, 결정, 행위를 위한 가이드라인을 수립함으로써 해결하는 것이 더 바람직할 수 있다.

도덕적 · 윤리적 측면이 더욱 밀접하게 관련된다. 책임 있는 주체는 조직이나 정치적 행정이 아니라 교사 개인이다. 교원윤리의 확립은 교사가 수행하는 일, 즉 교수의 윤리적 차원 혹은 책무에 대한 인식을 제고시키는 것과 직결된다. 또한 전문직으로서의 교사는 직무상 교육활동에 필요한 지식, 기술과 능력은 교사 자신이 장기간에 걸친 교육과 훈련, 끊임없는 연찬을 하지 않고서는 그 직무가 요구하는 수준의 전문성을 갖출 수 없다. 그 이유는 교사의 직무는 해당 분야의 최신 연구결과에 대한 식견과 정보, 학생들의 다양한 요구에 대응할 안목과 전문적 지식을 필요로 하는 정신활동이기 때문이다. 또한 교직의 전문성으로 인해 교사는 교육활동에 관한 개인적, 집단적인 자율성을 행사하게 되나 그 사회적 윤리적 특성으로 인해서 자율의 범위 안에서 행한 판단과 행동에 대한 책임을 지게 되므로 높은 수준의 교직윤리의식을 지녀야 한다.

교직윤리가 중요한 이유는 다음과 같다.

첫째, 교직윤리는 교직행동의 비공식적 규범으로서의 성격을 지니고 있다.

윤리와 도덕은 사회, 집단의 행동이나 실천의 비공식적 규범으로 의무나 강제성이 아닌 능동적이고, 자율적이며 비공식적인 행동 규범으로 개인의 양심에 맡겨진 사항이다. 또 강제성은 없으나 공동체나 사회에 미치는 영향은 지대하다.

둘째, 교직윤리는 교사의 모든 행위, 즉 학생지도, 인간관계, 공직생활의 모든 것과 관련이 있다. 즉, 교육의 목적, 내용, 교수과정, 학생, 학부모들과의 관계, 자기 관리의 노력 등 교사의 모든 행위와 관련이 있다는 것이다.

셋째, 교직윤리는 교육의 질을 결정하는 요소로서의 성격을 지닌다. 우수한 인재의 육성, 풍부한 자질과 탁월한 능력을 소유하는 국민의 육성이 바로 교육의 질인데, 교사의 윤리 확립 여부가 교육의 질을 결정하므로 교사의 윤리관 확립이 새로운 과제로 부각된다는 것이다.

마지막으로 교직윤리는 실천적 행동강령으로서 특성을 가진다. 교사는 근로성, 전문성의 두 울타리 속에서 의무와 책임 간의 갈등을 겪으면서 구체적인 실천을 요구하는 직업인이다.

교사의 윤리에는 근로성과 전문성 등을 구체적으로 준수해야 할 실천적 행동강령으로서의 특성이 포함되어 있다. 이는 곧 학생의 인권과 가정의 복지, 국가와 사회의 발전과 직접적인 연관성을 갖는 것이기 때문이다.

사도헌장

오늘의 교육은 개인의 성장과 사회의 발전과 내일의 국운을 좌우한다. 우리는 국민교육의 수임자로서 존경받는 스승이요, 신뢰받는 선도자임을 자각한다. 이에 긍지와 사명을 새로이 명심하고 스승의 길을 밝힌다.

- 우리는 제자를 사랑하고 개성을 존중하며 한 마음 한 뜻으로 명랑한 학풍을 조성한다.
- 우리는 폭넓은 교양과 부단한 연찬(硏鑽)으로 교직의 전문성을 높여 국민의 수표(師表)가 된다.
- 우리는 원대하고 치밀한 교육 계획의 수립과 성실한 실천으로 맡은 바 책임을 완수한다.
- 우리는 서로 협동하여 교육의 자주 혁신과 교육자의 지위 향상에 적극 노력한다.
- 우리는 가정교육, 사회교육과의 유대를 강화하여 복지 국가 건설에 공헌한다.

사도강령

민주 국가의 주인은 국민이므로 나라의 주인을 주인답게 길러내는 교육은 가장 중대한 국가적 과업이다.
우리 겨레가 오랜 역사와 찬란한 문화를 계승, 발전시키며, 선진제국과 어깨를 나란히 하여 인류 복지 증진에 주도적으로 기여하려면 무엇보다도 문화 국민으로서의 의식 개혁과 미래 사회에 대비한 창의적이고 자주적인 인간 육성에 온 힘을 기울여야 한다.
그러기 위하여 우리 교육자는 국가 발전과 민족중흥의 선도자로서의 사명과 긍지를 지니고 교육을 통하여 국민 각자의 능력을 최대한으로 계발하여 개인의 자아실현과 국력의 신장, 그리고 민족의 번영에 열과 성을 다하여야 한다.
또한 교육자의 품성과 언행이 학생의 성장발달을 좌우할 뿐만 아니라 국민 윤리 재건의 관건이 된다는 사실을 명심하고 사랑과 봉사, 정직과 성실, 청렴과 품위, 준법과 질서에 바탕을 둔 사도 확립에 우리 스스로 헌신하여야 한다.
이러한 우리의 뜻은 교직에 종사하는 모든 교육자가 공동체의식을 가지고 노력하여야만 이루어질 수 있다는 것을 인식하고, 사도헌장 제정에 때맞추어 우리의 행동지표인 현행 교원윤리 강령으로 개정하여 이를 실천함으로써 국민의 사표가 될 것을 다짐한다.

제1장 스승과 제자

스승의 주된 임무는 제자로 하여금 고매한 인격과 자주 정신을 가지고 국가 사회에 봉사할 수 있는 유능한 국민을 육성하는 데 있다.

그러므로,
1. 우리는 제자를 사랑하고 그 인격을 존중한다.
2. 우리는 제자의 심신 발달이나 가정의 환경에 따라 차별을 두지 아니하고 공정하게 지도한다.
3. 우리는 제자의 개성을 존중하며, 그들의 개인차와 욕구에 맞도록 지도한다.
4. 우리는 제자에게 직업의 존귀함을 깨닫게 하고, 그들의 능력에 알맞는 직업을 선택하도록 지도한다.
5. 우리는 제자 스스로가 원대한 이상을 세우고, 그 실현을 위하여 정진하도록 사제 동행한다.

제2장 스승의 자질

스승은 스승다워야 하며 제자의 거울이 되고 국민의 사표가 되어야 한다.

그러므로,
1. 우리는 확고한 교육관과 긍지를 가지고 교직에 종사한다.
2. 우리는 언행이 건전하고 생활이 청렴하여 제자와 사회의 존경을 받도록 한다.
3. 우리는 단란한 가정을 이룩하고 국법을 준수하여 사회의 모범이 된다.
4. 우리는 학부모의 경제적·사회적 지위를 이용하지 아니하며 이에 좌우되지 아니한다.
5. 우리는 자기 향상을 위하여 전문적인 지식과 전문화된 기술을 계속 연마하는 데 주력한다.

제3장 스승의 책임

스승은 제자교육에 열과 성을 다하여 맡은 바 책임을 다하여야 한다.

그러므로,

1. 우리는 사회의 일원으로서 모든 책임과 임무를 다한다.
2. 우리는 교재 연구와 교육자료 개발에 만전을 기하여 수업에 최선을 다한다.
3. 우리는 생활지도의 중요성을 인식하여 제자들이 올바른 사람이 될 수 있도록 지도의 철저를 기한다.
4. 우리는 교육의 성과를 공정하게 평가하고 이를 교육에 충분히 활용한다.
5. 우리는 제자와 성인들을 위한 정규 교과 외의 활동에 적극 참여한다.

제4장 교육자와 단체

교육자는 그 지위의 향상과 복지의 증진을 위하여 교직 단체를 조직하고 적극 참여함으로써 단결된 힘을 발휘할 수 있다.

그러므로,

1. 우리는 교직단체의 활동을 통하여 교육자의 처우와 근무 조건의 개선을 꾸준히 추진한다.
2. 우리는 교직단체의 활동을 통하여 교육자의 자질 향상과 교권의 확립에 박차를 가한다.
3. 우리는 편당적, 편파적 활동에 참가하지 아니하고 교육을 그 방편으로 삼지 아니한다.
4. 교직단체는 교육의 혁신과 국가의 발전을 위하여 다른 직능단체나 사회단체와 연대 협동한다.

제5장 스승과 사회

스승은 제자의 성장발달을 돕기 위하여 학부모와 협력하며, 학교와 사회와의 상호작용의 원동력이 되고 국가 발전의 선도자가 된다.

그러므로,

1. 우리는 학교의 방침과 제자의 발달상황을 가정에 알리고, 학부모의 정당한 의견을 학교 교육에 반영시킨다.
2. 우리는 사회의 실정을 정확하게 파악하고 지역사회의 생활과 문화 향상을 위하여 봉사한다.
3. 우리는 사회의 요구를 교육계획에 반영하며 학교의 교육활동을 사회에 널리 알린다.
4. 우리는 국민의 평생교육을 위하여 광범위하게 협조하고 그 핵심이 된다.
5. 우리는 확고한 국가관과 건전한 가치관을 가지고 국민의식 개혁에 솔선수범하며, 국가 발전의 선도자가 된다.

윤리강령(Code of ethical conduct)
NAEYC Position Statement(1989년 채택, 1997년 수정)

서문(Preamble)

NAEYC는 유아교육 종사자에게 매일 요구되는 수많은 의사결정들이 도덕적·윤리적 특성을 지닌다는 사실을 인식한다. NAEYC의 '윤리강령'은 책임 있는 행동에 대한 지침들을 제시하고, 유아들을 교육하고 보육하는 과정에서 직면하게 되는 중대한 윤리적 딜레마들을 해결하기 위한 보편적인 기준을 제공한다. 출생에서 8세에 이르는 유아들을 위한 프로그램들의 최우선적인 핵심 가치는 영·유아와 그 부모에 관련된 일상생활에서의 실제에 초점을 맞춘다. 그러한 프로그램들로는 영아 프로그램, 취학 전 교육기관, 보육기관, 가정보육·유치원·초등학교 저학년 학급 등이 있다. 이 윤리강령은 상당수는 유아들을 직접 상대해서 일하지 않는 전문가들-행정가, 부모, 교육이론가, 대학교수, 아동 보육 자격증을 가진-에게도 적용될 수 있다.

핵심가치

영·유아들을 보육하고 교육하는 과정에서의 윤리적 행동의 기준은 우리 분야의 역사 속에 깊이 뿌리 박혀 있는 핵심가치들에 입각한 것이다. 우리는 다음과 같은 가치에 동의한다.

i) 인생 주기에서 독특하고 가치 있는 한 단계로 이해하기
ii) 유아발달에 관한 지식에 근거하여 직무 수행하기
iii) 유아와 가정 간의 밀접한 유대 관계를 이해하고 지원하기
iv) 가족, 문화, 집단, 사회의 맥락 속에서만이 유아들을 가장 잘 이해할 수 있고 지원할 수 있다는 사실을 인식하기
v) 각 개인(유아, 가족구성원, 동료)의 존엄성, 가치, 개성을 존중하기
vi) 유아와 성인이 신뢰, 존경, 긍정적인 인식 등을 기초로 한 관계 속에서 유아들의 모든 잠재력을 발휘하도록 도와주기

개념적 체계

이 윤리강령은 (l) 유아, (2) 가족, (3) 동료, (4) 지역사회와 공동체의 4장으로 구분하여 교사의 전문적 책임에 관한 개념을 나타내고 있는데, 각 장은 과제를 수행하는 활동영역을 나타내고 있다. 각 장은 ① 그 활동영역에서 유아들을 담당할 교사들의 중대한 책임에 개념 도입, ② 모범적인 직업적 실천을 지향하는 일련의 이상들, ③ 어떤 실천이 요구되고, 금지되고, 허용되는지 정의내리는 일련의 원칙들을 포함하고 있다.

① 윤리적 딜레마들은 존재한다
때때로 교사가 취해야 할 최상의 윤리적 행동 양식에 대한 '정답'이 분명하지 않다. 하나의 상황을 처리하기 위한 분명하고 긍정적인 방식이 equ지 않을 수 있다. 하나의 중요한 가치나 다른 중요한 가치와 상충할 수도 있다. 따라서 우리가 '하나의 딜레마'에 처했을 때 가장 윤리적인 행동 양식을 찾는 과정에서 모든 관계 당사자들과 협의해야 하는 것이 우리의 직업적 책임이다.

② 유아들에 대한 윤리적 책임
유아기는 인생주기에 있어서 독특하고 중요한 하나의 단계이다. 우리의 중대한 책임은 유아들에게 안전하고 건전하고 반응적인 환경을 제공하는 것이다. 우리는 첫째, 유아들의 발달을 지원하고, 둘째, 개인 간의 차이를 존중하며, 셋째, 협동적으로 자기 존중감, 쾌활성을 증진시켜 주는 데 전념해야 한다.

③ 가정에 대한 윤리적 책임
가정은 유아들의 발달에 있어서 커다란 의미를 가진다. 가정이라는 용어는 부모뿐만 아니라 유아에 관하여 책임을 담당하는 모든 사람들을 포함하는 개념이다. 가정과 유아들을 담당하는 전문가들은 유아의 복지에 관하여 공통적인 이해관계를 가지고 있기 때문에 우리는 가정과 기관이 유아의 발달을 강화하는 방향으로 서로 협조해야 할 책임이 있음을 인정해야 한다.

④ 동료에 대한 윤리적 책임
유아교육기관이라는 직무환경에서 인간의 존엄성은 존중되고 직업에 관한 만족도는 향상되어야 하며, 긍정적인 관계가 형성되어야 한다. 우리의 핵심 가치에 근거해 볼 때 이 활동영역에서의 우리의 중요한 책임은 생산적인 직무수행을 지원하고 직업적 요구사항들을 충족시킬 수 있는 환경과 관계를 형성하고 유지하는 것이다. 유아에게 적용되는 것과 같은 이상들이 성인들에 대한 우리들의 책임에도 적용되는 것과 같은 이상들이 성인들에 대한 우리들의 책임에도 내재되어 있다.

⑤ 지역사회와 공동체에 대한 윤리적 책임
유아들에 관한 프로그램은 가정과 유아의 복지를 담당하는 기타 기관들로 구성된 근접 지역 내에서 운영된다. 지역사회에 대한 우리의 책임은 지역사회의 요구 조건을 만족시키는 프로그램을 재공하고, 유아들에 대한 책임을 나누는 기관들 및 전문가 등과 협조하며, 현재 실시되고 있지는 않지만 필요한 프로그램들을 개발하는 것이다. 더 큰 사회는 유아들의 복지와 보호에 관해 그 만큼의 책임을 요구한다. 유아의 발달에 관한 우리의 전문화된 지식 때문에 우리는 어떠한 경우에든지 유아들을 위한 대변인으로서의 역할을 수행할 의무를 받아들여야 한다.

선서문
(Statement ot Commitment)

유아들을 담당하는 교사로서 나는 NAEYC의 윤리강령에 반영되어 있는 대로 유아들의 교육에 대한 가치를 향상시키는 데 전념하겠습니다.

내 능력을 최대한 발휘해서 나는

i) 유아교육 프로그램이 유아발달과 유아교육의 최신 이론에 기초하도록 한다.
ii) 유아들을 양육하는 가정의 임무를 존중하고 지원한다
iii) 유아들을 교육하는 동료들을 존중하고 그들이 NAEYC의 윤리강령을 준수할 수 있도록 지원한다.
iv) 지역사회와 공동체 내에서 유아, 가정, 교사의 대변자로서 역할을 다한다.
v) 직업적 행동의 높은 기준을 유지한다.
vi) 개인의 가치, 의견, 편견이 진문적 판단에 얼마나 영향을 미칠 수 있는지 인식한다.
vii) 새로운 사상에 개방적인 자세를 취하고 다른 사람들의 주장으로부터 배울 것은 기꺼이 배운다.
viii) 전문가로서 끊임없이 배우고, 성장하며, 기여한다.
ix) NAEYC 윤리강령의 이상들과 원칙들을 존중한다.

유아교육과 부모교육

9장

9장

유아교육과 부모교육

1 부모교육의 개념 및 필요성

유아교육은 유아를 대상으로 한 교육이라고 생각하지만, 유아교육이 그 효과를 거두기 위해서는 유아교육기관에서의 교육과 함께 가정에서의 교육이 조화를 이루어야 한다. 여기서는 부모교육이 무엇이며, 유아교육에서 부모를 대상으로 한 교육이 왜 필요한지 살펴보고자 한다.

1) 부모교육의 개념

부모교육은 부모들에게 자녀양육에 필요한 정보와 지식을 가르쳐 부모 스스로 배운 정보와 기술을 적절하게 활용하는 데 목적이 있다(Grotberg, 1977). 1960년대 이전의 부모교육은 교사나 전문가들이 부모를 교육시킨다는 소극적인 측면의 접근이었다면, 1960년 이후의 부모교육은 미국의 헤드스타트 운동으로 유아교육에 대한 부모들의 관심이 증가하면서 보다 적극적인 접근이 이루어졌다. 그 후 1970년대에는 미국에서 시작한 조기 중재 프로그램들로 인해 부모-자녀 상호작용에 초점을 맞추었으나, 오늘날은 가족과 지역공동체를 포함한 방향으로 확대되어 이루어지고 있다.

유아교육사전(한국유아교육학회, 1997)에 의하면 "부모교육이란 이미 부모가 된 사람들이나 예비부모들을 위한 일종의 성인교육으로 자녀의 양육이나 교육, 가정생활 개선 등에 관한 지식을 얻거나 일반교육을 높이기 위한 것을 목적으로 한다"로 정의하고 있다.

교육학용어사전(서울대교육연구소, 1985)에 의하면 "부모교육이란 유치원 교육의 효과를 높이기 위해 부모들에게 아동발달, 교육과정 등을 알려주고 가정에서의 협력을 도모하고자 하는 목적으로 시작되었으며, 부모로서 효율적인 양육태도 및 방법을 지니도록 교육하는 것"으로 정의하고 있다.

따라서 부모에게 새로운 지식을 주고, 자기인식과 개인적 성장을 지원하고 자녀와의 관계형성을 위한 새로운 방법을 개발하여 가족의 문제를 예방하고 가족의 기능을 극대화하는 것이다.

부모교육은 부모개입, 부모지지, 부모지원 등 다양한 의미로 사용되어 왔으며 부모가 전문가로부터 교육을 받는다는 소극적이고 일방적인 의미에서 벗어나 자녀교육의 동반자로서 교육전문가와 상호작용한다는 적극적인 관점에서 이루어지고 있다. 게다가 요즘은 부모의 역할을 넘어 지역적 차원에서 부모를 지원하고 가족을 지원한다는 관점으로 변화하고 있다.

2) 부모교육의 필요성

부모교육은 1960년대 이후 유아교육 효과의 극대화를 위해 실시되었으며, 우리나라에서는 1980년대 초부터 유치원 등을 중심으로 활성화되기 시작하였다. 현대사회의 핵가족화, 소자녀화 현상은 여성의 사회참여로 인해 결혼의 불안정성과 가족 내 부모역할의 변화를 초래하였고, 과거에 비해 가정교육은 더욱 소홀히 다루어지고 있는 실정이다. 전통사회에서는 아동양육에 대한 일차적 책임을 어머니에게 두었으나 최근에는 어머니가 취업을 하는 경우 자녀를 돌보는 시간이 줄게 되어 부모-자녀관계에 어려움을 겪고 있다. 이로 인해 점차 양육 동반자로서 아버지의 역할이 강조되고 있으며, 효과적인 아버지 역할을 위한 지원이 요구되고 있다.

대부분의 사람들은 결혼을 하면 자연히 부모가 된다고 생각한다. 이때 원가족에서 자신의 부모가 했던 역할을 모델로 삼아 자신의 자녀에게 부모역할을 하게 된다. 하지만 급속한 사회 변화 속에서 시대에 따라 부모역할은 변화되고 있으며, 아동의 연령에 따라 부모역할에서 중요시되는 비중이 변화한다. 부모역할은 신체적·물리적 측면부터 잠재능력을 개발하는 심리적·정서적인 측면까지 광범위하게 이루어지고 지속적이기 때문에 발달시기별로 자녀의 발달수준에 따라 부모역할의 어려움을 느끼게 된다(Hamner & Turner, 1985).

그러나 부모기에 대한 교육은 가정에서는 거의 이루어지지 않을 뿐 아니라 대부분의 교육기관에서도 부모기에 대한 준비교육은 쉽게 접하기 어려운 실정이다. 막연한 신화에 의해 부모가 되는 경우 역할 기대와 역할 수행 간에 차이가 발생한다. 또한 부모역할에 어려움을 느끼고 역할에 대한 두려움을 갖게 되면 이는 곧 양육 스트레스가 되고, 부모는 자녀에게 충분한 역할을 해줄 수 없다고 생각함으로써 죄책감을 갖게 된다.

부모역할은 본능적인 행위라고 할 수 없으므로, 가정뿐 아니라 기관에서도 부모교육이 이루어져야 한다. 특히, 성공적인 유아교육을 위해서는 교사나 원장의 노력뿐 아니라 유아교육기관에 대한 부모의 관심과 협조가 필수적이다. 또한 효과적인 부모역할을 수행하기 위해 부모들은 유아교육기관에서 자녀양육방법에 대해 배우고 가르치며, 가정과 기관의 상호이해와 협조를 통해 일관성 있는 교육을 할 수 있어야 한다.

2 부모역할

결혼을 하고 한 생명을 통해 부모가 됨으로써 자녀와의 관계를 통해 기쁨과 만족감을 느낄 수 있다. 부모들은 자녀에 따라 양육하는 방식이 다를 수 있으며, 자녀를 양육하는 방식은 부모들마다 다를 수 있다. 여기서는 자녀가 성장·발달함에 따라 요구되는 부모의 역할 변화를 중심으로 살펴보겠다.

1) 부모기 변화단계

결혼이라는 일정한 형식을 통한 두 남녀의 결합은 가족구성과 사회유지의 수단이 된다. 결혼은 자연발생적인 현상이 아니며 인간의 본성도 아니고 그것은 하나의 제도이고 관례이다. 따라서 부모 됨은 본능이 아니라 획득된 동기이다. 예컨대, 부모는 자녀를 가짐으로써 후손을 남긴다는 의미에서 자아확장의 기회를 갖게 되며, 자녀를 통해 창의적·성취적 동기를 투사할 수도 있고, 자녀를 지도하고 통솔함으로써 권위를 지닌 존재로 인식할 수 있고, 자녀를 양육하고 위험으로부터 보호하며 깊은 감정적 교류를 통해 정서적 충족감을 느낄 수 있다. 이러한 이유들로 인해 부모는 경제적·교육적 책임과 의무가 있음에도 불구하고 선택하는 지위라 할 수 있다.

전통적으로 여성과 남성의 정체감은 부모 됨과 관계있는 것으로 간주되어 왔다. 즉, 자녀가 없으면 불완전하고 열등한 것으로 인식하거나, 자발적으로 자녀를 두지 않은 부부는 이기적이거나 미성숙한 사람으로 여겨졌고, 결혼 전에 자녀를 둔 경우는 부도덕하다고 인식하여 비난의 대상이 되기도 하였으며, 여성은 남성에 비해 상대적으로 더 냉혹한 시선을 감당해야 했다(Thompson, Walker, 1989).

2) 발달단계에 따른 부모역할

결혼을 함으로써 얻게 되는 남편 혹은 부인으로서의 지위는 획득지위이고, 출생과 더불어 지니게 되는 어머니 혹은 아들로서의 지위는 고유지위이다. 특정 지위에는 요구되는 행동기준이나 문화적 양식이 있는데, 이를 역할이라고 한다.

역할은 개인의 성격 인성에 따라 형성되기도 하지만 학습되기도 하는데, 부모역할은 자녀의 발달수준에 따라 차이가 있다. 예컨대, 유아기는 주로 양육과 지지를 필요로 하며, 학령기 자녀는 지도와 통제를 필요로 하고, 청소년기 자녀는 독립과 책임을 필요로 한다. 여기서는 자녀의 발달단계에 따른 부모역할을 설명하면 다음과 같다.

(1) 영아기 부모역할

임신기간 중 충분한 영양이 공급되지 못했을 때 영아는 에너지 소비를 줄이고 환경 내의 자극으로부터 움츠러들어 에너지의 균형을 유지하려고 한다. 이러한 위축은 정보를 받아들이는 능력을 제한하며 정상적인 발달에 필요한 지식이나 기술의 습득을 저해하게 된다. 이 시기 아버지는 경제적 부양자로서 어머니가 임신과 출산에 대해 공포를 갖지 않도록 용기와 격려를 하며, 출산 후 어머니가 건강을 회복하도록 지원한다.

어머니는 아기의 욕구에 따라 수유를 함으로써 아기와 관계를 형성한다. 생후 3개월 후부터는 아버지와의 유대를 발달시키는데, 서구에서는 약 80%의 아버지가 젖먹이 아기와 놀아주는 것을 보편적인 역할로 받아들이고 있다(Cordell, 1980). 신생아에 대한 아버지의 역할분담은 첫 6개월부터 시작되는데, 아버지는 주로 가사일을 하며 수유나 유아보호는 적게 하는 것으로 나타났다.

목욕은 수유 후 1시간 이내는 가급적 피하고 밤에 잠을 잘 자지 않는 아기는 자기 전에 씻기는 것이 바람직하다. 아기를 안아주거나 목욕을 시키는 것과 같은 피부접촉을 통한 촉각적 자극은 영아와의 유대감 형성에 중요한 의미를 갖는다. 영아는 배가 고프거나 소변을 볼 때, 수유, 놀이, 수면에서 따뜻하고 일관성 있게 보살펴주면 신뢰감을 형성하게 되며 이후 발달에 긍정적 영향을 미치게 된다. 일반적으로 괄약근과 방광조절능력이 발달하면서 24개월 전후에 배변훈련을 실시한다. 대체로 영아가 배변의지를 언어나 행동으로 나타내면 배변훈련을 시작한다. 그러나 너무 일찍 배변훈련을 강조하는 것은 영아의 정서발달을 저해하는 요인이 될 수 있으므로 피하는 것이 좋다.

(2) 유아기 부모역할

부모가 유아에게 스스로 해볼 수 있는 기회를 주지 않을 경우 유아는 무력감과 수치심을 갖게 된다. 언어를 사용하게 되면서 유아는 '내 것' 이라는 소유의 개념과 "싫어", "안 돼"라는 자기주장을 표현할 수 있게 된다. 그러므로 부모는 장난감 정리하기, 옷 입기, 수저질 하기, 심부름 하기 등 스스로 할 수 있는 일을 통해 자신감과 성취감을 갖도록 지도해야 한다.

부모의 역할은 놀이상황에서 차이를 나타내었는데, 어머니는 긍정적 정서와 신체적 자극을 주는 반면 아버지는 부정적 정서(꾸짖기, 비난하기 등) 표현이 더 많고, 놀이형태에서도 아버지는 어머니보다 더욱 신체적이고 활동적인 놀이를 하는 경향이 있다. 성역할을 획득하는 이 시기에 아버지와 어머니는 유아의 모델이 된다. 이때 전형적인 성역할보다는 양성적인 성역할을 획득할 수 있도록 지도하는 것이 바람직하다. 예컨대, 아들이나 딸 모두에게 솔직하게 감정표현 기회를 주고 성별에 구분 없이 장난감을 가지고 놀 수 있는 기회를 제공하며, 직업을 선택할 수 있도록 하는 것이 좋다.

유아기는 해야 되는 것과 해서는 안 되는 것을 명확하게 하여 일관성 있는 지도를 하는 것이 중요하다. 만약 한계를 벗어난 행동을 했을 때 어떻게 할 것인지를 미리 정하여 합의한 방법으로 벌을 주거나, 유아가 기대에 맞지 않는 행동을 했을 때 어떤 결과가 오게 되는지 알게 한다. 하지 말아야 하는 일이나 행동에 대해서는 간단하게 이유를 설명해주어 자신의 행동을 이해할 수 있도록 하는 것이 좋지만, 유아가 모두 이해하지 못한다 할지라도 부모는 허용되는 행동의 범위와 한계를 정해두어야 한다.

부모가 정한 한계를 따르게 할 때 성인과 같은 기대를 해서는 안 되며, 자녀가 규칙을 잘 지킬 수 있도록 환경을 조성해주어야 한다. 또한 유아기는 유치원, 어린이집, 학원 등을 통해 단체생활경험을 갖게 되며, 사회성발달이 이루어지는 시기이다. 가정을 떠나 또래와의 상호작용이 원만히 이루어질 수 있도록 또래관계를 잘 살피고 유아교육기관에서의 생활에도 관심을 기울여야 한다.

(3) 아동기 부모역할

아버지는 아동에게 가정을 넘어 사회와 보다 더 넓은 세계를 소개하는 역할을 한다. 어머니에게 의존적이었던 생활에서 아동의 세계가 직계가족 밖으로 확대되는 시기이다. 아동기는 자신의 생각이나 감정을 언어로 표현할 수 있고, 자신의 입장과 타인의 입장 간의 차이를 이해함으로써 의미 있는 대화를 할 수 있다. 따라서 가치관 형성의 기초를 제공하는 시기에 부모와의 대화를 통해 올바른 가치관을 형성할 수 있도록 한다.

아동기는 학업성취의 책임이 요구되는 시기이다. 주어진 과업에 대한 성취 경험은 자기를 능력 있는 사람으로 인식하게 된다. 따라서 아동이 능력에 맞는 일을 해냈을 때 격려하여 자신의 능력을 개발할 수 있는 기회를 많이 제공하도록 한다. 원만한 또래관계를 위해 또래 간에 지켜야 할 규칙과 의사소통방법 및 자기주장을 양보하는 방법 등을 알 수 있도록 친구들과 함께 하는 기회를 많이 제공하는 것이 좋다. 사회적 고립은 이기적이고 고집이 센 성격형성의 원인이 될 수 있다. 만약 또래관계 형성이 어려운 아동의 경우 자신보다 어린 아동과 일대일로 놀면서 지시하는 행동을 연습할 기회를 갖게 한 후 또래집단에 적응하도록 기회를 줄 수 있다(강문희, 장연집, 박혜원, 1997).

3) 부모역할과 부모-자녀관계

부모-자녀관계는 태내에서부터 시작된다. 특별한 경우를 제외하고는 출생 직후부터 성숙할 때까지 가장 밀접한 관계를 유지하고, 광범위한 경험을 함께 한다. 부모는 자녀에 대한 일차적 책임을 지며, 자녀를 통해 새로운 흥미와 관심이 확대되고, 부모가 되었다는 만족감과 후손을 남긴다는 안정감을 갖게 된다. 또한 자녀들에게 모범이 되고 좋은 모델이 되기 위해 부모 자신이 올바른 가치관과 태도를 갖게 된다.

전통적으로는 부모역할이 비교적 뚜렷하게 구분되어 있어 남편이 해야 할 일과 아내가 해야 할 일, 아버지가 해야 할 일과 어머니가 해야 할 일에 대한 역할기대가 다르게 인식되었다. 이제까지 자녀양육에서 부모의 역할은 주로 어머니에게 편중되었고, 아버지는 자녀양육과는 별개의 존재로 인식되어 자녀양육에서 어머니를 보완하는 입장이 지배적이었다. 전통사회에서 아버지는 가족에게 필요한 자원을 공급하고 자녀의 주요한 훈육자로서 도구적 역할을 중시한 반면에 어머니는 가정에서 사랑을 주는 표현적 역할을 중시했다.

산업혁명 이후 여성들의 교육기회 확대와 사회참여 증가는 아버지에게 도구적 역할뿐 아니라 표현적 역할을, 어머니에게 표현적 역할과 도구적 역할을 요구하였다. 전통적으로 아버지는 자녀양육에서 소외되어 왔으나, 아버지 역할은 자녀에게 직·간접적인 영향을 미친다(Lamb, 1975). 최근에는 부모-자녀관계 및 부모역할에서 아버지 역할의 비중이 커지고 있다. 다음에서는 아버지 영향을 부모자녀관계를 중심으로 살펴보겠다.

첫째, 아버지-어머니-자녀의 형태를 들 수 있다. 아버지는 어머니의 가사 일을 분담하는 방식으로 어머니를 지원할 수 있다. 만일 어머니의 가사 일을 덜어준다면 어머니는 그 시간만큼 더 자녀와 함께 놀아줄 수 있는 기회가 생기므로 어머니-자녀관계가 개선될 수 있다.

둘째, 아버지-자녀-어머니의 형태를 들 수 있다. 성급한 아버지의 영향을 받아 급한 성격의 자녀는 어머니에게 영향을 주어 어머니의 성향도 변화하는 경우로써 아버지가 자녀에게 영향을 주어 어머니와 자녀의 상호작용에 영향을 미치게 된다.

셋째, 아버지-어머니의 관계가 자녀에게 영향을 주는 경우이다. 남편-아내 관계는 임신, 출산, 자녀의 성장기 동안 자녀에게 간접적으로 영향을 미친다. 임신 중 남편이 그의 부인에게 들인 정성에 따라 그 어머니가 자녀를 대하는 태도가 달라질 수 있다.

넷째, 자녀의 특성이 아버지와 어머니 관계에 영향을 미치는 경우이다. 자녀의 성숙 정도와 심리상태는 부모들의 결혼관계와 관련이 있다. 민첩한 아이를 가진 아버지는 어머니를 더욱 긍정적으로 평가하며 성숙한 자녀를 가진 경우 결혼생활에 있어 긴장과 갈등이 적게 나타나는 것으로 보고된다(Pederson, 1975).

따라서 종래의 부모-자녀관계에서 부모가 자녀에게 일방적인 영향을 미치는 것으로 인식되어왔으나 자녀도 부모에게 영향을 미치며, 부모-자녀관계에서 어머니의 영향에 초점을 둔 것에서 최근에는 자녀양육에 미치는 아버지의 영향에 관심이 증가하고 있다.

3 부모의 양육태도

부모의 양육태도에 대한 관심이 증가하면서 학자들은 다양한 방법으로 양육태도 유형을 분류하였다 20세기 초 발드윈(Baldwin), 미드(Mead), 사이몬드(Symonds)를 시작으로 쉐퍼(Schaefer), 베커(Becker), 바움린드(Baumnnd), 비(Bee) 등을 들 수 있다.

1) 사이몬드의 양육태도

사이몬드(1949)는 부모-자녀관계를 거부-수용, 지배-복종의 두 차원으로 나누고 기대형, 엄격형, 복종형, 익애형, 간섭형, 불안형, 소극적 거부형, 적극적 거부형으로 구분하였다. 사이몬드는 가장 이상적인 부모-자녀관계를 거부도 아니고 지배도 아니며 과보호도 아니고 복종도 아닌 중간을 취하는 형태라고 하였다.

사이몬드는 어머니의 양육태도를 체계화했다는 점에서 공헌한 바 있으나, 정신분석학을 토대로 임상사례에만 의존한 나머지 부모의 양육태도를 부정적으로 설명함으로써 일상생활에서 일어날 수 있는 건전한 태도에 대해서는 언급하지 않았다.

2) 쉐퍼의 양육태도

쉐퍼는 정상적인 부모의 양육태도를 장기적으로 연구하여 신생아기부터 초기 청년기 동안의 발달과 부모의 양육태도를 모형으로 발표하였다. 어머니의 양육태도를 애정-거부, 자율-통제를 기준으로 자유, 민주, 협동, 수용, 지나친 접촉, 의존성 보장, 과보호, 소유, 독재적, 권위적, 요구 반복, 거부, 소홀, 무관심, 거리감 등으로 수준을 나누어 설명하였다.

3) 바움린드 양육태도

바움린드는 유아들의 행동특성에 따라 세 집단으로 나누고 부모들의 양육태도를 비교하였다. 바움린드 양육태도는 허용적 태도, 권위적 통제태도, 권위적(민주형)인 태도로 구분하였다.

4 유아교육기관의 부모교육

1) 부모교육의 유형

유형으로서는 가정통신문, 부모 오리엔테이션, 부모면담, 부모회, 수업참관, 부모참여 역할극, 견학 시청각교육, 워크숍, 컴퓨터 통신망 등이 있고, 집단모임으로서 강연회, 독서공개좌담회, 소모임보고회, 영화 보기, 인형극과 역할극, 공개토론회, 수업참관, 워크숍 등이 있다.

개별모임으로서 가정방문, 상담, 도서대여, 놀잇감 대여, 자원봉사 등이 있고, 통신에 의한 만남으로서 가정통신, 쪽지통신, 뉴스레터, 인터넷 통신, 학부모교육원이 개설하고 있는 기본교육과정, 전문교육과정, 가르치는 과정 등 다양한 교육내용이 있다.

(1) 부모회

부모회란 유아교육과 관련된 부모들의 집단 모임으로서 대개 월 1회의 월례회를 갖거나 부모들의 요청에 의해 특별한 모임을 가질 수 있다. 보통은 1년에 2~3회 정도 전문강사를 초빙하여 정해진 주제에 대한 강연을 듣기도 한다.

모임방법은 강연회, 좌담회, 공개좌담회, 토론회, 독서공개, 단막극, 역할극, 영화 감상회, 집단토의 등이 있다. 부모회는 다소 경직되고 무미건조해지기 쉬우므로 분위기를 풀 수 있는 간단한 프로그램부터 실시하는 것이 좋고, 강연 후에는 공개토의시간을 마련하여 요점을 분명히 파악하고 평가해볼 수 있는 것이 좋다. 부모회의 목적과 역할은 세 가지로 요약할 수 있다.

첫째, 부모들에게 유아교육에 필요한 정보나 지식을 알려주고 있다.

둘째, 다른 사람들과의 의견을 교환하여 정보를 교환하고 있다.

셋째, 부모들로 하여금 집단의식이나 소속감을 갖게 해주는 것이다.

(2) 강연회(lecture)

강연회란 유아교육과 관계된 지식이나 정보를 부모들과 공유하기 위해서 유아교육에 대해서 전문적인 지식이 있는 사람을 초빙하여 부모들에게 정보를 전달해주는 모임을 말한다.

강연회는 동시에 많은 사람들에게 정보를 전하는 장점이 있다. 특히, 입학 초기에는 새로운 환경에 진입하는 부모들에게 유치원의 교육목적, 교육과정, 활동, 교사의 학급 운영, 부모의 역할 등에 대한 내용을 강연회를 통하여 알려주면 그 효과가 크다.

- 많은 사람들에게 정보를 동시에 전달할 수 있는 이점이 있다.
- 부모들이 공통적으로 관심을 두는 문제들을 다루는 것이 바람직하다.
- 입학 초기에 하는 것이 좋고 학교의 교육목적, 교육과정, 활동, 교사, 운영방침, 부모로서 해야 할 일에 대해서 알려준다.
- 학기 중엔 자녀교육과 양육방법에 대해서 내용을 선정하여 연간 필요한 주제를 선정한다.
- 두 달에 한 번 정도가 적당하다.

(3) 시청각 교재(audio-visual aids)

유아교육기관의 교육목적 및 내용, 유아발달과 관련된 영화나 비디오를 계획성 있게 선택하여 부모교육에 활용하는 것이다. 사전에 준비상황, 설치상태, 기자재 등을 점검한 후 사회자가 먼저 주제를 발표한다. 토의자는 시청각자료에 대한 배경지식과 그 용도를 설명한 후 전체 공개 토의로 질의-응답시간을 갖는다.

(4) 독서회(book review discussion)

몇 명의 부모들을 선정한 후 좋은 책을 나누어 읽고 그 내용을 요약·정리하여 부모회 때 보고하는 방식이다. 사회자가 책과 토의자를 소개하고 발표자가 책의 저자와 내용을 소개한 후 모두 함께 대화형식으로 토의한다. 먼 곳에서 강사를 초청하지 않아도 되는 이점이 있으며 부모 자신들의 참여의식을 높여주고 문제를 해결하고자 하는 의욕을 북돋아준다.

(5) 컴퓨터 교육

부모의 컴퓨터 교육은 인터넷을 사용하는 방법과 워드프로세스 작업, 올바른 유아교육을 위한 방법 등으로 실시된다. 이를 통해 컴맹에서 탈출할 수 있는 계기를 마련할 것이며 또한 유아의 올바른 컴퓨터 교육을 할 수 있는 계기를 제공하여 올바른 인터넷 문화를 형성하는 데 도움을 준다.

(6) 수업참관

수업참관은 일반적으로, ① 장학사나 교장·교감 등이 지도의 목적을 지니고 있을 때, ② 동료교사의 전문적인 성장을 꾀할 때, ③ 교사지망자의 실습을 위한 경우, ④ 학부형 또는 지역사회인이 참고적인 자료를 얻고자 할 때, ⑤ 그 밖에 어떤 뚜렷한 목적이 있을 때에 참관하도록 하는 것이 통례이다.

수업을 참관할 때는 사전에 그 학교와 지역사회의 특성 및 학습실태를 충분히 이해하여야 하며, 학습지도안의 검토·학습환경의 관찰·학습자의 관찰·교사의 지도관 및 지도기술에 대한 관찰·학습활동의 관찰·특수아동지도에 대한 관찰·자습지도의 관찰 등에 유의하여야 한다.

(7) 가정통신문

부모교육을 위한 간편한 방법의 하나로서 유아교육기관에서 손쉽게 많이 사용하는 부모교육방법이다. 자녀교육에 있어서 부모참여의 중요성을 지속적으로 알려줄 수 있는 손쉬운 방법이다. 유아교육기관과 가정의 지속적인 관계를 유지하도록 해준다. 유아와 부모 간의 대화와 상호작용을 촉진시킨다. 유아교육기관에서 진행되는 제반사항을 부모에게 알려준다.

가정통신문에는 1년에 한 번 제공되는 시설안내 책자, 교육과정계획이나 알림사항을 월별 혹은 주별로 신문 형식으로 만들어 전달하는 소식지나 간단한 유인물이 있다. 유아교육에서 부모역할의 중요성을 인식시키고 부모역할에 관한 지식과 기술을 제공하여 유아교육에 대한 이해와 교양을 넓히는 데 그 목적이 있다.

교육계획에 필요한 가족 안내 및 가정에서의 협조사항, 아이의 발달상황, 아이의 바람직한 행동, 부모에게 요구되는 사항, 교육에 도움이 되는 지식이나 기술(시설의 교육활동 소개, 최신 도서 안내, 교육에 관련된 전문 정보, 아동심리, 아동의 발달특성, 양육에 대한 조언 등), 주간생활계획표와 준비물에 대한 안내사항, 유아교육의 목적과 교육내용에 관한 내용, 자녀교육에 필요한 지식과 정보, 생활의 지혜, 특별활동 및 행사에 관한 안내 사항, 견학, 발표회, 전시회 등이다.

부모교육 프로그램 실시를 위한 체계적이고 지속적인 자료, 부모참여에 대한 제안, 보조교사, 일일 교사나 부모의 전문성에 따른 교육활동, 명절이나 휴일을 나타내는 일러스트레이션, 유아교육기관이나 교사, 유아에 대한 부모의 제언, 한 유아에 대한 소개, 유아나 교사, 부모의 솜씨 자랑 등이 있다.

2) 부모교육이론

부모-자녀관계는 수직적인 관계에서 수평적인 관계로 변화되었고, 자녀교육에서도 엄격한 도덕성 훈련의 강조에서 안정된 정서와 적응을 강조하는 것으로 시대에 따라 변화되었다. 최근까지 제시된 다양한 부모교육 프로그램들은 다음에서 소개되는 주요이론에 기초한다. 여기서는 민주적 부모교육이론, 인본주의 부모교육이론, 부모효율성 훈련이론, 체계적 부모효율성 이론, 행동주의 부모교육이론을 중심으로 살펴보겠다.

(1) 민주적 부모교육이론

드라이커스(Drurs)는 아들러(Adler)의 제자로 개인심리학을 부모교육에 적용하여 민주적 양육의 원칙을 소개하려고 하였다. 그는 가정, 학교, 사회 등 사람들이 함께 살며 상호작용하는 곳에 반드시 갈등이 있게 되며 이러한 갈등은 민주적 방식에 의해 해결되어야 한다고 주장하였고, 가정에서 부모가 자녀를 민주적으로 양육할 것을 강조하였다.

민주적 양육태도란 민주적 상황에서의 기본 요소인 상호존중과 동등한 대우라는 개념을 바탕으로 한다. 기존의 수직적 관계였던 부모-자녀관계를 수평적 관계로 전환하여 자녀를 부모보다 열등한 지위에 있는 것으로 보지 않고 동등한 지위에서 보았다. 민주적 부모교육은 부모-자녀관계, 성인-아동관계를 인간의 평등성에 기초해 보다 바람직한 상호관계 유형으로 발전시키는 것에 목적을 두었다.

민주적 양육태도의 수평적 관계는 인간의 평등성에 기초한 것이지 부모와 자녀가 동등하고 무엇이든 허용할 수 있다는 의미는 아니다. 아동은 주어진 한계 내에서 자유를 경험하므로, 자녀의 자율성과 내적 통제력을 발달시킬 수 있다. 부모는 자녀를 한 인간으로 존중하면서 타인과 세계에 대한 개념을 확신시킬 수 있도록 한다(Chritensen & Thomas, 1980).

아동은 자신의 위치를 확인하기 위한 시도로서 심리적 목표를 설정한다. 예컨대, 장기적 목표와 중간적 목표, 직접적 목표를 세우고 설정한 목표에 따라 행동한다. 그러나 그 행동이 인정받지 못하거나 소속될 수 없다고 느끼면 관심

끌기, 힘 행사하기, 앙갚음하기, 무능과 부적절함 보이기, 병리적 행동하기 등 잘못된 행동을 한다. 이를 설명하면 다음과 같다.

① 관심 끌기

자신의 행동이 부정적이라 할지라도 부모의 관심을 끄는 데 있다. 그러므로 부모의 반응이 충분하지 않으면 충분하다고 생각될 때까지 계속 잘못된 행동을 한다. 아동의 관심 끌기는 아동이 소외되었을 때 또는 또래집단과 불편한 관계에 있을 때 주로 나타난다.

② 힘겨루기

자신의 노력으로 관심 끌기에 실패했을 때 새로운 사회적 관계를 위해 사용한다. 예컨대, 자신이 바라는 것이 거절당했을 때라든가, 자신이 원하는 문제해결의 한 방법으로 사용하고자 할 때 주로 힘겨루기를 통해 부모를 통제하고 조절한다. 아동은 자신이 가진 힘을 최대한 활용하기 위해 자기가 하고 싶은 대로 해버리거나 부모에 대해 반항하게 된다. 이때 부모는 강한 힘을 갖고 권력을 행사함으로써 아동의 행동범위나 한계를 통제하고 결정할 수 있다.

③ 보복하기

아동이 부모로부터 불공평한 대접을 받았다고 느꼈을 때 부모에게 상처를 주고자 하는 행동이다. 더 이상 관심 끌기나 힘겨루기를 하지 않고 미운 감정을 가지고 행동을 한다. 예컨대, 부모가 보는 앞에서 일부러 소변을 보거나, 장난감을 감추거나 부수기도 하고, 동생을 꼬집어 울리기도 한다. 아동의 심한 보복행동에는 수치심이나 실망감이 있기 때문에 부모가 따뜻한 격려로 용기를 북돋아 주어야 한다. 드라이커스는 아동의 보복에 대해 부모의 벌은 크게 효과가 없으며 오히려 적극적으로 자연적 귀결을 내릴 수 있는 기회를 제공하여 스스로 잘못된 행동을 인식하도록 하는 것이 중요하다고 하였다.

④ 무능함 보이기

아동이 부모에게 극도로 실망하여 좌절했을 때 나타난다. 부적절한 행동 유형으로는 게으름 피우기, 심술 부리기, 엉터리로 하기 등이 있다. 부적절한 행동을 보임으로써 아동 자신에 대해 희망을 갖기보다 기대를 포기하도록 부모를 유도하는 데 목적이 있다.

따라서 부모는 유아의 심리적 목표 및 행동전략을 파악하고 가정의 생활환경을 개선하여 자녀들이 바람직한 상호작용을 하도록 해야 한다. 아동의 부적절한 행동에 대해 부모가 아동의 장점을 인정해주고 칭찬해줄 때 자신감을 갖게 되며 부적절한 행동이 감소된다.

부모-자녀관계가 민주적이면 자녀가 잘못된 목표를 설정하지 않도록 도와줄 수 있으며, 잘못된 행동목표로 행동하는 것을 바로잡을 수 있다. 부모는 긍정적 목표 격려방법을 통해 유아의 잘못된 행동목표를 변환시키고 긍정적 행동목표를 설정할 수 있도록 유아의 반응을 관찰해야 한다. 자녀의 잘못된 행동목표를 변경시키기 위해서는 자녀뿐 아니라 부모의 행동이 함께 변화되어야 한다.

잘못된 행동을 했을 때 체벌이나 윽박지르기는 별다른 도움이 되지 않는다. 그보다는 자신의 행동에 대한 결과를 통해 배울 수 있도록 하는 것이 좋다. 예컨대, 자연적 귀결은 자신이 한 행동의 결과를 자연스럽게 경험함으로써 부모와의 불필요한 힘겨루기와 갈등을 막을 수 있다.

논리적 귀결은 행동의 결과에 대하여 부모가 자녀와 합의한 방법으로 상호권리를 인정하고 사회질서를 존중하도록 지도하는 것이다. 예컨대, 정해진 식사시간 외에 식사를 하려면 자신이 스스로 차려서 먹어야 하며 다 치워놓아야 한다는 규칙을 통해 식사시간을 지키도록 할 수 있다. 논리적 귀결은 벌이 아니지만 모든 가족구성원들이 민주적인 원칙에 따라 동등하게 지켜야 한다. 자칫 큰 목소리로 말할 경우 벌을 받는다고 생각할 수 있기 때문에 부드러운 목소리와 친근한 태도로 임해야 한다.

(2) 인본주의 부모교육이론

기노트(Ginott)의 인본주의 부모교육은 매슬로(Maslow)와 로저스(Rogers), 액슬린(Axline)의 인본주의 심리학에 근거한 이론으로 아동을 한 인간으로 존중하여 의사소통할 것을 강조하였다. 자녀를 효율적으로 양육하기 위해서는 부모의 좌절감과 실패감, 분노와 자존감 등에 대한 어려움을 극복하고 대화를 통해 자녀와 상호작용을 원활하게 하는 데 초점을 둔다.

부모-자녀관계에서 부모가 자녀의 장점과 단점, 성격의 특성을 이해하고 그대로 수용하게 되면 어떤 대화도 가능하다. 따라서 부모가 아동의 세계를 이해하게 되면 자녀의 바람직하지 못한 것까지도 수용할 수 있게 되어 부모-자녀관계는 건설적이며 긍정적인 관계로 발전한다. 부모-자녀관계를 바람직하게 유지하기 위해서 자녀에 대한 정신적 · 심리적 · 신체적인 발달을 이해하고 필요한 기술을 효율적으로 적용할 수 있는 기노트의 부모교육 효율성 프로그램은 다음과 같다.

① 떠들기

부모들이 자신의 자녀에 대한 불평과 좌절감, 죄책감과 같은 감정들을 자유롭게 표현한다. 서로의 자녀에 대한 감정표현을 통해 감정의 공유현상이 나타나고 공감대가 형성된다.

② 감수성 향상

부모 자신이 아동의 입장에서 자녀의 감정을 느껴 보도록 노력하는 것으로, 자녀에 대한 감수성을 높이는 단계이다. 자녀의 감정에 대한 이해는 자녀의 문제를 구체적으로 생각하고 이해하고 해결하는 데 도움을 준다.

③ 개념 형성

자녀의 문제행동에 대한 원인은 부모 자신이 자녀를 잘못 양육한 결과임을 인식하고 자녀행동에 대한 이해와 능력을 개발하고자 노력하는 단계이다.

④ 기술습득

자녀양육에 대한 이론과 습득한 기술들을 실생활에서 자녀에게 직접 적용해봄으로써 문제를 해결하는 단계이다. 실생활에 계속적으로 적용할 때 습득한 기술에 대하여 자신감과 만족감, 성취감이 생긴다.

부모가 자녀를 지도할 때에는 행동의 결과에 대해 알맞은 칭찬을 할 수 있어야 한다. 예를 들면, 칭찬을 할 때는 착하다, 예쁘다 등의 인성적인 평가가 아니라 아동의 행동과 노력에 대한 구체적인 칭찬이 필요하다. 만약 부모가 금지한 행동을 했을 경우 유아의 행동은 부모를 화나게 할 수 있지만, 자녀의 성격이나 인성을 공격하지 않으면서 자신의 감정을 나타낼 수 있어야 한다.

일시적인 기분에 의한 거친 말은 도움이 되지 않기 때문에 부모는 자녀를 지도할 때 사용하지 않는 것이 좋다. 체벌은 말로 이야기하는 것보다 효과가 적고 자녀에게 신체적 · 심리적 손상을 준다. 또한 즉각적으로 잘못된 행동에 대한 부모의 분노는 반발심을 갖게 하므로 아동의 잘못된 행동에 대해 구체적으로 잘못된 점을 이야기해야 한다. 또한 자녀에게 여러 가지 선택의 기회를 제공함으로써 자녀는 자신의 행동에 대한 결과에 책임을 지고 수용할 수 있도록 지도해야 한다.

(3) 부모효율성 훈련이론(PET)

고든(Gordon)이 개발한 부모효율성 훈련 프로그램은 정신분석학, 아동심리학, 민주적 부모교육이론, 인본주의 부모교육이론 등이 종합적으로 포함되어 있다. 이론적 배경은 로저스(Rogers)가 창안한 인간 중심 치료기법과 듀이(Dewey)의 문제해결을 위한 과학적 절차와 단계, 레비(Ivey)의 의사소통기법, 커호프(CarkhuS)의 조력기술들을 접목시켜 개발되었다.

고든은 부모가 자녀를 생산적이고 협동적이며 책임감 있는 시민으로 기르려면 부모-자녀관계가 애정과 존경에 바탕을 둔 따뜻하고 친절한 관계가 되어야 함을 강조했다. 부모효율성 훈련은 부모가 신이 아니라 한 인간임을 깨닫고 자신의 감정을 솔직히 표현하는 의사소통기술을 습득하는 것이다. 고든은 부모-자녀관계가 상호작용의 수준에 의해 결정된다고 보았기 때문에 부모와 자녀가 효과적으로 의사소통할 수 있는 방법을 집중적으로 다루고 있다. 이를 구체적으로 설명하면 다음과 같다.

① 수용성 수준 파악하기

부모는 자녀의 행동을 이해하기 위해서 자신의 수용능력을 파악해야 한다. 같은 자녀의 행동도 부모의 수용수준에 따라 바람직한 행동이 될 수도 있고 바람직하지 않은 행동이 될 수도 있다. 수용적인 부모는 융통성이 있고 인내심이 많은 데 비해, 비수용적인 부모는 자녀의 이상한 행동을 조금도 참지 못한다. 따라서 비수용적인 부모는 자녀의 행동을 더 문제화할 가능성이 높다.

수용영역과 비수용영역을 나누는 기준은 고정된 것이 아니고 자녀, 부모 자신, 환경에 따라 변화된다. 자녀에 대한 부모의 수용수준은 자녀의 성격이나 특성에 따라 영향을 받는다. 또한 부모 자신의 상태가 영향을 끼치기도 한다. 부모는 자녀의 행동을 이해하고 수용하는 자신의 수준이 어느 정도인지를 파악하여 수용하지 못하는 경우에 자녀에게 솔직하게 표현함으로써 좋은 관계를 유지할 수 있다.

② 문제의 소유자 파악하기

PET에서 가장 핵심이 되는 것은 문제를 누구에게 두느냐이다. 만약 자녀에게 문제가 있는 경우, 부모에게 문제가 있는 경우, 부모나 자녀에게 문제가 없는 경우 등 여러 가지 상황이 발생 가능하다. 먼저 문제가 누구에게 있는지를 파악하여 부모가 문제를 소유한 경우는 나-전달법을 통해 자신의 감정을 표현하고, 부모 자신의 문제를 해결하는 기술을 발휘해야 한다. 반면, 아동에게 문제가 있는 경우에는 적극적 경청과 정서적 수용을 통해 자녀가 스스로 문제해결을 할 수 있도록 한다. 또한 부모나 자녀에게 문제가 없는 경우는 그 상황으로 인해 갈등을 느끼고 좌절하기보다 부모-자녀관계를 증진하는 기회로 삼는다.

고든은 문제를 누가 가지고 있는가에 따라 대화의 유형이 달라져야 한다고 본다. 즉, 자녀에게 문제가 있는 경우 자녀를 주어로 하는 대화는 효과적이지 못하며, 적극적으로 듣는 대화를 해야 한다. 그러나 부모가 문제를 가지고 있는 경우 자신의 문제를 알릴 수 있도록 부모 자신을 주어로 하는 대화를 해야 한다.

③ 적극적 경청

적극적 경청은 자녀가 문제를 소유했을 경우 부모가 자녀를 돕기 위해 사용한다. 부모는 자녀의 이야기를 비판이나 판단 없이 있는 그대로 수용하고 자녀의 감정을 진심으로 이해하기 위해 경청한다. 그 다음 부모는 자신이 이해한 내용을 다시 자녀에게 전달하여 적극적이고 진지하게 의사소통에 참여한다.

적극적 경청에서는 부모가 자녀의 표현 뒤에 감추어진 의미를 파악해서 반영하는 것이 중요하다. 예컨대, 대화를 격려하는 소리나 몸짓은 문제해결을 돕는 방법이 된다.

④ 나-전달법

나-전달법은 자신의 느낌과 경험을 표현하는 의사소통방법으로서 수용할 수 없는 행동이나 상황을 진실되게 표현하는 것이다. 나-전달법은 자녀의 행동에 대해 자녀를 탓하는 것이 아니라, 네가 ~하면(자녀의 행동의 간략한 기술), 나는 ~라고 느낀다(결과적으로 경험하는 나의 감정 서술), 왜냐하면 ~ (그 행동이 나에게 미치는 구체적인 결과와 영향을 서술)이라는 방식으로 이야기한다(Gordon, 1975).

나-전달법은 부모, 자녀 모두에게 문제가 없을 때에도 사용할 수 있으며, 자녀와의 관계에서 미래상황에 대비해서 부모가 원하는 바를 자녀에게 전달할 수 있다.

⑤ 무승부법

갈등이 발생했을 때 무승부법은 부모-자녀 사이의 힘과 갈등을 줄여서 함께 문제를 해결할 수 있다(Hamner & Turner, 1985). 이를 간략히 나타내면 다음과 같다.

- **갈등 확인** : 부모와 자녀 간의 갈등요인이 무엇인지를 함께 확인하고 분명하게 밝힌다.
- **해결책 타진과 검토** : 확인된 문제를 어떻게 해결할 것인지 여러 각도에서 검토한다.
- **가능성 있는 해결책 평가** : 가능성이 있는 여러 형태의 해결책을 평가한다.
- **최상의 해결책 결정** : 최상의 해결방법을 결정한다.
- **결정된 해결책 시행** : 어떻게 수행할 것인지 구체적인 방법을 결정한다.
- **후속평가** : 선택된 시행방법과 선택한 일이 올바르게 되었는지 평가한다.

(4) 체계적 부모효율성이론(STEP)

체계적 부모효율성이론(STEP : Systematic Training for EfFective Parenting)은 딩크메이어(Dinkmeyer)와 멕케이(Mackay)가 드라이커스(Drurs)의 민주적 부모교육이론과 고든(Gordon)의 부모효율성 훈련의 장점을 종합해 개발한 프로그램이다.

STEP은 완벽한 부모는 없다는 것을 전제로 책임 있는 부모의 역할을 강조한다. 부모에게는 아동의 발달단계에 따른 지식과 자녀의 자존감을 증진시킬 수 있는 기술을 제공하고 부모로서 자신에 대한 긍정적인 태도와 부모역할에 대한 자신감을 갖도록 교육하는 프로그램이다. 부모들은 자녀를 양육할 때 권위를 바탕으로 보상과 처벌을 사용하지만, 이보다는 논리적 귀결방법을 사용하는 것이 바람직하다. 논리적 귀결은 복종을 강요하지 않고 아동에게 책임 있는 결정을 하도록 격려한다. 이러한 훈육방식은 아동 스스로 선택하게 하고 결정을 잘못 내렸을 때 그 결과를 통해 배우게 한다.

(5) 행동주의 부모교육이론

스키너(Skinner)가 1948년에 발표한 심리학적 이상사회에 관한 저서에서 유아발달, 부모-자녀관계의 발달, 부모의 역할을 기능적으로 훈련시키는 기술에 관하여 언급한 이후로 행동수정이론이 부모교육에 광범위하게 적용되었다. 기본가정은 인간의 행동이 학습의 결과라는 것으로 학습된 과정을 잊게 하거나 다시 학습시켜 인간의 행동을 변화시킬 수 있다는 것이다. 또한 학습은 개인과 환경의 상호작용의 결과이므로 행동 변화를 위해서 환경을 먼저 변화시켜 주어야 한다는 것이다.

자녀가 어떤 행동을 지나치게 많이 한다거나 적게 한다거나 혹은 바람직하지 못한 행동을 계속하는 경우 행동 유형을 관찰하고 자녀의 문제행동 또는 수정하고자 하는 행동을 관찰기록한 후에는 자녀의 행동목표를 설정하고 이에 맞는 구체적인 행동수정기법을 적용하는 것이다. 자녀의 바람직하지 못한 행동은 자아개념이나 부모의 애정결핍에서 오는 것이 아니라 학습이나 훈련이 부족하기 때문이라고 본다.

바람직한 행동에 대해서는 긍정적인 강화를 해주고 바람직하지 않은 행동에 대해서는 혐오자극이나 벌을 주는 방법을 통해 행동을 수정한다. 행동수정은 정적 강화, 부적 강화, 점진적 접근원리, 모방원리, 신호제시원리, 번별원리를 사용하여 새로운 행동을 만들고 대체원리와 간헐적 강화원리를 사용해 조성된 행동을 유지시키며, 포화원리와 소거원리를 사용해 부적절한 행동을 없애고, 회피원리와 공포감소의 원리를 사용해 원하는 행동을 만들거나 부적절한 행동을 하지 않도록 한다. 부모는 자녀의 모델이 되며 자녀에게 미치는 부모의 영향은 절대적이다.

행동주의 부모교육에서는 부모로 하여금 자녀의 문제행동을 변화시킬 책임이 있으며 이를 위한 행동수정기술을 습득해서 부모 자신이 변화될 수 있다는 것을 전제로 한다. 이를 정리하여 나타내면 다음과 같은 순서에 의할 수 있다.

① 목표행동 또는 문제행동의 선정과 정의

변화시킬 행동목표를 명확히 정의하고 관심과 측정이 가능한 구체적인 단위 행동으로 정의한다.

② 행동기록

목표행동 선정 후 일정 기간을 정하여 그 행동의 빈도 및 강도를 기록한다. 이는 행동 수정 실시 후 자녀의 행동 변화 평가와 환경적 요인과의 관련성을 파악하는 데 도움이 된다.

③ 행동분석

관찰된 자녀의 행동을 분석하는 과정으로 행동을 유발하는 자극과 행동 후에 나타나는 자극을 찾아내는 것이다. 행동을 유발시키는 자극과 행동을 증감시키는 강화의 역할을 하는 후속자극이 무엇인지 알게 되면 행동을 변화시킬 수 있다. 자녀가 그 행동을 주로 언제, 어디에서 하는지 얼마나 자주 하는지, 어느 정도로 하는지를 세밀하게 분석한다.

④ 강화와 벌

강화에는 정적 강화와 부적 강화가 있다. 정적강화는 바람직한 행동을 더욱 증진시키고자 할 때 칭찬, 미소, 선물, 좋아하는 음식, 미소 짓기, 쓰다듬기, 안아주기 등이 있으며, 스티커나 토큰 등을 사용할 수도 있다. 강화는 행동을 지속시키며, 벌은 행동을 감소시킨다.

부적 강화는 꾸짖음, 체벌, 싫어하는 일 시키기, 좋아하는 일 못하게 하기, 원하는 것에서 제외시키기 등이 이에 해당한다. 신체적 체벌은 가능한 사용하지 않는 것이 좋으며, 사용할 때는 아주 조심스럽게 해야 한다. 그리고 어떤 상황에서든지 모든 아이들에게 사용할 수 있는 벌에 대한 신호를 정해서 사용해야 한다.

이상과 같이 다양한 관점의 부모교육이론을 살펴보았다. 대부분의 부모들은 자신의 부모가 자신을 양육한 것과 같은 방법으로 자녀를 양육하려 하기 때문에 자녀와의 관계에서 많은 갈등을 겪는다. 부모-자녀관계의 어려움은 아동에 대한 이해가 부족하기 때문에 발생하므로 교육을 통해 부모가 아동의 행동과 아동의 입장을 이해할 수 있도록 돕는 것이다.

5 유아교육기관의 부모교육 실천방안

유아교육기관은 유아교육의 효과를 높이기 위해 가족과 동반자적인 관계를 유지하여 가족의 발달과 기능을 강화하도록 도와야 한다. 이를 위해 가족을 지원할 수 있는 다양한 형태(소극적인 부모교육, 적극적인 부모교육)의 종합적인 서비스 체계를 갖추고 있어야 한다.

1) 아동 중심으로 양육하고 교육할 수 있도록 해야 한다

유아교육은 유아가 행복한 삶을 추구할 수 있도록 돕는 것을 궁극적인 목적으로 한다. 아동 중심의 철학과 사고는 부모가 자녀를 교육하는 지표가 될 수 있다. 유아교육은 각 유아의 잠재적인 능력을 계발하고 심신의 안정을 제공하려는 일련의 노력으로 영재교육이나 특기교육으로 대체될 수 있는 것이 아니다. 따라서 유아교육이란 기초생활교육, 아동 중심 교육, 전인교육, 통합교육임을 부모가 인식하도록 도와야 한다.

유아기교육의 중요성, 각 성장 시기별로 요구되는 교육환경, 가정과 지역사회 환경요인이 유아발달에 끼치는 영향 등에 대한 정보를 접하도록 도움으로써, 부모가 아동 중심의 철학을 기반으로 정서적으로 안정된 자녀교육을 수행하도록 도와야 한다. 유아교육기관의 교육철학과 목적은 부모의 자녀교육에 대한 의견과 합의점을 찾고 갈등을 줄일 수 있도록 하며, 유아기 발달특성과 양육방법에 대한 정보를 제공한다. 이와 아울러 전문적 지식에 기초하여 자녀의 성장을 이해하고, 가정과 유아교육기관이 유아의 특성과 요구에 대해 의사소통함으로써 유아의 요구에 적절한 양육실제를 제공하도록 노력하는 등의 방법을 사용하여야 한다.

2) 가족구성원이 공동으로 자녀를 양육하고 교육할 수 있도록 지원한다

가정은 사회의 가장 기본 단위이다. 안정적이고 바람직한 양육은 부모 공동의 의무이자 책임이다. 바람직한 자녀양육은 가정과 사회의 안녕과 행복에 기초를 마련한다. 따라서 유아교육기관은 부부가 공동으로 자녀를 양육하고 교육할 수 있도록 적극적으로 지원해야 한다.

현대사회는 산업화와 도시화로 인하여 가족의 구조가 대가족에서 핵가족 형태로 변화되었으며, 가족구성원의 수도 감소하였다. 또한 여성의 사회진출과 여성의 역할에 대한 인식의 변화로 인하여 자녀양육은 부부의 공동역할로 부가되었다. 이러한 역할의 변화는 유아기 자녀를 둔 젊은 부모들이 현대사회의 가치와 신념, 생활방식에 어울리는 양육실제에 대한 정보를 알고 이를 실천할 것을 요구하고 있다. 아버지는 어머니 못지않게 자녀에 대한 애정을 지니고 있으며 자녀의 성장과 발달에 영향을 미치는 존재이므로 아버지의 역할 수행을 지원하는 프로그램은 자녀에 대한 이해 및 양육실제에 대한 질적 수준을 높이는 데 큰 역할을 한다.

3) 다양한 부모교육 프로그램을 계획 · 제공한다

부모교육은 보호자, 교육자로서 부모역할을 효율적으로 수행하는 능력을 기르는 데 초점을 맞추는 것으로, 자녀교육에 대한 부모의 기본 인식 태도의 변화를 초래하여 자녀를 양육할 때 적절하고도 새로운 방법을 적용하도록 도와주는 것이다. 따라서 부모에게 유아의 전인적인 성장과 발달에 관한 지식과 자녀양육이나 교육기술에 대한 여러 가지 정보를 제공한다.

부모교육의 목적은 부모로서의 효과적인 태도, 기술, 행동을 계발함으로써 유아의 발달을 최적화하는 것이다. 이와 같은 교육활동을 지원하기 위하여 다양한 대화의 기법, 활동내용, 교구제작 등의 실제적인 것뿐만 아니라 기본 소양을 높이고 유아에 대한 인식을 새롭게 할 수 있는 프로그램을 개발하는 등 그 범위가 다양하게 확대되어야 한다.

부모교육의 내용으로는 부모 · 자녀 간의 인지 정서적 관계에 대한 직접적인 정보나 지식을 전달하는 것으로 제한하지 않고 아동 및 배우자 학대, 가족영양, 건강, 의료, 소비자 경제, 시사, 여성, 주거, 환경문제, 기타 예술 및 문화, 교양 등을 포함한다. 부모는 부모교육을 통하여 유아의 행동을 관찰하는 방법을 배우고, 부모와 자녀관계에서 발생하는 문제행동을 예방하여 유아의 발달에 일익을 담당하는 데 도움을 받을 수 있다. 유아의 발달은 가정의 부모와 교육기관의 교사가 상호협력할 때에 극대화될 수 있기 때문이다.

부모를 위한 부모참여 프로그램의 형태는 다양하다. 가정통신, 부모회, 강연회, 토론회, 워크숍, 행사참여, 참관 등의 소극적인 형태로서 참여하는 것과 부모가 학급에 참여하여 교사 보조자나 지원자로서 봉사하는 좀 더 적극적인 형태의 부모참여가 있다.

적극적인 부모참여는 부모가 유아교육기관의 일상생활과정에 참여하여 어린이의 낮잠, 식사, 옷 입고 벗기, 씻기 등을 돕고, 자료를 제작하거나 제작과정을 돕고, 이야기 나누기, 음률활동, 자유놀이 등의 제반 교육활동에 참여하여 교사를 보조하는 것 등이다. 현실적으로 유아교육기관을 직접 방문하여 참여하기 힘든 부모는 직접 참여하지 않아도 편지나 전자우편을 이용하여 사회적 자원을 제공하고, 물품 구매 등의 다른 형태로 참여할 기회를 줄 수 있다.

4) 부모들이 유아교육기관과 관련이 있는 정책결정과정에 참여하게 한다

부모가 유아교육기관의 의사결정과정에 참여하는 것은 가장 진보된 형태의 부모참여이다. 부모는 유아의 보호자이며 대리인으로서 유아의 권리와 복지를 실천하기 위한 최선의 노력을 기울일 책임과 의무를 지닌 사람이다. 부모는 유아교육과 관련된 모든 의사결정과정에 참여하거나 의견을 제시할 수 있다.

의사결정과정은 유아교육 프로그램의 구성·조직·행정에 직접 참여하는 것으로, 부모-교사의 상호신뢰감과 협조체제의 형성이 필수적으로 요구된다. 유아교육기관의 운영자는 의사결정과정에 부모가 참여할 수 있는 범위를 사전에 정할 수도 있고 이를 부모와 의논하여 정할 수도 있다. 의사결정과정에서 중요한 점은 소수의 학부모의 의견이나 주장이라도 민주적인 절차를 통해 최대한 수렴해야 하며, 각 유아와 부모의 개별적인 요구가 가급적 많이 수렴되도록 한다.

5) 유아의 전인적인 성장과 발달을 위하여 부모의 역할이 중요하다

우리나라 유아교육은 본래의 뜻을 상실한 채 눈에 보이는 면만을 추구하는 경향이 있다. 우리나라의 지나친 교육열이 그만 어린이들을 작은 어른으로 자라게 한 것이다. 유아는 자기 나름대로의 세계가 있으며 그 안에 꿈과 희망을 담고 있다.

유아는 바른 인간으로 커 나가는 과정에 있으며 스스로 행복을 찾을 권리가 있다. 현명하고 사려 깊은 부모라면, 자녀에게 잠재해 있는 능력을 개발시켜주고 자녀가 정말 원하는 것을 가르쳐 스스로 행복을 찾도록 길을 열어줄 수 있어야 한다. 부모는 자녀가 스스로 자신감과 흥미를 갖고 능동적으로 자신의 발달단계에 적합한 행동을 할 수 있도록 도와주어야 한다.

자녀문제의 원인은 대부분의 부모들이 교육이란 오직 공부만 잘할 수 있게 하는 것이라는 잘못된 생각에 기인한다. 유아교육에서 중요한 것은 교육기관에서 활동하며 유아 스스로 마음속으로 생각하고 판단하는 것을 배우는 과정이다. 유아들은 친구들과 싸우지 않으며 사이좋게 놀 줄 아는 것, 거짓말을 하지 않는 것, 집안일을 돕고자 하는 것, 식사 전에 손을 씻는 것, 자기가 잘못했을 때에 사과하는 것 등의 작은 것들이다. 유아는 집안일을 돕고 청소나 심부름하는 것이 착한 행동이라고 배워, 어느 날 집에 오자마자 걸레나 빗자루를 들고 집안을 치우려고 한다. 이때 어느 부모는 성가시며 귀찮으니 공부만 하면 된다고 하기도 한다. 그러나 이런 부모는 진정으로 자녀가 무엇을 배우며 경험해야 하는지 진지하게 다시 한 번 생각해야 하겠다.

6) 가족 및 지역사회의 발달과 복지를 위해 함께 노력한다

유아교육기관은 지역사회의 일원으로서 지역사회의 발달과 복지를 실현할 의무를 지닌다. 교사는 유아교육기관이 지닌 정보, 자원을 효과적으로 활용하여 영유아, 가족 및 지역사회구성원을 지원하는 것이 바람직하다. 의료전문기관, 상담기관, 복지기관, 관공서 등의 지역사회기관들과 공동 협력하여 서비스가 필요한 영유아 및 가족을 지원하고, 가족발달을 촉진시키는 프로그램을 개발하여 제공할 수 있다.

또한 교육시설, 자료, 공간, 정보 등을 지역사회 구성원과 공유한다. 예를 들면, 지역사회 유아를 위한 놀잇감, 도서대여 프로그램, 영유아교육에 대한 강연이나 워크숍 등을 실시한다.

10장 유아교육기관 운영

10장
유아교육기관 운영

1 유아교육기관 운영관리의 의미

1) 유아교육기관 운영관리의 개념

운영관리란 조직체의 목적, 목표를 능률적이고 효과적으로 달성하도록 그 업무와 활동을 계획하고 조직하고 지시하고 조정하고 평가하는 과정이다. 어떤 기관의 목적이나 목표의 효과적 달성을 위해 그 기관에 소속된 사람, 시설, 환경 및 돈을 합리적이고 체계적인 방법으로 운용하는 것을 말한다.

유아교육기관 시설의 목적과 목표를 효과적으로 달성하기 위한 인적·물적·재정적·운영방법적 조건을 정비하고 운용하는 일'이라고 정의하였다. 유아교육기관의 목적이 유아에게 알맞은 교육환경을 제공해 유아를 교육하고 심신의 조화로운 발달을 돕는 것이고, 그 목표가 기본생활습관 형성, 더불어 사는 태도 형성, 자유롭고 창의적인 표현 습득, 올바른 언어 사용습관 형성, 주변 세계 탐구 및 자연 존중 태도 함양이라는 점을 감안할 때(김용숙, 2008) 이러한 목적과 목표달성을 위해서는 수많은 교사 및 지원인력, 적정한 수용 장소 및 교육활용 공간, 인적 및 물적 자원을 활용하는 데 소요되는 경비, 효율적 · 효과적 기관 운영관리 등이 복합적 시너지를 만들어 낼 수 있도록 해야 한다. 그러기 위해 유아교육기관의 운영관리는 반드시 필요하며 주목해야 할 점이기도 하다.

유아교육기관의 운영관리란 인적 · 물적 · 재정적 조건을 갖추고 교육의 목적, 목표를 달성하도록 인사, 시설, 재정, 교육과정, 학급, 기타 필요한 업무를 계획하고 실시하며 평가하는 과정을 말한다. 유아교육기관 운영관리의 영역별 주요 내용은 다음과 같다.

표 10-1 유아교육기관 운영관리의 영역별 주요 내용

영역	주요 내용
시설 · 설비관리	건물, 교실, 놀이터, 주변, 환경관리, 안전관리, 시설 · 설비의 구입, 수리, 유지, 관리 등
공간관리	환경구성 및 관리, 흥미영역의 구성 및 관리
교재 · 교구관리	교재 · 교구의 구입 및 관리, 시청각 교재 구입 및 관리 등
교직원관리	채용, 담임 배정, 업무분담, 교사연수, 근무평가, 장학지도 등
유아관리	입 · 퇴원, 그룹짓기, 출 · 결석, 가정환경 조사, 관찰기록, 생활습관지도 등
교육(보육)활동 운영	교육(보육)과정 운영, 연 · 월 · 일 교육(보육)계획 수립, 일과계획 및 운영, 행사계획 및 운영, 현장견학, 건강, 영양(급식, 간식), 안전, 청결, 절약관리 등
재정관리	예산편성, 교육(보육)비의 수납, 운영비의 지출, 회계장부 기록, 결산서 작성, 감사 등
사무관리	분담사무 수행, 서류관리, 문서처리 등
부모와의 협력	가정통신, 부모회 조직 및 운영, 부모교육, 상담, 부모참여 등
지역사회와의 협력	지역사회기관과의 협력, 관련 행정기관과의 협력, 견학기관과의 협력, 자원봉사자 모집 · 운영

2) 유아교육기관 운영관리의 필요성

유아교육기관은 규모가 비교적 작고, 교육활동이 단순하며, 전문성이 미약하고, 관찰이 용이하다는 몇 가지 특성을 지니고 있다. 따라서 일반인들이나 일부

원장들도 시설을 운영함에 있어서 합리적이고 체계적인 운영관리계획을 수립하거나 그 필요성을 느끼지 못하고 있는 것이 현실이다. 결과적으로 유아교육기관의 운영관리 현실은 합리성이 부족하고 일관성이 없을 뿐만 아니라 비체계적으로 운영관리되고 있다고 할 수 있다.

유아교육기관에 대한 정책의 수립은 정부정책이나 지방관할청의 책임이고, 그 정책의 실행이나 실천은 원의 경영자인 원장의 책임이다. 유아교육정책의 수립자와 실행자 간의 충분한 의사소통은 시설의 합리적 운영관리에 많은 도움이 될 수 있다. 이를 위해 원장은 정책의 바람직한 방향을 건의하고, 현행 정책의 모순점을 지적하며, 지역사회의 요구와 문제 등을 행정당국에 알려주어야 한다. 또한 행정당국은 보다 합리적인 유아교육정책의 마련에 노력하고, 현 정책의 문제점과 개선방안을 철저히 검토하고, 현장경영자들의 의견을 청취하며 존중하는 노력을 아끼지 않아야 할 것이다.

유아교육기관의 합리적이고 체계적인 운영관리는 유아교육의 목적달성에 필수적인 것이며, 교사와 유아 및 부모들의 요구를 만족시켜 주고 기존의 운영관리상의 문제점을 평가하고, 보다 나은 계획의 수립이나 개선에 도움을 준다.

3) 유아교육기관의 합리적 운영관리 고려사항

유아교육기관을 합리적으로 운영하기 위해 고려해야 할 사항은 다음과 같이 말하고 있다.

첫째, 유아교육기관은 타당성 있게 운영되어야 한다. 유아교육기관에서 설정한 목표를 달성하기 위해 교육계획을 세우고 실행하는 모든 운영관리활동은 타당성이 있어야 한다.

둘째, 유아교육기관은 민주적으로 운영되어야 한다. 민주적 운영을 위해서는 관리조직 및 관리과정이 민주적으로 이루어져야 한다. 즉, 원장의 독단과 편견을 배제하고 유아교육기관 운영에 원장 · 교직원 · 학부모가 함께 참여하고 공동 노력함으로써 합리적이고 체계적으로 운영될 수 있다.

셋째, 유아교육기관은 효율적으로 운영되어야 한다. 유아교육기관 운영에서 최소한의 노력과 경비 투자로 최대한의 효과를 거둘 수 있어야 한다. 그러기 위해서는 사람 · 자원 · 시간을 능률적으로 활용해야 한다.

넷째, 유아교육기관은 현실적 상황에 신축성 있게 적응해 나가도록 운영되어야 한다. 우리나라 교육기관은 시설, 설비의 미비 · 재정압박 · 교사 대 유아의 높은 비율과 교직원의 열악한 근무조건 등의 문제를 안고 있다. 이러한 현실에 적절히 적응할 수 있으면서 동시에 현대사회의 요구, 국가시책을 충분히 고려한 운영방안을 모색해야 한다.

다섯째, 유아교육기관은 장기적인 계획에 안정성 있게 운영되어야 한다. 또한 유아교육기관은 면밀한 장기계획에 따라 일관성 있게 운영되어야 한다. 각 교육기관의 교육철학이나 교육이념, 운영방침에 입각한 장기계획을 수립하고 이에 따라 안정성 있게 운영해야 한다.

여섯째, 균형성의 원리로 균형성의 원리는 균형적 판단의 원리로 운영에 있어 중요한 정책과 집행과정에 있어서 사물의 본말과 경중을 분별하여 우선순위를 밝히고, 노력과 경비의 공정한 분배를 기하여야 한다는 것이다. 균형성의 원리는 이상의 여러 가지 원리들을 수행할 때 이용하는 원리라고 할 수 있다. 운영의 실제에 있어서는 동일한 상황에 양립하는 원리들이 동시적으로 적용되는 경우가 많다.

4) 유아교육기관 운영관리의 강조점

유아교육기관의 궁극적 목적은 그 기관에 재원하고 있는 영유아의 전인적 성장발달을 최대한으로 도모하는 것이다. 이와 같은 목적을 효과적으로 달성하기 위하여 다음의 사항이 강조되어야 한다.

① 원장은 효율적인 리더십을 발휘하기 위해 부단히 노력하여야 한다.
② 교직원 사이의 화목한 인간관계가 중시되어야 한다.
③ 민주적인 의사결정의 과정이 존중되어야 한다.
④ 재정 운영에 있어서 절약하는 습관이 정착되어야 한다.
⑤ 교직원에 대한 재교육을 위해 노력하여야 한다.
⑥ 유아교육기관 교직원의 처우 개선에 노력하여야 한다.
⑦ 학부모의 의견을 적극적으로 반영하여야 한다.
⑧ 유아의 개인차를 존중하여야 한다.
⑨ 유아교육기관의 운영관에 있어 일관성 있는 정책이 필요하다.
⑩ 유아교육기관의 질을 높이기 위해 자체평가를 실시하여야 한다.

2 유아교육기관 인사관리

유아교육기관 교직원은 기관의 귀중한 자산이며, 교직원의 자질이 개선될수록 기관의 자산은 증대된다. 이러한 교직원의 인사관리는 어떤 영역에서 개선과 변화가 요구되는지를 규명하거나 교직원의 업무성취를 관리하는 데 필요한 정보를 제공하고, 적절한 급료정책 및 인사정책을 결정하는 데 유용한 정보를 제공하는 등의 역할을 한다.

유치원에서의 교직원 인사관리는 교직원이 자신의 역할을 충분히 할 수 있는 환경을 만들어 주거나 교직원의 자질 및 능력에 알맞은 영유아를 교육할 수 있도록 하는 하나의 방법으로 영유아의 발단단계 및 교육수준 등에 따라 적절한 자질의 교직원을 배치하고 과업을 수행할 수 있도록 하는 역할을 한다. 결과적으로 교직원의 인사관리는 영유아의 발달단계별 교육과정에 있어서 교사의 역할을 규정지어 줄 수 있는 하나의 척도이므로 유치원에서의 인사관리의 적절성은 평가되어야 한다.

유아교육기관은 여러 인적자원 중 특히 교원에 대한 인적자원 운영에 많은 관심을 두어야 한다. 이러한 인적자원 운영관리를 위해 교원을 확보, 배치, 관리하고, 이들을 위한 근무조건을 확립하여 전문성 향상을 위한 일련의 행정지원활동을 효율적으로 수행할 필요가 있다. 이것이 유아교육기관 원장에게 교원 운영관리능력이 요구되는 이유이다.

교원의 운영관리는 여러 가지 세부 활동으로 나눌 수 있는데, 유아교육기관의 교원인 교사의 운영관리능력의 실체를 명확히 파악하기 위해서는 먼저 관련 법령에 따라 운영관리의 대상이 되는 교사에 관한 제반 법조문에 대해 상세히 살펴볼 필요가 있다. 현행 「영유아보육법」에 기초할 때 교원의 운영관리의 세부 요소로는 교사의 배치, 직무, 임면, 결격사유, 자격 등을 들 수 있다. 이 세부 요소들에 대한 구체적 내용을 현행 「영유아보육법」 제3장에 명시된 조문에 따라 파악하면 다음과 같다.

첫째, 교사의 배치이다. 교사의 배치기준은 「영유아보육법 시행규칙」에 규정되어 있는데, 이 시행규칙 제10조 및 별표 2에 따르면, 만 1세 미만의 영아 3명당 1명을 원칙적으로 배치해야 한다. 만 1세 이상 만 2세 미만의 영아 5명당 1명, 만 2세 이상 만 3세 미만의 영아 7명당 1명, 만 3세 이상 만 4세 미만의 유아 15명당 1명, 만 4세 이상 미취학 유아 20명당 1명을 원칙적으로 배치해야 한다. 이 경우 유아 40명당 1명은 보육교사 1급 자격을 가진 사람이어야 한다. 아울러 취학아동 20명당 1명을 원칙적으로 배치하되, 장애아보육은 장애아 3명당 1명을 원칙적으로 배치하되, 장애아 9명당 1명은 특수교사 자격소지자로 배치해야 한다.

둘째, 교사의 직무이다. 교사는 「영유아보육법」 제18조에 따라 영유아를 보육하고 유아교육기관 원장이 불가피한 사유로 직무를 수행할 수 없을 때 그 직무를 대행해야 한다. 이러한 대행 직무는 유아교육기관의 총괄과 직원에 대한 지도·감독을 포함한다.

셋째, 교사의 임면에 관한 사항이다. 유아교육기관의 원장은 「영유아보육법 시행규칙」 제11조 제3항과 별표 3에 따라 교사를 공개경쟁을 통해 채용해야 한다. 또한 원장은 교사 채용 시 임금, 근로시간 및 그 밖의 근로조건을 명시한 근로계약을 체결해야 하고, 법정 서류를 제출해야 한다. 원장은 교사 결원 시 1개월 이내 채용을 해야 하고, 보육 등 아동복지에 관련된 학과의 학생 또는 육아 경험이 있는 여성들을 자원봉사자로 활용할 수 있다. 아울러 유아교육기관의 원장은 「영유아보육법」 제19조에 따라 보육교사 임면에 관한 사항을 특별자치도지사 · 시장 · 군수 · 구청장에게 보고해야 한다.

넷째, 교사의 결격사유이다. 유아교육기관의 원장은 「영유아보육법」 제20조 제1호에 따라 미성년자 · 금치산자 · 한정치산자, 정신질환자, 마약 · 대마 · 향정신성의약품 중독자, 파산선고 후 복권되지 않은 자, 금고 이상의 실형 선고를 받고 그 집행이 종료되거나 면제된 날부터 3년이 경과되지 않은 자, 금고 이상의 형의 집행유예를 선고받고 유예기간 중에 있는 자 등을 채용해서는 안 된다. 또한 유아교육기관의 원장은 「영유아보육법」 제20조 제2호에 따라 교사가 업무수행 중 그 자격과 관련해 고의나 중대한 과실로 손해를 입힌 경우, 보수교육을 연속해 3회 이상 받지 않은 경우로 인해 자격이 정지되었을 때 채용해서는 안 된다. 유아교육기관의 원장은 「영유아보육법」 제20조 제3호에 따라 거짓이나 부정한 방법으로 자격증을 취득하거나 고의나 중대한 과실로 손해를 입히고 금고 이상의 형을 선고받거나 기타 일정한 자격정지처분을 받아서 자격이 취소된 후 1년이 경과하지 않은 교사를 채용해서도 안 된다.

다섯째, 교사의 자격이다. 유아교육기관의 원장은 「영유아보육법」 제22조에 따라 보건복지부장관이 자격을 검정하고 자격증을 교부한 교사를 채용해야 한다. 이상과 같이 교원의 운영관리의 세부 요소에 해당하는 교사의 배치, 직무, 임면, 결격사유, 자격 등을 법적 기준에 맞춰 제대로 이행하는 것이 유아교육기관 원장의 교원 운영관리능력이라 할 수 있다. 이와 더불어 교원의 운영관리는 유능한 적임자를 선정하여 기관의 적절한 위치에 배치하여 각 개인의 능력을 최대한 발휘하게 함으로써 기관의 목표를 달성하도록 이행되어야 한다. 아무리 법적 기준에 맞춰 운영관리를 한다고 하더라도 바람직한 절차에 따라 이행되지 않는다면 그 운영관리의 내용이 부실해질 수 있기 때문이다. 그러기 위해서는 법적 기준에 포함되지는 않지만, 승진이나 근무평정, 교원연수, 보수와 근무조건 등의 적정성 보장을 위해서도 많은 노력이 필요하다.

승진제도는 조직구성원에게 최선을 다하게끔 자극하고 신규 채용 시 강한 유인작용을 하며, 전체적으로 재직자들의 사기를 높이고 안정된 인력체계를 형성한다는 강점을 가지고 있다(강성인, 1983).

근무평정제도는 근무실적을 체계적이고 정기적으로 감독자가 평가함으로써 교원의 배치, 전보, 감원, 승진 등 순위를 결정하는 선별적 기능을 하고, 교원 개인의 능력, 발전, 동기유발, 직무수행능력 향상의 순기능을 가지고 있다(홍순억, 1988). 교원연수는 교직에 종사하는 교사들의 전문성발달을 도모하여 적정한 교육을 실현하기 위해 필수적인 요소이다(이은화 · 배소연 · 조부경, 1995). 보수는 특정 직종에 종사하는 사람들을 판단하고 인식하는 하나의 기준이 되고, 직무만족과 밀접한 관계를 맺고 있다(임재택, 2000). 따라서 보수는 직무에 대한 가치 판단으로 이어지고, 근속과 사직의 결정조건이 되기도 하므로 교원 운영관리의 필요충분조건이라 할 수 있다. 기타 근무조건으로서 복리후생제도 등과 같은 부수적 제도도 직무에 대한 가치 판단이나 근속과 사직의 결정조건으로 작용할 수 있으므로, 이에 대한 체계적 · 조직적 관리도 필요하다.

이상과 같이 유아교육기관의 원장은 교원 운영관리능력을 효과적으로 발휘하기 위해 관련 법에 따른 제반 규정을 준수할 필요가 있고, 이와 함께 법적 기준으로 정하지는 않았지만 일반적인 인사관리의 여러 방법적 기제 또한 적절히 운용해 나가야 한다. 유아교육기관의 원장이 교원 운영관리능력을 효과적으로 발휘할 수 있어야 유아교육기관 현장의 교사들은 사기앙양과 의욕 환기가 가능하고, 쾌적한 근무조건이 조성되어 있다는 인식을 갖게 되어 결과적으로 교육의 질을 높일 수 있는 것이다.

3 유아교육기관의 재정관리

1) 유아교육기관 재정관리의 의미

유아교육기관의 재정관리란 유아교육기관을 한 단위로 하여 교육활동에 사용하는 경비를 조달하고 운영하며 평가하는 것을 의미한다. 유아교육기관의 효율적인 운영을 위해서는 적정 수준의 재정적인 뒷받침이 있어야 하고, 확보된 재정을 적절하게 운영하는 것이 필요하며, 유아교육의 질적 수준은 유아교육기관의 재정능력에 달려 있다고 해도 과언이 아니다. 유아교육기관 재정관리의 성격은 다음과 같다.

첫째, 공경제의 성격이다. 교육이 공공성을 띠고 있으며 국민 전체의 공동복지를 향상시킨다는 입장이다. 따라서 교육경비의 확보 및 수립 등은 공경제의 원칙에 의해서 이루어진다.

둘째, 수단적 성격이다. 교수나 학습의 목표를 달성하기 위한 수단으로 사용되는 것이지 교육재정 그 자체가 목적이 아니라는 뜻이다.

셋째, 교육경비 조달과 운용의 성격이다. 교육재정이 교육활동에 필요한 경비를 조달하고 보관하며 운용함으로써 교육목표달성을 효과적으로 실현하려는 것을 기본 목적으로 하고 있다는 것을 의미한다.

넷째, 장기적 투자의 성격이다. 교육의 특수성으로 인하여 장기적 투자이며 그 성과를 평가하기가 어려운 특성을 내포하고 있다. 특히, 유아교육의 효과는 모든 학교를 졸업한 후 전 생애를 통해 장기간에 걸쳐 나타나고, 그 성과를 측정하는 데 제한점이 있기 때문에 유아교육에 투입되는 재정은 비생산적인 투자로 오해되기도 한다.

유아교육의 질적 수준은 유아교육기관의 재정확보능력에 의해 결정된다고 해도 지나치지 않다. 시설의 원장이나 교사의 교육계획이 아무리 훌륭하다 하더라고 그것을 뒷받침해 줄 수 있는 재정이 확보되어 있지 않으며 그 실효를 거두기가 어렵다. 그러므로 오늘날 교육활동도 다른 분야의 활동과 마찬가지로 건실한 재정적 기반의 조성이 필수 불가결한 요건이다. 유치원 재정의 특징은 다음과 같다.

첫째, 교육비의 확보 및 지출은 공경제의 성격을 띠며 수입, 보관, 지출은 합법적 절차로 운영되어야 한다.

둘째, 유치원 재정은 교육목표달성을 위한 유치원 경영관리활동이 수단적인 성격을 띠고 있다. 유아교육비에 대한 산출효과는 장기적이다. 유아기에 투입되는 교육비의 효과는 장래에 더 큰 생산에 기여할 수 있는 인력을 길러내게 된다는 점을 중요하게 인식해야 한다.

2) 유치원의 재정관리

유아교육기관 경영자는 예산정책의 결과를 알고, 세밀한 회계기록으로 세입과 세출에 대해 파악할 뿐만 아니라 예산계획에 적용할 수 있어야 한다. 성공적인 재정관리를 위해서는 정확한 예산편성과 지출이 따라야 한다. 유아교육기관 경영을 위해서는 세금 잡부와 예 · 결산 보고서를 위해 재정관리업무에 대한 기초 정보를 기록해 두어야 한다.

재정문제에 대한 사전 계획 양식을 활용한다. 경영자는 이 양식을 정하기에 앞서 교육청에서 제시하는 양식이나 시 · 도의 보육사업지침에 제시되는 양식을 참조하여 정한다. 급료 지불부(봉급 지급표), 물품 매입품의 및 요구서, 주문서, 청구서, 영수증 철 등의 재무기록보관철도 준비하여 둔다.

유아교육기관의 예산편성 업무절차는 다음과 같다

- 1단계 : 다음 해에 교육목표에 따른 교수-학습활동 및 행사계획을 위한 모든 경비 지불 항목을 열거한다.
- 2단계 : 각 항목별로 소요 경비를 산출한다.

- 3단계 : 수입이 될 재원을 정한다.
- 4단계 : 수입과 지출을 비교 검토해 본다.
- 5단계 : 교직원 회의를 통하여 경비와 유아교육기관의 목표에 따라 우선적인 항목을 정한다.
- 6단계 : 수입과 지출의 균형을 맞춘다.
- 7단계 : 예산 재평가, 예를 들어 실천성 없는 기금 모금 수입 등은 제외시킨다.
- 8단계 : 협의와 수정 절차를 걸쳐 확정한다.

4 유아교육기관의 사무관리

1) 유아교육기관 사무관리의 의의

유아교육기관의 사무관리는 주로 유아들을 교육하는 과정에서 수반되는 제반기록을 관리하는 데 크게 의미를 둔다. 사무관리의 등장은 교육활동의 규모가 커지고 그 내용이 복잡해짐에 따라 새로운 부분 영역으로서의 관리활동으로 간주되고 있다.

유아교육기관의 사무관리는 유아교육활동의 수행과정에서 수반되는 제반 기록과 장부의 작성 및 보관, 공문서와 재고의 처리 등 문서관리를 집행하고 처리하는 업무를 의미한다.

표 10-2 **회계 관련 장부**

번호	분야	대장, 문서, 기록
1	법령, 공문서	유치원 관계법규, 영달문서, 공고문서
2	원칙	유치원 내부 규정철
3	교육활동계획	• 교육계획철(연간, 월, 주, 일 교육계획 및 실행결과 기록) • 행사계획철(소풍, 운동회, 생일축하, 현장견학 등의 계획 및 실행결과 기록)
4	지도기록	가정연락부, 증명서 교부대장, 졸업증서 대장
5	원아출석	출석부, 출석상황 일람철, 장기결석자 조사철
6	직원명부	• 직원명부, 직원이력서철, 학급담임 일람표 • 직원조직 일람철, 임용철, 구직원 이력서철 • 인사관계철, 증명서 교부대장
7	유치원 일지	• 유치원 일지, 학급일지, 직원회의록 • 유치원 참관자 명부, 유치원 자원봉사자 명부
8	조사통계	교육통계철, 출석통계철, 표준화검사철, 유치원연혁사
9	경영관리	• 사무분담 기록부, 시설설비 점거부, 관련 단체 연락부 • 문서발송철, 문서접수철, 전화 팩스 송수신대장 • 타 시설 참관 보고철, 원장회 기록부, 장학지도 기록부
10	경리	• 재산대장, 예산서철, 결산서철, 경리부, 영수증철 • 물품구입대장, 계약서철, 비품대장, 소모품대장 • 교재교구 목록철, 물품 인수부, 봉급대장, 여비청구서철
11	위원회, 부모회	회의록철, 규약철, 사무처리부, 간부일람표, 경리부

문서관리의 활동은 주로 영유아의 보호, 교육업무와 제반 문서의 수신, 발송의 처리에 관한 일반적 업무의 두 가지로 구분된다. 여기서 보육시설의 보육업무에 관한 기록은 생활기록부 영유아 보육일지, 보육계획안, 출석부, 영유아 신체검사표, 영유아 행동관찰표 등의 기록과 보관을 의미하며 일반적 업무에 관한 기록은 입소신청서명부, 보육료 불입통지서, 각종 행사계획서, 비품 및 소모품대장, 종사자 인사기록카드, 각종 회계 관련 장부 등의 기록과 보관을 의미한다.

5 유아교육기관 시설 · 설비관리

1) 시설 · 설비의 중요성

교육환경은 크게 인적 환경과 물리적 환경으로 나누어진다. 인적 환경이란 교사, 부모, 또래집단, 교직원 등과 같이 인적 요소를 포함하는 환경을 말한다. 그리고 물리적 환경은 건물, 교지, 운동장, 실외 놀이시설, 실내외의 각종 설비, 교재 · 교구 등의 물리적 요소를 포함하는 환경을 말한다. 유치원의 시설 · 설비는 그 자체가 유아교육의 물리적 환경으로서 유아교육에서 중요한 기능을 한다.

유아교육기관의 시설은 유아들이 신체적으로나 심리적으로 안정감을 느끼고 편안하게 생활할 수 있도록 부드럽고 온화한 분위기로 만들어져야 한다. 유아교육시설은 아늑하고 쾌적한 몇 개의 방, 흙 · 잔디 · 모래 · 시멘트길이 마련된 실외 놀이터, 동식물 사육장이나 정원시설, 실내외의 화장실과 세면장, 간식과 식사를 위한 주방시설, 카펫 · 방석 · 보관장 · 소파 등의 가구나 비품이 있는 실내 공간, 다양한 학습활동이 이루어지는 교육활동도 다른 각급학교의 교육활동과는 많은 차이가 있기 때문에, 시설과 설비도 그러한 교육의 방향과 목적에 따라 알맞게 계획 · 운영되어야 한다.

2) 유아교육기관의 시설 · 설비특성

(1) 유아교육기관의 실내공간 구성

유아교육기관의 실내공간은 크게 시설의 운영과 사무행정을 위한 행정관리 영역, 아동을 보육하는 보육영역 그리고 시설 내의 각종 프로그램을 지원하는 서비스 영역으로 구분할 수 있다.

모든 보육공간은 홈베이스 공간과 놀이·학습영역으로 구성된다. 홈베이스 공간은 주로 주거 내의 일상생활 행위가 일어나는 공간으로, 하나의 집중된 영역으로 제공될 수 있으며 기능별로 분산 제공될 수도 있다. 또한 놀이·학습 영역은 보육실 내에 한꺼번에 제공될 수도 있으며, 특정 영역은 보육실 외 별도 공간으로 제공될 수 있다. 유아교육기관에서는 이러한 분류를 참고하면서 각 시설의 여건과 프로그램의 특성에 따라 실제 공간 구성을 할 필요가 있다.

① 원장실

원장실은 원장이 시설의 운영 및 관리를 위한 사무를 보는 공간으로 교사회의나 부모상담을 위한 장소로도 활용된다. 따라서 원장실은 사무관리의 효율성, 교사와의 상호작용, 전반적인 아동의 보호 및 감독에 적절하도록 공간 배치가 이루어져야 한다. 사람과 사무집기들이 모두 수용될 수 있도록 공간의 크기가 충분해야 하며, 아동에 대한 보호와 감독을 위한 전반적인 환경을 파악할 수 있도록 가시성이 제공되어야 한다.

② 교사실

교사실은 교사들이 활동을 준비하거나 학습자료를 제작하고 회의를 하며 휴식을 취할 수 있는 공간으로서, 유아교육기관의 또 하나의 주체인 교사를 위한 중요한 부분이다. 교사실에는 작업공간과 수납공간, 간이부엌, 휴식용 소파 등이 있는 휴식공간이 제공되어야 하며, 보육실이나 교재실로의 접근성이 용이한 반면 아동으로부터는 적절한 분리가 이루어져서 교사가 충분히 휴식하고 업무에 집중할 수 있도록 계획되어야 한다.

교사가 보육의 질에 미치는 영향을 고려할 때, 적절한 교사공간의 제공은 교사의 피로회복과 업무 효율성을 높임으로써 교사의 보육활동 및 아동과의 상호작용을 보다 바람직한 방향으로 지원할 수 있다.

③ 사무실

사무실은 학부모 및 입소 가능 아동과 방문객을 반갑게 맞아들이고 그들에게 어린이집을 소개하고 상담과 접수 등의 어린이집 업무를 보는 장소다. 부모와 아동이 처음 어린이집을 방문했을 때 사무실이 즉각 눈에 띄면 덜 혼란스럽고 안도감을 느낄 수 있을 것이다. 사무실은 행정업무를 용이하게 처리할 수 있고, 어린이집에 대한 정보를 제공하기 쉬우며, 출입자를 쉽게 관찰하고 접근할 수 있는 곳에 위치하는 것이 좋다.

④ 자료실

자료실은 아동용 교재·교구나 학습자료를 보관하고 진열·게시하는 장소로 보관자료를 주제나 내용별, 재료별, 계절별, 사용 빈도별 등 체계적으로 진열함으로써 보육활동에 효율적으로 사용할 수 있도록 해야 한다. 자료실을 확보하여 자료를 관리하면 보유하고 있는 자료를 체계적으로 정리할 수 있다. 자료실에는 자료의 보관뿐만 아니라 자료의 탐색행위도 수용되어야 하므로, 교재를 미리 실험해 볼 수 있는 영역이 제공되어야 하며 성인용 의자 및 테이블도 설치되어야 한다.

⑤ 영아실

영아실은 영아가 주로 활동을 하고 생활하는 곳으로 환경구성이 영아에게 적합하려면 영아의 세 가지 기본 욕구, 즉 움직이려는 욕구, 안정감을 느끼려는 욕구, 자신감을 느끼려는 욕구를 만족시켜야 한다. 영아를 위한 환경은 가정과 같은 분위기로 채광이 잘 되는 곳에 안전하게 꾸며져야 한다.

영아에게 필요한 시설은 놀이공간, 휴식공간, 먹고 자고 씻을 수 있는 공간 등이다. 아울러 학습과 발견의 기회를 제공할 수 있도록 넓고 다양한 질감을 느낄 수 있는 공간이어야 한다. 눈으로 살펴보고 던지거나 눌러보는 등 가지고 놀 수 있는 다양한 놀잇감이 제공되어야 한다. 놀잇감은 영아의 독립심을 길러

주기 위하여 영아가 사용하고 싶을 때 쉽게 꺼내고 넣을 수 있도록 잘 정돈되어 있어야 하며, 각 영역은 전체를 교사가 잘 보고 관리할 수 있도록 계획되어야 한다.

⑥ 유아실

유아실은 유아가 작업과 놀이를 하면서 하루의 대부분을 보내는 곳으로 시설에서 가장 핵심적이고 중요한 공간이다. 유아실은 유아의 움직이려는 욕구, 안정감을 느끼려는 욕구, 자신감을 가지려는 욕구 등을 만족시켜 줄 수 있어야 한다. 유아실에서는 교육과 함께 일상적인 생활이 이루어지므로, 교육적인 환경의 구성은 물론 가정과 같은 분위기를 갖는 것이 유아의 정서적 안정을 위해서도 중요하다.

유아실 구성은 개개 유아의 개별적인 활동을 적극 지원하면서도 교사의 유아관리가 용이하게 하는 것이 중요하다. 이를 위하여 실내는 전체 영역을 한눈에 볼 수 있도록 개방적으로 구성하고 보이지 않는 구석진 공간이 없게 한다. 또한 개별 활동과 소집단활동이 이루어지도록 구성하되, 필요에 따라 대집단활동도 가능하도록 공간을 조성하는 융통성이 있어야 한다.

유아실 내의 영역 배치는 놀이 및 학습활동의 성격과 영역에서 발생하는 소음의 정도에 따라 서로 방해되지 않도록 배치하는 것이 중요하다. 즉, 정적인 영역과 동적인 영역 그리고 물이 필요한 영역과 건조한 영역으로 구분하고, 상반되는 영역은 서로 거리를 두어 배치하는 등 활동의 성격과 연계 가능성을 고려하여 구성해야 한다.

⑦ 화장실

화장실은 아동들로 하여금 배변에 대한 긍정적인 감정을 갖도록 하는 데 중요한 역할을 하는 공간으로 통풍과 채광이 잘 되어야 한다. 변기는 유아용으로 설치하되, 여아용(10명당 1개)과 남아용(15명당 소변기, 대변기 각 1개)을 설치하고 문은 설치하지 않아도 된다. 세면대는 유아 10명당 수도꼭지 1개를 설치기준으로 하며, 냉수와 온수 사용이 가능하도록 한다.

세면대의 높이는 유아가 서서 편안히 씻을 수 있을 정도로 한다. 별도의 욕실이 없는 경우 화장실 한쪽에 샤워 겸용 수도와 욕조를 준비해 둔다. 화장실 바닥은 미끄러지지 않는 타일을 사용하고 발이 젖지 않도록 깔판을 깔아 주는 것이 바람직하다.

⑧ 유희실

유희실은 일종의 실내 놀이터라고 할 수 있다. 유희실은 동적인 활동이나 대집단활동 장소로도 사용되고, 강당이 없는 경우 부모교육 장소나 입학식과 졸업식 장소로도 사용된다. 유희실은 보육실보다 면적이 넓어야 하며, 실내 공간 면적의 여유가 있으면 1층이나 2층에 두지만 지하층에 두는 경우도 많다.

유희실은 환기와 채광이 잘 되어야 하며 바닥재는 탄력성이 좋고 청소가 쉬워야 한다. 또 내구력이 있고 소리가 적게 나는 것이 좋으며, 적절한 보온을 유지하고 미끄럽지 않아야 한다. 기본적으로 갖추어야 할 설비는 안전 미끄럼틀, 텀블링, 매트, 유아용 농구골대, 유아용 샌드백, 모래상자와 놀이기구 등이 있다.

⑨ 현관 앞 공간

현관 앞 공간은 어린이집을 들어오고 나가는 것과 직접적인 관련성이 있는 실외 영역으로 아동이 부모와 헤어지고 지역사회와 유아교육기관을 연결하는 환경적 전이공간의 일부라고 할 수 있다. 이 공간은 처음 유아교육기관을 오는 아동의 두려움을 없애는 데 중요한 역할을 하는 곳이므로 편안하고 즐거우며 환영받는 듯한 느낌을 지닐 수 있도록 해 주어야 한다. 부모의 차 또는 유아교육기관 차에서 내린 후 아동이 비, 바람, 햇볕 등으로부터 보호받기 위해 주차공간이나 유아교육기관 진입으로의 이동이 용이하도록 해주어야 한다.

⑩ 현관

현관은 유아교육기관의 내부 공간과 외부 공간을 연결하는 환경적 전이공간으로서의 기능을 수행한다. 즉, 현관은 유아교육기관을 찾아오는 사람을 환영하고, 유아교육기관의 여러 면을 소개하기 위한 영역이다. 현관은 아동들이 아침에 부모와 헤어져 교사와 친구들을 만나는 곳이며, 오후에는 다시 부모를 만나 집으로 돌아가는 공간이다.

현관은 아동들에게는 즐겁고 돌아가고 싶은 곳이라는 인상을 주고, 부모에게는 우리 아이를 보낼 만한 곳이라는 믿음을 전달하는 곳이어야 한다. 아동들의 미술작품을 전시해 놓거나 실내 놀이공간을 볼 수 있도록 하는 방법도 있다. 우리나라의 경우 신발을 현관에서 벗고 맨발로 실내에서 생활하는 문화이기 때문에 현관에 신발장을 설치해야 한다.

⑪ 양호실

양호실은 아동이 아플 경우나 감염이 우려되는 경우 쉽게 격리되어 쉴 수 있으며, 필요하면 간단한 치료를 받고 보호자가 올 때까지 간호를 받는 곳이다. 양호실은 아동이 고립감을 느끼지 않도록 다른 아동 활동공간과의 시각적 연계성을 유지하며, 조용하고 쾌적하면서 집과 같은 분위기가 느껴지게 한다.

원아 수 100명 이상인 대규모의 유아교육기관에서는 아픈 아동을 돌볼 수 있는 간호사나 간호조무사를 상주시켜야 하며, 소규모 유아교육기관은 성인의 감독하에 아동이 쉴 수 있는 간이침대를 원장실이나 사무실 또는 교사실에 둘 수 있다.

⑫ 부모 · 방문객 공간

부모나 방문자들이 아동을 기다리거나 잠시 머물 수 있는 공간이 반드시 어린이집 내에 계획되어 있어야 한다. 이 공간에서 부모들은 다른 부모들과 서로 만나고 교사로부터 아동의 성장과 발달에 관한 이야기를 들을 수 있다. 부모 ·

방문객을 위한 공간은 아동의 놀이공간으로 들어가는 통로상에 위치해야 하며, 모든 부모들이 쉽게 이용할 수 있도록 개방되어야 한다. 부모·방문객 공간은 어린이집의 진입부나 사무실 또는 교사실과 연결되도록 하는 것이 좋다.

⑬ 부엌

유아교육기관에서는 아동에게 식사와 간식을 제공해 줄 수 있는 부엌공간이 필수적이다. 부엌에서는 조리뿐만 아니라 식품 및 조리기구의 수납행위가 이루어진다. 부엌에서는 위험한 시설과 설비가 많고 불을 사용하는 만큼 아동들의 놀이공간과는 확실하게 구분되어야 한다.

부엌은 조리실 내부의 청결한 사용을 위해 내부가 보일 수 있도록 계획하며, 벽면과 바닥은 방수와 청소가 용이한 특수처리를 한다. 배수구에서는 냄새가 올라오지 않도록 냄새방지를 위한 특수장치를 하고, 환기시설과 소화기를 설치하며 더운 음식과 찬 음식을 모두 준비할 수 있는 시설을 마련한다.

⑭ 세탁실

미술활동, 모래놀이, 찰흙놀이, 물놀이, 식사 등의 활동으로 인해 아동의 옷이 젖거나 더러워지는 경우가 많다. 특히, 영아들은 매일 기저귀 갈기, 대소변 실수로 인하여 담요나 이불, 옷을 적시는 경우가 많다.

아동의 옷이나 기저귀 세탁뿐만 아니라 이불, 커튼 등을 깨끗하게 유지하고, 아동들이 매일 사용하는 수건, 더러워진 교구나 장난감을 세탁하고 건조할 수 있도록 독립된 세탁실을 마련하는 것이 바람직하다.

(2) 환경 설비

① 채광과 조명

채광과 조명은 유아의 시력에 영향을 줄 뿐 아니라 감각기관을 통해 구체적인 물체와 상황에 대한 개념을 획득하기 위해 사물을 정확히 보아야 하는 유아에게는 학습의 중요한 조건이 된다.

자연 채광을 충분히 받기 위해서는 창가에 햇빛을 차단하는 장치를 제거하고 활동실 벽면에 창을 내어 자연 채광을 받을 수 있는 면적을 넓혀야 한다. 낮에는 가능한 한 자연 채광만으로도 활동실이 밝아야 하며 벽면의 색채를 조절함으로써 자연 채광의 효율을 높일 수 있어야 한다. 자연 채광만으로 밝기가 충분하지 못할 경우 조명시설로 밝기를 조절해야 한다.

② 바닥

영유아들은 대부분의 활동을 바닥에서 하기 때문에 바닥계획과 바닥자재 선택을 신중히 해야 한다. 바닥 디자인을 할 때는 다음과 같은 조건을 고려한다.

첫째, 미끄러지지 않아야 하며 촉감이 따뜻하고 차갑지 않아서 영유아에게 최대한의 쾌적감을 주어야 한다.

둘째, 세균 보유를 최소화하고 유지·관리가 용이해야 한다.

셋째, 낙상사고를 최소화하고 바닥 소음을 최소화해야 한다.

넷째, 넘어지는 사고를 방지하기 위해 주요 통로는 바닥면의 높이차를 최소화하도록 계획한다.

다섯째, 가구의 분산을 최소화해 작업과 놀이를 위한 바닥표면 공간을 최대화한다.

소음이 많이 나는 장소(예 : 블록영역)에서는 카펫을 사용하는 것이 좋으며, 바닥자재는 탄력성이 있어 발디딤이 좋고 청소하기 쉬워야 한다.

③ 교실의 벽

벽은 게시판이나 다른 자료를 쉽게 붙일 수 있는 표면재료를 사용하는 것이 바람직하다. 벽의 일부에 코르크로 된 압정용 게시벽을 두면 전시 목적으로 활용하기가 좋다. 게시판은 유아의 키 높이에 있어 유아가 전시물을 볼 수 있고 유아 자신이 만든 것을 게시하기 쉬워야 한다.

④ 창문

채광, 환기, 방음, 온도조절 등과 같은 창문의 기능을 효율적으로 하기 위하여 다음과 같은 점을 고려하여야 한다.

창문의 높이가 적절해야 한다. 창문은 유아가 바닥에 서서 밖을 내다보기에 편한 높이여야 한다. 너무 낮을 경우 실내 활동에 방해가 되므로 유아의 신체 상황을 고려할 때 3~4세는 50~60cm, 5세는 60~70cm 정도가 바람직하며 환기를 위하여 실외 놀이시설과 인접한 벽은 가능한 남향으로 하고 그 전면에 창을 낸다. 넓은 면적의 창이 너무 낮게 설치된 경우 유아의 활동과정에서 파손되는 위험이 따르고 너무 투명한 창일 때에는 부딪칠 위험이 있으므로 이에 대비하는 것이 필요하다.

⑤ 온도 및 습도

유아들은 날씨의 변화에 매우 민감하므로 습도와 온도를 조절하여 신선한 공기를 제공하여야 한다. 습도가 높은 경우에는 제습기, 건조한 경우에는 가습기를 틀어 조절해야 한다. 적절한 온도는 겨울철에는 18~23°이고, 여름철에는 20~26°이며, 습도는 60~70%이다.

⑥ 방음

소리가 울리거나 흡음이 잘 되지 않으면 유아 상호 간, 교사와 유아 간의 언어 전달이 어려워 소리를 지르는 현상이 생기므로 유아의 바른 언어생활지도가 어렵고 교사와 유아에게 피로를 주어 정서적 안정을 잃게 하므로 가능한 한 소음을 줄일 수 있는 자재를 사용한다. 바닥에는 카펫이나 고무 재질을 깔고 벽면, 천장에는 방음재료를 사용하며 책상, 의자, 가구 등의 소음을 줄이기 위해 다리에 고무, 헝겊을 부착한다.

⑦ 급수전

학교시설 설비 기준령에 의하면 상수도시설이 있는 학교에는 1학급당 급수전을 2개 이상 갖추게 되어 있다. 교실의 싱크대, 화장실의 세면대 등에 학급 수에 따른 필요한 급수설비를 갖추도록 한다.

(3) 기본 설비

① 책상

유아의 활동은 보통 4~6명의 소집단으로 이루어지거나 6인용 책상인 경우에는 크기가 크기 때문에 이동 시나 책상을 모아 놓을 때 불편하다. 따라서 활동실에는 2~4인용 책상으로 활동에 따라 다양하게 구성하여 활용하는 것이 가장 바람직하다.

책상의 높이는 유아의 체위 기준에 따라 상이하다. 책상의 높이는 원래 팔꿈치 높이로 결정되어야 하나, 팔꿈치 높이를 측정할 때는 계측 오차가 크므로 일반적으로 (걸상의 높이)+(앉은 키×1/3)로 결정한다.

표 10-3 책상의 높이

구분	2세	3세	4세	5세	6세
가로	80~120cm				
세로	40~60cm				
높이	39cm	42cm	45cm	48cm	50cm

② 걸상

걸상의 종류는 활동실용, 유희실용, 유원장용 등으로 구분될 수 있다. 활동실용으로는 개인용 걸상, 책을 보거나 소꿉놀이를 할 때 사용하는 보조 의자가 포함될 수 있고 유희실용으로는 3~4인용으로 유아가 이동 가능한 의자가 바람직하며, 유원장용으로는 휴식용 벤치, 놀이활동에 사용되는 둥근 의자가 포함될 수 있다.

걸상의 치수는 유아의 체위를 기준으로 한다. 걸상의 앉는 면의 높이는 발에서 무릎까지의 높이에서 1cm를 뺀 치수가 적당하며, 측정은 신발을 벗고 한다. 책상의 높이를 한 가지 종류로 통일하였을 경우 걸상의 높이도 통일하고 발걸이를 설치하여 높이를 조절한다.

표 10-4 연령에 따른 걸상 치수

연령	높이	앉는 면의 깊이
2세	22cm	18cm
3세	24cm	19~20cm
4세	25cm	21cm
5세	27cm	22cm
6세	28cm	23cm

③ 개인 사물함

유아 개인의 소지품을 일정한 장소에 보관하는 것은 유아를 하나의 독립된 개체로 존중하는 것의 표현이며, 동시에 유아 스스로 자신의 물건을 정리하는 습관을 기르는 면에서 아주 중요한 의미를 갖는다. 그러므로 실내 및 실외 신발, 여분의 옷, 외투, 자신의 작품 등을 보관하는 개인 사물함이 필요하다.

유아의 외투나 신발을 보관하는 곳은 출입구에서 주요 놀이 장소로 가는 도중에 위치하는 것이 좋고, 출입구에 모두 위치할 때는 입고 벗는 데 혼잡이 생길 수 있으므로 유의하여야 한다.

일반적으로 공간은 복도나 활동실의 한편에 위치하게 되며 어른의 도움을 받아 옷을 갈아 입어야 하는 유아도 있으므로 충분한 공간이 필요하다. 공간의 사용을 효율적이고 융통성 있게 하기 위해서는 붙박이로 개인 사물함을 만들기보다 이동이 가능한 것이 바람직하다.

개인 사물함 또는 개인용 장의 형태는 유아의 어떤 소지품을 보관하는가에 따라 다양한 유형으로 만들 수 있다. 신발장만을 따로 분리하여 출입구에 배치하고 옷과 기타 개인 소지품은 활동실 내에 보관할 수 있다.

④ 교구 정리장

실내 교구 및 각종 자료를 적절히 보관하기 위해서는 교구 정리장이 있어야 한다. 개방식 교구 정리장은 유아의 눈높이를 고려하고 손이 닿을 수 있는 곳에 자료와 교구가 보관되어야 하며 유아의 호기심을 유발할 수 있도록 정리되어야 한다. 교구정리장의 위치는 흥미영역 간의 구분을 돕고 유아가 자료 및 교구를 가지고 활동할 작업공간을 근처에 마련하도록 배치되어야 한다.

폐쇄식 교구 정리장은 붙박이 시설보다 이동식이 편리하며 장 아래의 한쪽 면에 바퀴를 달아 움직이기 쉽게 할 수도 있다. 붙박이로 벽에 부착된 장은 벽의 사용에 제한을 주게 되나 이동식 장은 활동실 배치에 융통성을 부여할 수 있으므로 바람직하다. 보통 25~30명 인원의 한 학급에 필요한 교구 정리장의 수는 120×95×30cm 크기의 3단 선반 교구 정리장 3개 정도가 필요하다.

⑤ 싱크대

교실마다 싱크대를 설치하고 수도를 설치하여 유아들이 손을 씻거나 미술활동, 요리활동에 필요한 용구나 자료를 씻고 활동에 필요한 물을 공급받도록 한다. 연령별 싱크대의 높이는 3세 45cm, 4세 50cm, 5~6세 55cm가 적절하다.

⑥ 물놀이대와 모래놀이터

물놀이대와 모래놀이터는 학급별로 1조씩 구비할 수 있다. 물놀이대와 모래놀이대의 높이는 싱크대의 높이와 같이 할 수 있다.

(4) 실외 놀이공간 구성

실외 놀이터 시설 및 기구에 사용되는 재질은 목재, 금속, 플라스틱 등이 있다. 목재는 가장 오랜 기간 동안 놀이시설물의 재료로 사용되어 왔으나 썩거나 벌레가 먹는 특성으로 인해 보다 내구성이 강한 재료로 대체되곤 하였다.

금속은 내구성이 강하고 원하는 형태대로 제작하는 것이 용이하므로 놀이시설물을 위한 기본 재료로 많이 사용되고 있다. 그러나 금속 또한 녹이 슬거나 오래 사용하면 구조적으로 문제가 생기는 결함이 있다. 이러한 문제를 해결하기 위해 최근 알루미늄을 사용하여 놀이시설물을 만들고 있다. 알루미늄은 철에 비해 가격이 약간 비싸고 내구성 또한 약간 떨어지지만 녹에 강한 성질이기 때문에 매우 매력적인 소재로 간주되고 있다.

다양한 색상 및 형태가 가능한 플라스틱은 시각적인 매력이 있고 놀이시설의 안정성 또한 높일 수 있다. 놀이시설물의 재료로 사용되는 플라스틱 중 가장 일반적인 것은 고밀도 폴리에틸렌이다.

① 복합놀이기구

실외놀이기구는 하나하나 떨어진 단조한 구성보다 여러 다양한 움직임을 유아가 경험할 수 있도록 계속적 연결상태로 설계되어야 한다. 최근에는 세계 여러 나라의 유원지에서 볼 수 있는 복합놀이기구는 이러한 원리에 근거한 것이다. 3, 4, 5세를 위한 복합놀이기구와 2, 3세를 위한 복합놀이기구는 높이와 포함된 기능 면에서 다르다.

② 그네

유아에게는 타이어 그네, 안장 그네가 적절하며 유아의 연령에 따라 그네의 높이와 그넷줄의 길이가 조절되어야 한다. 그네를 설치할 때는 유아의 체중 및 신장을 고려하여 크기를 결정하는 것이 바람직하나 대형과 소형의 2종류 이상은 있어야 한다. 그네가 설치된 곳의 바닥은 모래나 고무바닥으로 처리하여 유아가 그네에서 떨어졌을 때 입는 부상을 최대한 줄일 수 있어야 한다. 쇠사슬이나 밧줄로 되어 있는 그네의 줄은 유아의 손에 상처를 줄 여지가 없는지, 충분히 튼튼한지를 수시로 점검해야 한다.

③ 물놀이시설

물놀이시설은 모래놀이터에 인접하여 설치할 수 있다. 여러 높이의 물놀이대 장치를 연결하여 설치하고 맨 위의 물놀이대에 수도관이 연결되게 하여 위에서 넘쳐 점차 아래로 물이 연결하여 차도록 할 수 있다.

④ 모래놀이터

모래놀이터는 모래의 깊이가 20~25cm 이상이 되도록 하고 비가 왔을 때 배수가 가능하도록 배수구도 마련하여야 한다. 모래놀이터는 습기가 차지 않도록 양지 바른 곳에 위치하게 한다. 모래놀이터의 모래는 최소한 1년에 한 번씩은 갈아 주거나 소독하여 먼지나 더러운 것이 쌓이지 않도록 한다.

3) 유아교육환경시설 · 설비의 계획

(1) 건축 시 고려사항

유아교육기관시설의 물리적 환경은 교육철학과 목표, 활동의 유형과 편의성, 비품과 교구활용의 용이성, 작업장소와 놀이장소의 인접성, 보고 듣기의 용이성, 영유아의 안전 등을 고려하여 계획하고 운영해야 한다.

첫째, 지역사회의 필요성과 요구를 분석하고 그 기관의 성격과 철학적 방침을 결정한다.

둘째, 기관 설립과 운영에 관련된 각종 법규, 규정, 기준 등을 검토한다.

셋째, 최대 원아 수, 원아의 연령, 원아들의 특별한 요구, 교육의 방향과 목표

등 그 기관의 특성을 검토한다.

넷째, 설립하고자 하는 기관과 유사한 교육기관의 시설과 설비를 사전에 답사한다.

다섯째, 교육기관시설에 대한 설계 초안을 작성하여 전문가나 다른 시설장의 의견을 듣고 반영한다.

여섯째, 재정상태와 입지조건 등을 고려하여 시설의 건축계획을 확정한다.

(2) 실내공간 구성 시 고려사항

① 발달적으로 적합한 공간

아동은 성인과 다르며, 아동기는 안정된 변화를 하는 성인기와 달리 빠르게 변화하는 시기다. 아동을 위한 공간은 민감한 아동기만의 특징과 아동들 간의 차이를 적절히 수용해 주어야 한다. 그리고 아동들의 발달적 변화를 지원해 주고 미래 발달이 가능하도록 제반 활동을 건전한 방향으로 고무시킬 수 있는 환경이 되도록 계획할 필요가 있다.

② 교육과 양육이 복합된 공간

일반적으로 종래에 유아교육기관은 아동들을 맡겨 보호하는 양육환경으로 인식되었으나, 근래에는 양육기능뿐만 아니라 아동들의 학습과 경험을 중시하는 교육환경으로 보는 관점이 강조되고 있다. 보육시설은 외현적으로는 양육에 대한 이미지가 강하나, 본질적으로는 교육과 양육이 똑같이 중요하게 통합되고 공존될 수 있는 환경으로 창조되어야 함을 유의할 필요가 있다.

③ 생활행위, 놀이 및 학습이 통합된 공간

유아교육기관에서 아동들은 먹고 쉬고 자고 화장실을 가는 등 일반 주거 내에서의 생리적인 생활행위들과 유희, 게임 등의 각종 놀이 그리고 독서, 음률,

미술 등의 학습활동을 하며 지낸다. 활동들은 서로 독립적이지 않고 중복되어 있다. 유아교육기관은 기본적인 생활환경과 놀이 및 학습이 통합된 특수한 환경이라고 할 수 있다.

활동이 중요시되는 비중은 연령과 발달단계에 따라 달라질 것이다. 유아교육기관 시설을 계획할 때는 기본적 생활행위가 보다 쾌적하게 일어날 수 있으며, 놀이가 매력 있고 즐겁게 진행되며, 학습이 자연스럽고 효율적으로 이루어지도록 지원하는 환경을 창조해야 한다.

④ 성인과 영유아가 공존하는 공간

유아교육기관의 초기 발달은 성인 공간 안에 영유아를 수용하는 형태로 시작된다. 이에 대한 관심이 증진되면 영유아의 입장에서 환경을 제공해야 바람직하다는 시각과 관점에 의해 아동의 인체 측정치에 적합한 제반 시설과 설비, 공간규모, 친밀감 조성 등 다양한 아동 지향적 디자인을 고려하게 된다. 건축 초기부터 성인과 아동이 공존하는 공간으로 창조되도록 양측의 요구를 적절히 만족시킬 수 있는 환경적 측면들을 인지하고 배려하는 계획을 해야 한다.

⑤ 다른 자원과 함께 존재하는 공간

유아교육기관의 공간 환경은 아동의 활동과 프로그램을 지원해야 하는 특성이 있지만, 아동발달과 교육에 필요한 제반 인적 · 물적 자원과 함께 존재하며 이들과 통합되어 전반적 공간 환경으로 인지되고 사용된다.

인적 자원이 보다 효율적으로 이용되게 할 수도 그렇지 않게 할 수도 있으며, 물적 자원이 보다 그 기능을 발휘하게 할 수도 그렇지 않게 할 수도 있는 것이다. 그리고 초기 환경 속에 들어오게 되는 인적 · 물적 · 자원적 특성으로 인해 최종 환경의 성격이 변질되어 버릴 수도 있다.

6 유아교육기관의 유지 및 관리

1) 시설 유지 및 관리의 중요성

시설을 이용하는 아동들은 사물이나 상황에 대한 호기심이 강하며 활동적인 반면, 운동발달 미숙으로 신체를 마음대로 조절할 수 없으며, 위험사태에 대한 판단이나 대처능력도 부족한 특성이 있어서 항상 위험에 노출될 수 있다.

시설과 설비에 대한 정기적인 안전점검을 통하여 시설의 노후를 막고, 영유아들에게는 항상 쾌적하고 안전한 환경을 제공한다는 의미에서 시설의 유지 및 관리의 의의가 있다.

2) 시설 유지 및 관리의 내용

(1) 청결관리

청결관리는 쾌적하고 위생적인 환경을 조성하는 데 매우 중요한 요소다.

① 보육실 청결

교사는 매일 아침 보육실의 청결상태를 점검하여 유지하는 데 힘써야 한다.

- 1일 3회 정도는 보육실의 창문을 열고 반드시 환기시킨다.
- 청소도구는 아동의 손에 닿지 않는 곳에 비치한다.
- 쓰레기통은 뚜껑이 있는 것으로 하며 매일 비운다.
- 보육실의 카펫, 소파 등은 수시로 일광소독하며, 진공청소기로 구석의 먼지를 제거한다.
- 교재·교구는 정기적으로 세척한다.
- 아동의 침구는 정기적으로 세탁하고 햇볕 좋은 날 일광 소독한다.

② 주방의 청결

- 식판과 간식용 접시, 컵, 수저 등은 세제로 깨끗이 씻은 후 충분히 헹군다.
- 각종 그릇은 1일 1회 소독한다.
- 행주와 도마는 매일 소독한다.
- 음식물 저장고에 바퀴벌레, 개미 등의 해충이 접근하지 않도록 한다.
- 냉장고, 냉동고의 적정온도를 유지한다.

③ 기타

- 유리창, 출입문 등은 수시로 닦는다.
- 계단, 복도바닥의 물건조각이나 먼지 등은 보는 대로 제거한다.
- 바닥은 필요할 때마다 수시로 닦고 미끄럼 방지를 위해 물기가 있을 시 즉시 제거한다.

(2) 시설점검

시설점검은 위험한 사태를 미리 예방하여 오래도록 시설을 안전하고 쾌적하게 사용할 수 있게 해준다.

- 건축물 점검 : 건축에 관한 부분으로 건물 벽체, 축대, 천장, 도색, 도배 상태 등이다.
- 옥탑이나 뒷결 등 사각지대에 대한 점검도 소홀히 하지 않는다.
- 전기점검 : 전기시설, 전기 차단시설에 관한 부분이다.
- 소방점검 : 소화전, 유도등, 소화기 배치 등이 포함된다.
- 설비점검 : 냉난방 설비, 주방가스시설, 화장실 비품 파손 등에 관한 점검이다.

유아교육평가

11장

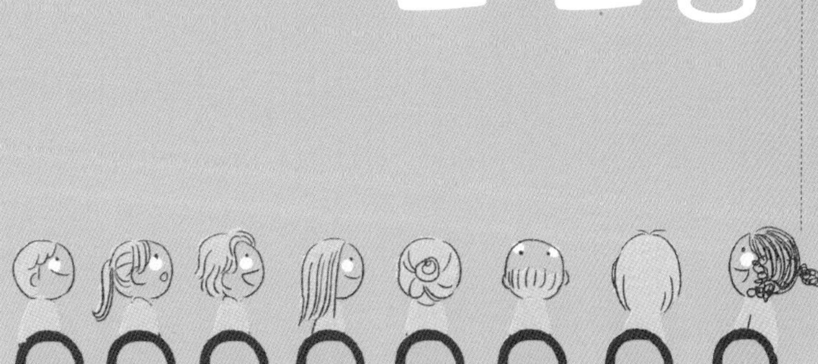

11장 유아교육평가

1 유아교육평가의 개념

1) 평가의 개념

교육에 있어서 평가에 대한 정의는 학자들의 관점에 따라 다양하다. 스터플빔(Stufflebeam)은 "평가란 교육 프로그램의 개선을 위해 이와 관련된 자료를 수집, 분석하여 의사결정을 할 사람에게 자료를 제공함으로써 교육현장의 의사결정을 돕기 위한 과정"이라 하였다.

타일러(Tyler)는 "평가란 교육과정 및 프로그램에 의하여 교육목표가 어느 정도 달성되었는지를 밝히는 과정"이라고 했다. 느보(Nevo)는 교육평가를 "교육의 과정 또는 성과에 대해 어떤 결정을 내릴 목적으로 교육의 과정과 성과에 대한 가치와 장점을 체계적으로 조사·활용하는 과정과 활동"이라고 하였고, 변창진은 교육평가란 "일정한 준거를 잣대로 하여 교육의 입력, 과정 및 성과에 대한 가치를 조사·판단하는 행위"라고 정의하였다.

이와 같이 교육평가에 대한 학자들의 시각은 다소 차이가 있지만 대체로 평가의 범위를 목표달성뿐 아니라 교육의 과정으로 확대하여 정의내리고 있음을 알 수 있다. 따라서 교육평가는 교육목표달성뿐 아니라 교수-학습방법의 개선에 기여하는 측면에서 이루어져야 한다.

교육평가란 교육을 계획한 대로 실시한 후 그 결과가 설정된 교육목표에 어느 정도 도달하였나를 살펴보고, 제대로 달성되지 않았다면 그 원인은 무엇이며, 어떻게 수정·보완해야 할 것인지 등 교육활동의 전반에 걸쳐 필요한 정보를 수집하고 분석하여, 다음 교육활동계획을 세우는 기초자료로 삼는 체계적인 과정이라고 할 수 있다.

2) 유아교육평가의 개념

유아교육평가란 유아교육과정 및 프로그램의 운영뿐 아니라 유아의 발달이나 행동에 관한 유아교육과 관련된 전반적 현상이나 과정을 평가하는 것으로 정의할 수 있다. 교육평가의 개념을 유아교육에 적용시켜 보다 구체적으로 살펴보면, 유아교육에서의 평가는 단지 검사를 실시하고 채점하는 것을 넘어 유아의 발달영역에 관한 정보를 수집하는 종합적인 과정으로서, 유아의 발달과정, 학습과 문제해결의 정도 등을 기록하여 평가 결과를 지도에 반영하고 교사가 교수계획을 수립하는 데 기여하기 위해 실시된다. 평가활동을 통해 유아의 특징과 개별성을 이해함으로써 적절한 교육적 처치를 제공해 주기 위한 중요한 수단이라고 할 수 있다.

유아교육현장에서 이와 같은 평가활동을 시행하는 데에는 어려움이 많다. 평가는 의도적이고 체계적인 절차인 반면, 유아교육 프로그램은 비형식적이며 교육의 결과보다는 과정을 중요시하는 경향이 있고, 주의집중시간이 짧고 문자해독이 안 되는 어린 유아를 정확하게 평가한다는 자체에도 모순이 있기 때문이다. 또한 유아교육현장에서의 평가는 상위학교에서의 순위나 당락을 결정하는 것과 같은 역할과는 무관하므로 그 중요성이 덜 인정되고 소홀히 되고 있는 면도 있다. 그러나 교육활동은 평가 없이는 목적교육이 이루어질 수 없으며, 평가가 있어야 개선되고 발전될 수 있기 때문에 최선의 교육을 실시하기 위해서는 유아교육에서도 반드시 교육계획과 실행, 그리고 평가과정이 순환적으로 이루어지도록 하여야 한다.

2 유아교육평가의 목적과 유형

1) 유아교육평가의 목적

유아교육평가란 유아교육과 관련된 전반적 현상이나 과정을 평가하는 것으로서, 평가결과가 유아의 특징을 정확하게 이해하고, 이에 따라 적절한 교육을 제공하기 위해 사용된다면 평가는 유아를 이해하는 중요한 자료를 제공해 줄 뿐 아니라 유아교육에 있어서 필수적인 과정이 될 것이다. 유아교육평가가 왜 필요하며, 그 핵심 목적이 무엇인지 구체적으로 살펴보면 다음과 같다.

(1) 유아의 발달적 수준 파악

유아교육평가는 유아의 발달적 수준을 파악하기 위해 필요하다. 유아기는 발달의 속도가 매우 빠르고 가소성(plasticity)이 높은 시기에 해당한다 비교적 짧은 시간에도 발달적 변화의 폭이 크고 학습의 진전도 크게 이루어진다. 유아마다 발달수준에 차이가 있을 수 있으며, 같은 연령의 평균보다 높거나 낮은 발달수준을 보이는 유아도 있다.

유아교육평가의 첫 번째 과제는 유아가 발달적으로 자신의 연령에 적합한 발달적 수준을 나타내는가에 대해 파악하는 것이다. 또한 발달의 전반적인 수준과 함께 발달의 여러 측면, 예컨대 의사소통, 신체발달, 사회성, 일상생활 습관 중에서 어떤 측면이 더 발달되고 덜 발달되었는가를 발견할 필요가 있다. 어떤 유아는 신체적으로는 5세 수준이나 언어발달과 의사소통이 3세 정도일 수 있다. 이와 같이 발달 영역 간의 수준에 대한 평가는 유아가 지닌 발달상의 개인 내적 차이를 발견하는 데 도움을 줄 수 있다.

(2) 집단 전체의 특성 이해

유아교육평가는 유아 간의 개인차를 비교하여 집단 전체의 특성을 파악하는 데 도움이 된다. 유아 개인 간의 차이를 비교하여 아는 것은 교사가 학급을 효과적으로 지도하는 데 필수적이다. 같은 연령의 유아들은 거의 비슷한 발달 수준을 나타내나 그들 간에도 분명한 차이는 존재한다. 교사는 이러한 유아 간의 차이를 고려하여 각각 다른 방법으로 지도하고 상호작용할 수 있어야 하며, 가장 낮은 수준의 유아부터 가장 높은 수준의 유아가 모두 참여할 수 있도록 학습활동을 계획해야 한다.

(3) 학습의 효과 및 발달상의 변화 측정

유아교육평가는 유아에게 미친 학습의 효과 및 발달상의 변화를 발견하기 위해 필요하다. 유아가 유아교육기관에서 제공되는 프로그램을 통해 입학 초기 행동보다 어떤 측면에서 발전 또는 변화되었는가를 비교해 봄으로써 교육의 효과를 확인할 수 있다. 유아에 따라서는 더 많이 성장하는 경우도 있고 크게 변화를 보이지 않는 경우도 있다.

유아교육 프로그램의 목적은 유아에게 바람직한 방향으로 행동의 변화를 일으키는 데 있다. 따라서 유아교육평가를 통해 교육 프로그램이 목적한 바를 달성하고 있는가에 대한 증거의 일부가 수집될 수 있다.

(4) 유아의 학습 준비 정도 판단

유아교육평가는 유아의 학습 준비 정도를 판단하기 위해서도 필요하다. 유아의 학습 준비 정도는 특히 초등학교 입학 전의 유아에게 중요하게 생각된다. 왜냐하면 그 다음 단계의 학습에 필요한 기초 지식과 기본 기능을 습득하고 있는가를 평가함으로써 초등학교와 유아교육 간의 연계성을 제고할 수 있기 때문이다.

유치원에서 수집된 유아평가자료는 유아가 습득한 지식만이 아니라 발달의 전반적인 측면을 모두 포함한 것이어야 한다. 유아의 생활 연령이나 지적 기능에만 의존해서 다음 단계의 학습 준비 정도를 결정할 수는 없기 때문이다.

2) 교육 주체별 목적 분류

(1) 유아를 위한 목적

- 유아의 현재 발달상태를 이해하고 적합한 학습 배치를 위해 평가를 한다. 도움이 필요한 유아나 영재아를 선별하여 적절한 교육적 배려를 하기 위해 평가를 실시한다.
- 유아에게 적합한 학습목표를 제공하기 위해 평가한다.
- 흥미와 발달단계를 이해하여 학습의 동기유발 수준을 높이기 위해 실시한다.
- 유아에게 일어난 변화와 진보의 정도 및 영역을 알아보기 위해 평가한다.

(2) 교사를 위한 목적

- 학습 전체의 현재 상태를 이해하기 위해 평가를 한다.
- 교육과정을 계획하고 의사결정에 필요한 정보를 얻기 위해 평가를 한다.
- 교육과정과 교수방법의 효율성을 결정하고 측정하기 위해 평가를 한다.
- 피드백을 통한 프로그램 수정 및 교수방법 결정 등을 위해 평가한다.

• 행정적인 결정이나 부모와의 면담을 위해 평가를 실시한다.

(3) 부모를 위한 목적

• 자녀의 발전과 성취의 정도에 대한 정보를 얻기 위해 평가를 한다.
• 자녀의 학습목적을 지원하는 데 부모가 참여하기 위해 평가한다.
• 가정에서 자녀의 능력에 맞는 지도를 실시하기 위해 평가한다.

3) 유아교육평가의 유형

(1) 진단평가

진단평가는 교수활동이 시작되는 초기 단계에서 수업전략을 위한 기초자료를 얻고 어떠한 교수방법, 학습방법이 적절한 것인지를 결정하기 위하여 학생의 기초능력을 진단하는 평가이며 세 가지 형태로 나누어 볼 수 있다.

① 계획된 학습단위의 목표를 성취하는 데 선행조건이 되는 출발점 행동을 학습자가 얼마나 소유하고 있는가를 결정하는 것이다.

② 주어진 학습단위 혹은 교육과정의 목표를 학습자가 알고 있는지, 그리고 그 결과에 따라서 좀더 높은 수준의 학습 프로그램을 제공해야 할 것인지의 여부를 결정하는 것이다.

③ 학습자가 지니고 있는 흥미, 성격, 적성, 선행학습의 정도 등의 개인적 특성 등을 알아보아 그에 따라 적절한 교수방법이나 교수전략을 세우기 위한 자료를 제공하기 위한 것이다.

이것은 마치 의사가 환자를 치료하기 위해서는 필수적으로 환자에 대한 정확한 진단을 해야 하듯이 교육활동에 있어서도 교사가 효과적인 학습지도를 하기 위해서는 학습자가 가지고 있는 학습준비도(readiness)라든지 학습흥미, 학습동기, 학습자의 성격특성, 기초학력의 정도, 학습자의 정서 등을 충분히 파악하여야 한다. 이와 같은 초기 단계의 평가를 진단평가라고 한다. 이 같은 진단평가의 특징은 다음과 같다.

첫째, 현재 학습하고자 하는 학습과제와 관련하여 선행학습의 결손을 진단하고 이에 대한 교정과 보충학습을 위한 평가라는 점이다.

둘째, 현재 학습하고자 하는 학습과제를 학습자가 얼마나 달성하고 있는가를 알기 위한 평가라는 점이다.

셋째, 학습자의 흥미, 학업성취 및 적성 등에 따라서 적절한 교수처방을 내리기 위한 평가라는 점 등을 들 수 있다.

(2) 형성평가

형성평가의 개념은 스크리븐(Scriven)에 의해 제안된 것으로 학습 및 교수가 진행되고 있는 동안에 학생들이 학습목표와 관련된 사항을 확인함으로써 학습곤란의 교정, 학습행동의 강화, 교사의 학습지도방법과 교육과정 개선 등을 위한 목적으로 이루어지는 평가라 할 수 있다.

형성평가의 특성은 다음과 같다.

① 교육목표에 기초하여 평가하므로 교육목적 이원분류표 작성에서부터 교사가 직접 평가도구를 제작한다.

② 학생의 학습 증진을 위한 개선점에 강조를 두었으므로 절대 기준평가 이론에 기초를 둔다.

③ 학생 및 교사에게 송환효과(feedback effect)를 주려는 것으로 수입개선을 위해서 즉각적으로 활용한다.

④ 점수를 매기거나 학생의 능력을 판정하려는 평가가 아니므로 형성평가의 결과를 학생의 성적에 반영하지 않아도 된다.

⑤ 평가도구는 교수-학습과정을 1차적으로 이끌어 내고 개선해 가야 할 교

사 자신이 제작하는 것을 원칙으로 한다.

⑥ 평가는 학습의 진행과정에서 자주 행해지는데, 일반적으로 주어진 단원에 속하는 소단원 또는 주제에 대한 지도가 끝난 시기에 실시된다.

형성평가가 지니고 있는 기능은 다음과 같다.

① 학습활동의 조정 : 형성평가를 통해서 적절하게 교정 또는 보충수업의 기회를 갖게 되면 학습 결원의 누적현상을 피할 수 있게 되며, 학습자는 새로운 학습과제에서 성공적으로 학습을 계속할 수 있게 된다.

② 학습활동의 강화 : 형성평가를 통해서 설정된 학습목표를 거의 달성하였다는 사실을 학습자가 확인하게 될 때 '하여야 할 것은 했다'고 하는 자신감과 만족감을 얻게 되어 보다 적극적으로 차후의 학습단원에 임할 수 있는 동기가 유발된다.

③ 학습곤란의 진단과 교정 : 형성평가의 결과, 학생들은 자신의 학습곤란을 스스로 발견하며 그것을 제거해 나가는 데 힘쓰게 된다.

④ 학습지도방법의 개선 : 형성평가의 결과, 60% 이상의 학생이 오답을 하였다면 교사는 지도과정 중 어떤 부문에 허점이 있는가를 찾아내어 재지도를 하여야 하며, 이러한 처방은 필요할 때마다 자주 시행하여야 한다.

⑤ 학습방향의 명시 : 형성평가를 통하여 학생들에게 바람직한 학습의 방향을 명시하여 준다는 점 등을 들 수 있다.

(3) 총괄평가

총괄평가 방법 역시 스크리븐에 의해 제안된 것으로 중간고사나 기말고사 등에서 교과의 전 과정 또는 그중의 상당한 부분에 걸쳐 달성된 학습 성과의 정도를 측정하여 성적을 매기는 평가를 의미한다.

총합평가의 특징은 다음과 같다.

① 전과목 또는 중요한 학습내용에 관해 교수의 효과가 어느 정도인지를 판

단하여 그 결과로서 성적을 내고 평점을 주며, 서열을 결정하는 평가

② 평가의 빈도는 적은 대신 단위평가시간은 형성평가에 비해 긴 평가

③ 평가목표는 일반화 가능성 또는 전이 가능성이 있는 보다 포괄적이고 가시적인 목표를 가진 평가

④ 전체 교육목표를 모집단으로 하는 문항, 모집단에서 이를 가장 잘 대표할 수 있는 문항 표본을 골고루 선정, 난이도는 30~70%, 평균 난이도는 50% 정도(절대기준평가 실시에 있어서는 난이도를 고려하지 않는 것이 바람직함)

⑤ 학생을 판정, 등급을 정하고 자격을 부여하고 분류하는 데 목적을 두는 평가라고 규정할 수 있다.

(4) 각 영역의 특징 비교

표 11-1 각 영역의 특징

구분	진단평가	형성평가	총괄평가
목적	• 출발점 행동의 확인 • 학습의 중복 회피 • 학습곤란에 대한 사전대책의 수립	• 학습활동 조정 • 학습활동 강화 • 학습곤란의 진단과 교정 • 학습지도방법의 개선	• 성적의 결정 • 다음 학습에의 성공 예언 • 교수방법의 개선 • 집단 간의 학습효과 비교

3 유아교육평가의 영역

1) 유아평가

유아평가는 평가에서 가장 중요하게 생각되어 온 영역이며 유아의 발달 정도, 특정 유아교육 프로그램과 유아와의 상호작용의 효과, 유아개개인의 능력 및 특성과 잠재력에서의 개인차 등을 평가하여 교육에 반영시킴으로써 개인 발

달의 최대화를 도모하려는 것이라고 볼 수 있다. 유아교육의 입장에서 유아에 대한 평가를 실시하는 목적은 다음과 같다.

(1) 유아의 발달단계의 이해

유아의 현재 발달단계를 이해하기 위해 평가를 실시한다. 유아의 현재 상태는 성장·발달·학습의 일정한 측면에 대한 조건이나 상황 등을 일컫는 것으로서 유아들이 현재 알고 있는 것, 할 수 있는 것, 흥미를 가지고 있는 것에 대한 정보를 얻는 것이다. 일반적으로 교사는 그 어느 집단에서도 같은 능력의 유아를 발견하기 어렵다. 신체발달, 언어 사용, 인지능력 등의 차이와 더불어 가정환경, 유아가 접하는 문화, 유아교육기관에 오기 이전의 경험은 각 유아가 가지고 있는 개인차를 더욱 크게 만든다.

현재 발달수준이나 능력에 대한 점검은 학기 초나 새로운 활동 혹은 생활 주제를 시작하기 전에 실시되는데, 이는 교사가 진행하려고 하는 교육활동과 관련하여 유아들의 준비도를 점검하려는 목적이 있다. 교사가 유아의 현재 발달단계를 정확하게 인식하고 있을 때 유아를 위한 가장 적합한 개별화 교육이 가능해진다.

(2) 유아의 변화와 진보영역의 확인

유아에게 일어난 변화나 진보영역을 알아보기 위해 평가를 실시한다. 유아의 발달상의 변화는 아주 조금씩 점진적으로 올 뿐만 아니라 그 속도가 늘 일정하지 않아서 어떤 때는 매우 빠르게, 또 어떤 때는 천천히 일어난다. 이러한 발달의 특성상 유아 평가가 불규칙적으로 이루어지거나 시간 간격이 큰 경우에는 발달이 일어난 정확한 시점을 알기가 매우 어렵다. 따라서 교사는 정기적인 평가를 통해 유아들이 정상적으로 발달하고 있는지를 확인할 필요가 있다.

가르치는 사람은 일반적으로 자신이 가르친 내용을 학습자가 모두 학습했을 것이라고 가정하는 경우가 많다. 그러나 의사소통을 연구하는 학자들은 하나의 메시지를 완벽하게 전달하는 것이 얼마나 어려운지 수없이 지적해 왔다. 교사가 가르친 내용을 유아들이 어느 정도 학습했는지를 점검해 볼 수 있도록 해주는 것이 바로 평가이다.

(3) 학급 전체 상태의 이해

학급 전체의 현재 상태를 이해하기 위해 평가를 실시한다. 교사는 한 명의 유아하고만 상호작용을 하는 것이 아니라 전체 혹은 소집단의 유아들과 상호작용한다. 집단은 개인의 단순한 합이 아니라 그 집단 나름대로의 성격과 기능을 가지고 있다.

유아의 학습 및 발달이 그들이 속한 집단의 사회적 맥락의 영향을 받는다는 점을 고려해 볼 때 유아들의 상호작용이 일어나는 집단의 독특한 특성 및 역동적 관계를 파악하는 것은 매우 중요하다.

(4) 교육과정계획과 의사결정

교육과정계획과 의사결정에 필요한 정보를 얻기 위해 평가를 실시한다. 평가에서 얻어지는 정보는 발달에 적합한 교육과정을 계획하고 실행하는 데 필수적이다. 학습환경에 대한 유아의 반응, 교사가 준비한 활동에서 유아들이 보이는 사회적 상호작용, 교사가 제시하는 과제에 대한 유아의 이해와 흥미도 등과 같이 평가에서 얻어지는 정보는 교육과정을 계획하고 실행하는 데 기초자료가 되어 준다.

평가는 주어진 교수목표를 달성하기 위해 어떤 내용을 언제 어떻게 시작하고 어떤 보조자료를 사용하는 것이 효과적인지 등을 결정하도록 도와준다.

(5) 도움이 필요한 유아의 선별

도움이 필요한 유아를 선별해 내기 위해 평가를 실시한다. 평가의 주된 목적은 개인의 능력 및 성취도를 측정하는 것이지만 특별한 도움이 필요한 유아를 선별해 내는 기능과 목적을 가질 수 있다.

비네(Binet)에 의해서 개발된 첫 번째 지능검사의 목적은 학교에서 특별한 도움이 필요한 아동을 미리 선별해 내는 데 있었다. 유아가 가진 신체적 결함을 조기에 진단해 내거나 특정한 개념을 이해하지 못하는 유아를 선별해 내어 적절한 도움을 준다면 높은 교육적인 효과를 얻을 수 있다.

(6) 행정적 결정과 부모와의 면담

행정적인 결정과 부모와의 면담을 위해 평가를 실시한다. 행정가, 정책 결정자, 납세자 등은 평가의 결과에 대하여 관심을 가지는 집단 가운데 하나이다. 행정가들은 교사들이 유아의 학습과 발달을 얼마나 잘 이끌어 주는지를 알고자 하며 정책 결정가나 납세자들은 자신들이 유아 교육에 투자하는 돈이 제대로 쓰이고 있는지를 알고 싶어 한다. 평가에서 얻어진 결과들은 이와 같은 사람들에게 투자의 효율성에 대한 정보를 제공해 주게 된다.

2) 교사평가

교사에 대한 평가는 교육의 질적인 향상을 기하기 위해서는 교사의 질적인 수준을 향상시키는 것이 중요한 문제라는 인식이 대두되면서 관심의 대상이 되었으며 제6차 유치원교육과정에서 교육 프로그램, 유아에 대한 평가와 함께 교사 자신에 대한 형식적 · 비형식적 평가를 계속하여 그 결과를 다음 교육계획에 반영시킴으로써 교육과정 운영이 보다 효율적으로 이루어지도록 할 것을 밝히고 있다. 유아교육의 입장에서 교사를 대상으로 한 평가의 목적은 다음과 같다.

(1) 유아교사의 책임성 수행 확인

교사의 책임을 성실히 수행하고 있는지를 알아보기 위하여 평가를 실시한다. 유아교육기관에서 교사는 유아들을 교육하기 위해 교육과정을 계획하고 환경을 구성하며 학습자료를 준비하는 등 다양한 역할을 수행한다. 교사는 교수 계획에 따라 실제 교육과정을 실행에 옮길 뿐만 아니라 이 모든 것을 평가하기도 한다. 유아교육에서는 유아들이 환경, 또래, 성인, 교재 등과 적극적으로 상호작용하면서 능동적으로 학습해 나가는 것을 중요시한다.

교사는 유아와 신뢰감 있는 관계를 형성하고 이러한 상호작용이 원활하게 이루어지도록 하는 역할을 담당하게 된다. 그 밖에도 유아교사들은 부모와도 정기적으로 상호작용하며 동료들과도 상호 협력하는 관계를 유지할 수 있어야 한다. 유아교사에 대한 평가는 이렇게 다양한 역할을 교사가 적절하게 수행하고 있는지를 알아보기 위해 이루어진다.

(2) 유아교사의 전문성 향상

유아교사의 전문성을 향상시키기 위해 평가를 실시한다. 교사가 수업을 진행하는 능력은 단시일 내에 발달하는 것도 아니며 한두 번의 연습으로 완성되는 것도 아니다. 뿐만 아니라 교수들의 교수능력은 가르치는 내용에 대한 지식, 가르치는 대상에 대한 지식, 교육이 일어나고 있는 사회·문화적인 맥락에 대한 지식 등 다양한 지식에 기초한다.

교사가 되기 위해서는 장기간의 교육이 필요하며 교사가 된 후에도 계속적인 연구를 통해 자기 성장을 위한 노력을 기울여야 한다. 특히, 오늘날의 폭발적인 지식과 기술의 증가는 교직에 종사하고 있는 사람들의 끊임없는 연구와 노력을 요구한다. 최근에는 유아교사들이 기존에 수행된 연구를 읽고 현장에 적용하는 수동적인 역할에서 교사가 직접 교육의 실제에 대한 연구를 할 수 있는 능력을 중시하면서 스스로를 평가해 볼 수 있는 반성적 사고능력을 중요시한다. 이처럼 한 교사의 교수능력을 향상시키기 위해서는 직전 교육뿐만 아니라 꾸준한 재교육이 필요하며 그에 따른 정기적인 평가가 수반되어야 한다.

(3) 인사관리

어떤 조직이든지 원활하고 효과적인 운영을 위해서는 주기적인 평가가 필요하다. 조직을 관리하는 사람들은 그 조직을 구성하고 있는 구성원들이 각자의 역할을 충실히 하고 있는지를 지속적으로 평가하고 그 결과에 따라 상·벌을 줄 수 있다. 이처럼 유아교육기관에서의 교사평가는 재임용·해고·승진 및 전보를 위한 기초자료로 활용된다.

3) 유아 프로그램과 환경을 대상으로 한 평가의 목적

유아교육 프로그램 평가는 현재 진행되고 있는 교육과정 운영의 질적인 수준을 측정하는 것과 교육과정의 효과를 측정하는 것을 포함한다. 유아교육 프로그램을 평가하는 목적을 구체적으로 살펴보면 다음과 같다.

(1) 유아교육 프로그램의 질 향상

유아교육 프로그램의 질 관리를 위해 평가를 실시한다. 우리나라의 유아교육은 1980년대 들어 양적으로 폭발적인 성장을 했으나 전체 유치원의 50% 이상이 규모가 작은 사립유치원이다. 이들 사립유치원에 대한 정부의 지원은 거의 없는 상태이기 때문에 유치원의 운영은 전적으로 부모들이 부담하는 교육비에 의존할 수밖에 없다. 또한 그동안 정부의 유아교육 관련 시책이 양적인 면에 중점을 두어 왔기 때문에 유아교육 관련 법규들은 질적으로 최소한의 것만 준수하도록 되어 있는 경우가 많이 있다.

이러한 요인들은 유아들의 발달에 적합하지 않은 유아교육 프로그램의 운영을 불가피하게 만들었다. 최근 들어 유아교육의 질적인 향상에 대한 노력들이 시작되었으며 유아교육 프로그램을 관리하기 위한 평가제도 도입에 관한 논의가 그중의 하나이다. 미국에서는 이미 1980년대 초부터 유아들을 위한 교육과 보호의 질을 증진시킬 수 있는 프로그램의 전반적인 측면을 평가해 주는 준거를 제시한 바 있으며 우리나라에서도 1990년대 후반부터 이에 대한 관심이 증가하고 있다.

(2) 부모의 유아교육기관 선정과 평가

부모들의 유아교육기관 선정에 도움을 주기 위해 평가를 실시한다. 유아기 자녀를 가지고 있는 부모들은 그들에게 가장 좋은 교육을 시키고 싶은 욕심을 누구나 가지고 있다. 그러나 유아교육의 전문가가 아닌 부모들이 유아교육기관의 질을 정확하게 평가하기란 매우 어려운 일이다.

프로그램의 질을 평가한 결과들이 공개되면 부모들이 좋은 유아교육기관을 선택하고자 할 때 기준을 삼을 수 있다. 미국의 경우 전미 유아교육연합회에서 자발적으로 원하는 유아교육기관의 질을 평가하고 일정 수준 이상의 평가기준을 만족시킨 경우에는 일정한 증서를 줌으로써 부모들이 인지할 수 있도록 하고 있다.

(3) 유아교육기관 행정가에의 혜택 부여

행정가들에게 도움을 주기 위해 평가를 실시한다. 유아교육기관에서 운영하는 프로그램의 질을 평가하는 도구들은 기관의 자체 평가도구로도 사용될 수 있다. 기관 운영자들이 평가도구에서 제시하는 각 영역의 기준에 맞추어 체계적인 자기 평가를 정기적으로 수행한다면 조직적이고 효과적으로 기관을 운영할 수 있게 되며 궁극적으로는 유아를 위한 학습환경과 교육의 질을 향상시키게 된다.

유아교육 프로그램 평가는 또한 프로그램의 철학이나 활동을 변화시키거나 교직원, 유아, 부모의 요구를 점검하기 위해서 그리고 지역사회의 관계 행정기관에 현황이나 문제점을 보고하려는 목적을 위해 실시하기도 한다.

(4) 연구목적을 위한 평가

유아교육 프로그램의 효과를 측정하는 것은 대개 총괄평가의 목적을 가지고 이루어지는 경우가 많이 있다. 유아교육 프로그램의 효과를 측정하는 연구들은 유아들이 특정한 프로그램에 참여한 결과로 인지 · 정서 · 사회 · 언어 등의 발달 영역에서 어떠한 성장을 이루었는지, 그 효과가 얼마나 지속되는지를 주로 평가했다.

평가는 한 집단으로 추정한 경우도 있다. 지금까지 유아교육 프로그램의 효과를 측정하는 연구들은 대개 외국에서 이루어졌으며 우리나라에서는 이은해 · 이기숙(1992)의 연구가 대표적이라 할 수 있다. 이 연구들은 대체적으로 유아 교육의 경험이 유아의 학습 준비도, 사회성 및 지능의 향상에 효과적이었다는데 동의한다. 또한 교육 프로그램의 유형에 관계없이 교사 대 유아의 비율, 부모의 참여도, 질 높은 교사의 확보 등이 프로그램의 효과를 높이는 데 중요한 요소라는 것이 밝혀졌다.

4 유아교육평가의 방법

1) 관찰법

관찰이란 '도구를 사용하지 않는 측정'을 의미한다. 만약 도구를 사용한다면, 그것을 측정하는 사람에게는 영향을 미치지만, 측정받는 대상에게는 영향을 미치지 않아야 한다.

관찰법이란 '대상의 행동에 대한 정보를 관찰을 통해 수집하는 방법'이다. 좀 더 체계적 · 구조적 측면에서 관찰법을 정의하면 '관찰목적에 일치되는 현장에서 유기체에 관련된 일련의 행동과 환경을 선택(selection), 기록(recoding), 기호화(encoding)하는 방법'이라고 할 수 있다.

다른 측정방법으로는 관찰대상자의 사회적 상호작용 과정을 방해할 위험이 있을 경우에 관찰법을 사용하는 것이 효과적이다. 예를 들면, 집단토의에서 참가자들에게 지도자 혹은 사회자의 행동에 어느 정도 만족하고 있는가를 질문하는 경우, 만약 관찰자가 다음의 토의에서 일어날 어떤 사건에 계속 관심이 있으면 질문이 그것을 방해할 위험이 있고, 또한 질문을 함으로써 응답자는 질문받은 특별한 사건에 관심이 쏠리기 때문에 다른 행동에 영향을 미친다. 따라서 이와 같은 경우에는 질문법보다는 관찰법이 더 효과적이다.

관찰대상자가 직접적인 정보원으로서는 부적당한 경우, 즉 상호작용의 속도나 정도, 계속적인 변화의 연속적 현상, 감수성이나 언어표현이 부족한 피험자의 행동 등은 질문에 의해서 파악하기가 곤란하여 관찰에 의존하는 수밖에 없다.

2) 면접법

면접법(interview method)은 언어적 표현이 가능한 유아나 부모 또는 교사들로부터 직접 만나서 언어적인 반응을 통하여 여러 가지 자료를 수집하는 방법이다. 특히, 면접법은 인지적 영역뿐만 아니라 유아나 부모의 태도, 흥미, 인성 등에 관한 정보를 얻는 데 더 많이 활용되고 있다.

면접법은 연구의 목적을 달성하는 데 필요한 자료를 얻기 위하여 조사자와 조사대상 간의 질문과 응답 등 언어적 상호작용을 통해 조사대상자가 내면에 가지고 있는 자료를 수집하는 방법이다. 상호작용은 면접조사의 대표적인 특징이다. 질문과 응답이 주로 구두로 이루어지며 조사자가 질문을 하고 응답내용을 응답자가 아닌 조사자가 기록한다는 점에서 다른 자료수집방법과 차이가 있다. 면접은 흔히 대면하에 이루어지지만 전화, 우편, 화상 등과 같은 다른 방법을 취하기도 한다.

면접은 연구목적을 달성하기 위한 자료수집의 주된 도구로서 역할을 하기도 하지만 때로는 변수를 확인하고 가설을 도출하기 위한 탐색적 조사로서 사용되기도 한다. 관찰이나 설문지 등 다른 자료수집방법의 타당성 여부를 검토하거나 미리 예견하지 못한 결과를 추적하는 데 활용되기도 한다. 면접법은 조사자가 조사대상으로부터 정보를 찾는 것이어서 양자 간의 상호작용을 의미하며, 면접법의 성패 여부는 상호작용의 어떤 면을 고려하느냐에 달려 있다.

첫째, 상호작용과 응답자의 적극성이다. 면접은 상호작용을 통해 연구목적을 달성하는 데 필요한 정보를 수집한다. 적극적 조사대상자의 자세는 연구목적달성에 크게 도움이 된다.

둘째, 조사자와 조사대상자는 모두 상대방의 질문과 응답이 의미하는 바를 정확히 이해할 수 있어야 한다. 상대방의 행동이나 진술의 진정한 의도가 무엇인가를 인식할 수 있는 능력이 있어야 한다.

셋째, 융통성 있는 면접 운영이다. 조사대상자가 어떤 질문에 대답하기를 주저할 때 조사자는 이 질문을 뒤로 미루거나 간접적인 다른 방법으로 질문하여야 한다.

넷째, 조사대상자는 일정한 과정을 거쳐 면접에 응하게 된다. 응답자는 면접을 의심하거나 부담스러워하지만 조사자가 깊은 관심을 지속적으로 보이면 면접이 진행되면서 조사자와 상호작용을 통해 점차 동화되고 신뢰감을 갖게 되며 면접에 대해 만족하게 된다.

3) 표준화검사

표준화검사는 검사의 제작에서부터 검사의 실시, 그리고 검사의 해석에 이르기까지 일정한 준거에 합당한 검사이다. 표준화검사는 경사의 실시 및 채점을 표준화된 절차에 따라서 진행하고, 검사결과도 표준화된 규준에 따라서 해석하게 된다. 예컨대 집단지능검사의 경우 검사지에 제시된 안내문을 따라서 검사를 실시하고 그 결과를 채점한 후 표준화된 규준에 따라서 산출된 점수를 해석하게 된다. 피검사자의 성별과 연령에 따라서 규준이 다르기 때문에 규준을 무시하고 해석을 하게 되면 전혀 다른 결과로 해석할 수 있게 된다.

표준화검사는 또한 엄밀한 검사제작의 과정을 거쳐서 이루어졌기 때문에 신뢰도와 타당도가 높은 것이 특징이다. 비표준화검사는 전국적인 규준이 마련되지 않은 검사로서 보통은 연구자가 특정의 관심사를 평가하기 위하여 제작한 검사이다. 따라서 비표준화검사는 표준화검사에 비하여 신뢰도와 타당도가 떨어진다. 그러나 표준화된 기존의 심리검사가 측정할 수 없는 인간의 행동이나 환경을 측정할 수 있는 장점이 있다.

4) 포트폴리오 평가

포트폴리오법이란 자신이 만든 작품을 지속적으로 모아 둔 작품집을 이용한 평가방식이라 할 수 있다. 예컨대, 어떤 화가 지망생이 유명한 화가에게 지속적으로 지도를 받으면서 자신의 작품을 그린 순서대로 차곡차곡 모아 둠으로써 자기 자신의 변화·발전과정을 스스로 파악할 수 있도록 하고, 그 작품집을 이용하여 자기의 스승뿐만 아니라 다른 사람들에게도 쉽게 평가를 받을 수 있게 하는 것과 유사한 것이다. 위와 같이 그림뿐만 아니라 사진이나 시, 소설 등도 작품집을 이용하여 평가할 수 있으며, 금짓기한 것이나 교과 과제물이나 연구 보고서나 실험·실습의 결과 보고서 등을 정리한 자료집을 이용하여 평가할 수도 있다. 특히, 학생들은 자신이 제작한 포트폴리오를 통해 자기 자신의 변화과정을 알 수 있고, 자신의 장점이나 약점, 성실성 여부, 잠재 가능성 등을 스스로 인식할 수 있으며 교사들은 학생들의 과거와 현재의 상태를 파악할 수 있을 뿐만 아니라 앞으로의 발전 방향에 대한 조언을 할 수 있다.

포트폴리오 평가방식은 단편적인 영역에 대해 일회적으로 평가하지 않고 학생 개개인의 변화·발달과정을 종합적으로 평가하기 위해 전체적이면서도 지속적으로 평가하는 것을 강조하는 것으로 수행평가의 대표적인 기법 중의 하나이다.

학생들의 활동결과 보고서, 스크랩 자료, 작품 등을 지속적으로 모아 놓은 종합적인 자료를 포트폴리오라고 한다. 포트폴리오에는 학생들의 활동결과가 종합적으로 표현되기 때문에 학생들의 성장 상황이나 특성을 파악하기 가장 훌륭한 자료이다. 따라서 각자 나름대로 한 가지 주제를 정하고 활동을 하도록 하고 이러한 활동을 하면서 포트폴리오를 만들도록 하면 그것 자체가 하나의 훌륭한 작품이고, 학생의 발달상황을 가장 잘 파악할 수 있는 자료이다. 포트폴리오는 지필평가에서 얻기 어려운 여러 가지 질적인 평가자료를 제공할 수 있다.

포트폴리오법은 비평가자 자신이 작성하거나 만든 작품을 지속적·체계적으로 모아 둔 개인별 작품집 혹은 서류철을 이용한 평가방법이다. 예를 들어, 에너지에 관하여 관심이 있는 학생이 에너지에 관한 신문 기사, 잡지 기사, 에너지를 절약할 수 있는 기구, 에너지에 관한 각종 자료 등을 모아서 정리한 것을 포트폴리오라고 한다. 필요한 경우 이러한 자료의 의미, 가치, 자료를 보고 자신이 느낀 점 등을 글로 나타낸다. 자신이 수집한 각종 자료를 분류하고, 정리하고, 그러한 자료에 관한 글을 쓰는 과정에서 그 분야에 대한 남다른 관심과 흥미를 갖게 될 뿐 아니라, 그 분야에서 전문가 수준에 도달하게 된다. 특히, 한 가지 주제에 대하여 오랫동안 자료를 모으면 그 분야의 전문가 못지 않은 지식을 얻고, 자료를 모을 수 있다. 이러한 과정을 통하여 교과서에서 배울 수 없는 대단히 중요한 학습경험을 하게 된다. 또한 자신의 자료정리방법이나 그 분야에 대하여 쓴 글을 보면 자기 자신의 성장 정도를 스스로 잘 판단할 수 있게 된다. 이러한 과정을 통하여 자연스럽게 진로교육도 이루어진다.

5 유아교육 프로그램 평가

1) 보육시설평가인증제도

보육평가 중 특히 보육시설평가인증제와 관련하여 그동안 많은 논의가 되어 왔으며, 2005년도 보육시설평가인증 시범운영을 실시하며 이에 사용될 평가인증지표가 개발되었다. 영유아보육법 제30조에 의하면 여성가족부장관은 보육서비스의 질적 수준 향상을 위하여 보육시설에 대한 평가인증을 실시할 수 있다고 규정하고 있는데, 보육시설평가인증이란 보육서비스의 질적 수준 향상을 위하여 국가가 제시하는 평가지표(7개 영역 80항목)를 기준으로 보육시설의 현재 운영상황 및 보육서비스의 수준을 점검하고 진단하는 질적 수준 관리시스템으로 시범운영을 실시하고 보육현장의 의견을 수렴하여 2006년부터 단계적으로 확대를 하였다.

평가인증제도란 보육서비스의 질적 수준을 높이는 것이 목적으로, 전문가들이 동의하는 좋은 보육의 질을 나타내는 평가인증지표를 이용하여 보육시설 스스로 보육서비스의 질적 수준을 가늠해 보고, 그 수준을 지표처럼 향상시키고자 노력하는 과정이다. 평가인증 여부는 기관의 질적 수준에 대한 스스로의 판단결과와 보육전문가에 의한 판단과정의 타당성 점검, 그리고 질을 고양하고자 하는 기관의 노력 여부에 따라 결정된다.

평가인증제도의 성패는 보육시설들이 지표내용만큼 시설 스스로 질을 향상시키고자 하는 의지가 있는가 하는 점에 달려 있다. 따라서 평가인증제도는 보육시설이 스스로의 강점과 약점을 파악하여 시설 종사자들의 보육서비스 수행에 관한 자신감을 고양할 뿐만 아니라 시설의 약점을 개선하여 질을 고양하고자 하는 동기를 부여하기 위해 구성되고 지원된다. 평가인증제도는 미국에서 시작하여 전 세계 유아교육계에 영향을 주었는데, 독일, 일본, 벨기에, 영국, 아이슬랜드, 이탈리아, 파나마, 호주 등 13여 개의 국에서 평가인증제도에 대해 깊은 관심을 표명하고 있으며 몇몇 국가는 이미 그 도입을 시도한 바가 있다.

보육시설평가인증제도는 보육서비스의 효과적인 질적 수준 관리시스템을 마련하여 보육시설이 양질의 보육서비스를 제공하도록 지원하며, 환경, 인력, 프로그램 등 질적 수준에 대한 정보 제공으로 보육수요자가 보육시설을 합리적으로 선택하도록 지원하는 데 목적을 둔다. 어린이집 평가인증과정은 신청, 참여 확정, 현장관찰, 심의의 과정으로 진행된다.

표 11-2 어린이집 평가인증과정

구분	내용
신청	• 상시 자체점검 • 상시 신청
참여 확정	• 기본사항 확인 • 자체점검 보고서 제출 및 참여수수료 납부 • 참여대상 확정
현장관찰 (현장관찰자)	• 현장관찰 실시 • 현장관찰 보고서 작성 및 제출
심의 (심의위원회)	• 결과통보서 및 종합평가서 작성 • 인증결정

기본 방향은 평가인증제도 도입 필요성에 대하여 평가대상인 보육시설에서 적극 참여할 수 있도록 결정 및 추진과정에서부터 충분한 여론 수렴 및 홍보를 실시한다. 그리고 평가인증지표 및 운영체계 등에 대하여 가계의 의견을 수렴하여 합의를 도출하며, 본격적인 시행으로서 제도의 안정적 도입 및 정착을 도모하였다.

'21인 이상 보육시설용' 지표는 7개 영역의 80항목으로 구성되었으며, 각 지표의 평가기준은 '3단계 기술평정척도'로 이루어졌다(3 : 우수한 실제, 2 : 부분적으로 우수한 실제, 1 : 부적절한 실제). 영역별의 내용은 다음과 같다

표 11-3 21인 이상 보육시설(7개 영역 80항목)

영 역	하위 영역
영역 1. 보육환경(10항목)	가. 보육시설 환경(5항목) 나. 보육활동 자료(5항목)
영역 2. 운영관리(13항목)	가. 시설의 운영관리(7항목) 나. 보육인력(6항목)
영역 3. 보육과정(15항목)	가. 보육활동계획과 구성(7항목) 나. 보육활동(8항목)
영역 4. 상호작용(11항목)	가. 일상적 양육(3항목) 나. 교사의 상호작용(8항목)
영역 5. 건강과 영양(13항목)	가. 청결과 위생(8항목) 나. 질병관리(3항목) 다. 급식과 간식(2항목)
영역 6. 안전(10항목)	가. 실내외 시설의 안전(4항목) 나. 영유아의 안전보호(6항목)
영역 7. 가족 및 지역사회와의 협력(8항목)	가. 가족과의 협력(6항목) 나. 지역사회와의 협조(2항목)

'21인 미만 보육시설용' 지표는 5개 영역의 60항목으로 구성되었으며, 항목 중 50개는 동일하거나 유사하며, 10개는 소규모 시설에 적합한 항목이다.

표 11-4 21인 미만 보육시설(5개 영역 60항목)

영역	하위 영역
영역 1. 보육환경 및 운영관리(12항목)	가. 보육시설 환경(3항목) 나. 시설운영 및 가족과의 협력(6항목) 다. 보육인력(3항목)
영역 2. 보육과정(13항목)	가. 보육활동계획과 구성(4항목) 나. 보육활동과 자료(9항목)
영역 3. 상호작용(11항목)	가. 일상적 양육(4항목) 나. 교사의 상호작용(7항목)
영역 4. 건강과 영양(14항목)	가. 청결과 위생(8항목) 나. 질병관리(3항목) 다. 급식과 간식(3항목)
영역 5. 안전(10항목)	가. 실내 시설의 안전(4항목) 나. 영유아의 안전보호(6항목)

2) 유치원평가인증제도

1995년 교육개혁위원회가 '신교육체제 수립을 위한 교육개혁 방안'에서 학교평가의 도입을 제안한 이후 학부모의 학교선택권을 보장하고 교육수요자 중심 교육을 실현하기 위한 정책으로 1997년부터 초·중등학교와 대학을 대상으로 학교평가를 실시하였다. 유치원의 경우 유아교육법 제19조에 "교육감과 교육부장관은 유아교육을 효율적으로 하기 위하여 필요하면 유치원 운영실태 등에 대한 평가를 실시할 수 있다"고 규정하여 유아교육기관 평가에 대한 법적 근거를 마련하였다. 이에 교육자원부는 2007년 4월 '유치원 질적 수준 향상을 위한 유치원평가내용'을 기초로 하여 2007년 6월에 '유아교육 질적 수준 향상을 위한 유치원평가 기본계획'을 발표하여 학교평가의 일환으로 유치원평가를 실시하게 되었다. 따라서 2008년부터 현재까지 제3주기 평가가 실시되고 있다. 평가의 목적은 유아교육의 공교육을 조기에 장착하고, 효과적인 유아교육진흥정책을 개발하며, 학부모의 기관 선택권을 지원하는 데 있다.

유아교육기관 평가는 유아교육의 질 관리, 교사의 전문성 향상, 질 높은 교육 제공 면에서 필요하다. 유아교육기관에 대한 평가가 시행되어야 하는 필요성을 구체적으로 정리하면 다음과 같다.

유아교육기관 평가는 유아교육의 질을 체계적으로 관리하는 일련의 정책이 될 수 있다. 유치원 평가를 통해 국가수준의 체계적인 평가시스템을 구축함으로써 유치원의 운영실태를 진단하고 개선방안을 제안할 수 있다. 이로 인해 학교로서 유치원의 책무성과 질적 수준을 제고해 유아교육의 공교육화를 정착시키는 데 기여할 수 있다.

유아교육기관 평가는 기관의 질 개선뿐만 아니라, 유아들의 교육을 실질적으로 담당하는 교사의 전문성을 향상시킬 수 있다. 교육 운영 및 유아들과 상호작용 등에 관한 점검과정을 통해 교사로서의 전문성을 향상시킬 수 있다.

유아교육기관 평가를 실시함으로써 사회가 요구하고 있는 질 높은 교육을 유아들에게 제공할 수 있을 뿐만 아니라 학부모에게 질 높은 기관을 변별할 수 있는 기준을 제시한다.

유아교육기관 평가는 유아교육의 정상적인 운영을 위한 교육의 질 관리를 가능하게 한다. 실제적인 장학 인력부족으로 인해 사실상 형식적인 장학이 이루어지는 상황에서 국가수준의 유치원교육과정이 학부모들의 편향된 요구와 원아 모집을 의식한 유치원의 행사 및 특기활동 중심의 운영에 의해 파행적으로 실행되고 있기에 평가를 통해 바람직한 유아교육의 질적 수준을 정착시킬 수 있다.

평가방법은 기존과 같이 서면평가과 현장방문평가를 병행해 실시하되 유치원 정보공시 공개정보, 교육청 보고자료를 적극 활용하여 평가 부담을 완화하고자 하였다. 즉, 유치원 평가는 개별 유치원의 자율적 운영개선 및 질 제고가 목적으로 절대평가를 지향하며 다음과 같이 진행된다.

(1) 서면평가

서면평가는 유치원교육 운영계획서, 자체평가 보고서, 유치원 정보공시 공개정보를 사전에 충실히 검토하여 현장평가 방문시간을 단축하도록 하였다. 서면평가자료 중 유치원 자체평가 보고서는 매년 작성하여 연도별 유치원교육 서비스 향상 정도를 비교·확인하는 데 활용하도록 하고 있다.

(2) 현장평가

유치원교육 운영계획서, 자체평가 보고서, 유치원 정보공시 공개정보를 사전에 충실히 검토하여 현장평가 방문시간을 단축할 것을 제안하고 있다. 현장평가 방법은 현장방문을 통해 관찰과 면담 중심으로 서면평가의 내용을 확인하여 전시자료 준비 등으로 인해 교육과정 운영이 소홀해지는 것을 방지하고자 하였다.

(3) 결과 활용

유치원평가의 목적을 이루기 위하여 결과 활용은 유치원평가결과를 다음 해 1월 말까지 유치원으로 송부하여 유치원의 질 제고를 위한 피드백 자료로서 다음 해의 컨설팅 장학자료로 적극 활용하도록 하였다. 또한 시 · 도 교육청은 평가결과에 따라 유치원에 대한 행 · 재정적 지원과 연계하고, 평가 참여 유치원의 결과는 다음 해 2월에 공시자료로 활용할 계획이다.

표 11-5 유치원 평가지표

평가영역	평가지표	평가요소
Ⅰ. 교육과정	1. 교육목표 및 교육계획 수립의 적절성	1) 유아의 전인발달 · 교육지향
		2) 주제 중심으로 연계
		3) 소주제, 목표, 활동시간 및 내용, 자료 평가
	2. 일과운영 및 교수–학습방법의 적합성	1) 교육계획에 따라 일과를 통합적, 균형 있게 운영
		2) 교수–학습방법 및 매체
		3) 질적인 상호작용
	3. 평가방법 및 활용의 적절성	1) 실시방법과 활용이 적절
		2) 교육과정(누리과정) 운영평가의 실시방법과 활용 적절
Ⅱ. 교육환경	4. 실내외 교육환경 구성 및 활용의 적합성	1) 실내공간 → 흥미영역
		2) 실외공간 → 놀이기구를 비롯한 다양한 활동영역
		3) 실내외 시설 및 설비 → 발달수준 및 유아교육특성에 적합
	5. 교재 · 교구의 제공 및 관리의 적절성	1) 발달수준과 주제에 적합한 교재 · 교구
		2) 사용용이 정리 · 관리
Ⅲ. 건강 및 안전	6. 유아의 건강관리 및 지도의 적절성	1) 청결 · 위생지도 등 건강교육 실시
		2) 균형 있는 영양 → 급 · 간식 제공
		3) 식습관지도

	7. 유아의 안전관리 및 지도의 적절성	1) 안전교육 실시
		2) 보험 가입
		3) 시설 및 설비를 안전하게 설치·관리
Ⅳ. 운영관리	8. 교직원의 근무여건 및 전문성 제고	1) 규정(인사·보수·복지)준수
		2) 연수기회 부여
		3) 원장 → 민주적인 리더십
	9. 예산 편성 및 운영의 적절성	1) 예·결산서 운영위원회 심의·자문을 걸쳐 확정 & 공개
		2) 기타 경비 규정 준수
	10. 가정 및 지역사회와의 연계	1) 부모교육
		2) 교육활동 & 발달상황 학부모에게 안내
		3) 지역사회와의 협력 도모, 인적·물적 지원 활용
	11. 방과 후 과정 운영의 적절성	1) 국가 및 시도 교육청 운영지침에 따름
		2) 기본시설·설비 구비
		3) 전담 인력 배치
Ⅴ. 자체지표	12. 민주적인 유치원 문화조성	1) 자율적인 학습공동체 → 전문성 신장
		2) 교육과정 중심의 행사
		3) 학부모에게 소통과 참여 → 유치원 운영위원회

유아교육 동향 및 발전 방향

12장

12장
유아교육 동향 및 발전 방향

1 우리나라 유아교육의 문제점

우리나라는 '조기교육'으로 들끓고 있다. 그러나 정작 교육의 대상인 '아동'은 간데 없고 성인들이 중심이 되어 조기교육이 이루어지고 있다. 부모의 과다한 욕심, 관련 산업체의 이윤만을 위한 추구, 전문가들과 공교육계의 무책임한 방임, 빈약한 교육 인프라를 방치하는 정부, 여성의 취업난 등이 이유이다(김명순, 2002). 또한 미래의 주인이 될 아동의 교육적 · 사회적 · 문화적 환경을 건전하게 지키고자 하는 목소리들이 너무 작다는 것이다. 그렇다면 조기교육의 열풍으로 몸살을 앓고 있는 이유는 무엇일까? 첫째, 한국인의 무조건적인 높은 교육열이다. 높은 교육열을 무조건 나쁘다고는 할 수 없으나 만일 방향이 잘못되었다면 문제는 더더욱 커진다. 둘째, 우리나라 국민의 집단주의와 조급성이다. 즉, '다른 사람들이 시키니까'라는 불안감(박수진, 2001)과 '빨리 빨리 병' 때문에 조기교육을 시키지 않을 수 없다고 한다.

이러한 이유로 유아교육에 대한 부모의 기대심리와 불안감 등에 편승하여 유아교육을 조기교육으로 과열시키고 있는 것은 다양한 산업이 한몫을 차지한다. 우리나라에서 유아조기교육 산업으로 분류될 수 있는 종류를 정리해 보면 온라인 교육, 아동도서와 놀잇감, 학습지, 학원 등이다. 조기교육산업의 공통적 특징은 교육성보다는 상업성이 강조된다. 유아의 인격적, 정서적 혹은 사회적 발달을 위한 통합적 교육이 행해진다기보다는 한 시대의 유행과 조류에 더 민감하다. 이에 유아교육의 몇 가지 문제점을 여러 학자들의 견해들을 종합하여 살펴보고자 한다.

첫째, 사교육에의 지나친 편중이다.

유아 대상 과외야말로 우리나라 사교육 병폐가 얼마나 깊은지를 극명하게 보여 주는 사례이다. 이 땅의 어머니들은 임신을 하자마자 태교에 열을 올리지만 정작 아기가 태어날 때쯤 되면 정상아이기만을 기원한다. 아이가 태어난 뒤에는 자식을 얻은 기쁨에 건강하게만 자라도록 바란다. 그러나 아이가 말을 하기 시작할 때가 되면 부모의 욕심은 한없이 부풀어진다. 어머니들은 조기 외국어 교육 학원을 경쟁적으로 쫓아다니고 이웃집 아이보다 숫자와 글을 조금이라도 일찍 깨친다 싶으면 영재학원을 기웃거린다. 요컨대 "공부 못하고 학벌 없으면 이 땅에서 서러움을 겪는다."는 인식이 어머니들의 뇌리에 박혀 있기 때문이다.

어머니들은 어느 교재가 좋은지, 영어를 어떻게 가르쳐야 할지, 예체능조기교육을 먼저 해야 할지 고민을 한다. 거기다 이러한 엄마들의 마음을 아는지 우리 주변에는 조기영어유치원, 예체능교실, 여러 외국의 유아교육을 도입한 조기교육센터, 영재교육센터 등이 우후죽순으로 생겨서 무얼 어떻게 해야 될지 모르는 엄마들을 유혹하고 있다. 극성스런 엄마들은 영아교육을 부르짖으며 돌이 갓 지난 아이에게 한글과 영어를 가르치기 시작한다. 갓 돌이 지난 아이들은 젖을 빨 시기에 조기교육기관에서 선생님의 구령에 맞추어 교육을 받기 시작하는 것이다. 이런 부작용들에 대한 경고에도 불구하고 조기 사교육은 그 교육적 효과에 대한 치밀한 검증 절차를 대부분 생략한 채 확산 일로에 있다.

둘째, 어린이집과 유치원의 대립문제이다.

경영난이 가중되면서 원아모집 경쟁으로 인한 시설 간의 갈등, 운영자 간의 반목과 불화도 극에 달하고 유치원 옆에 어린이집, 그 옆에 사설학원, 또 그 옆에 놀이방과 선교원이 있다 보니 원아유치경쟁이 치열할 수밖에 없다. 그래서 교육비를 깎아준다, 영어와 컴퓨터를 가르쳐준다, 숫자와 글자를 가르쳐 준다 등등 교육적 목적보다는 학부모들의 요구에 따라 '춤을 추는' 시설들이 늘고 있다. 이렇다 보니 양식 있는 원장과 교사들은 학부모들의 요구에 휘둘려 유아교육이 파행으로 치닫기도 하며, 또 원아모집이 잘 안 되다 보니 유치원은 어린이집 때문이라고 하고 어린이집은 유치원 때문이라고 하는 등 운영자들이 서로 대립하는 현상도 벌어진다. 이런 사정으로 최근 시설 운영자가 행정당국에 항의하는 일이 자주 일어나고 있다.

셋째, 예산 지원문제이다.

유치원과 보육시설 사이의 갈등도 있지만, 같은 보육시설 내에서 정부 지원시설과 미 지원시설 간의 갈등도 심각하다. 또한 학계는 학계대로 유아교육학계는 유치원을, 사회복지학계는 보육시설을 대변하는 집단이기주의적 형태를 보이고 있다. 또한 우리나라의 유아교육은 국가 지원이 극히 미진한 상태에서 학부모들의 부담으로 사립 유치원이나 민간 어린이집과 놀이방에 의존하고 있다. 이처럼 유아교육을 시장 경제에만 맡기다보니, 학부모들의 사교육비 부담이 연간 2조 1,000억 원, 시설 설립자들은 운영난에 시달릴 수밖에 없다.

영아를 둔 맞벌이 부모들은 자녀를 안심하고 맡길 시설을 찾지 못해 허덕이고 있다. 이렇게 사교육비 부담의 출발은 바로 영아보육과 유아교육 분야이며 사실 그 비용도 만만치 않다. 나아가 자녀 보육비 부담으로 출산을 기피하는 경향마저 나타나고 있다.

넷째, 이원화체제에 따른 문제이다.

현재 우리나라 초등학교 취학 전 아이는 400만 명 정도로 전체 인구의 1할 정도를 차지하고, 이들의 보호와 교육을 담당하는 우리나라의 유아교육 현실은 유치원과 어린이집, 학원, 선교원, 놀이방 등인데, 기관의 시설이 부실 및 난립하고, 3~5살 유아는 교육부와 보건복지부의 중복관리와 0~2살 영아보육의 경우 교육의 질과 시설의 저조, 학부모의 과중한 사교육비 부담 등 구체적인 구조적 문제들을 지니고 있다. 이렇게 모순된 유아교육제도와 정부의 예산지원 미비로 우리의 영유아 취원율은 29개 OECD 가입국가 중 꼴지 수준이다.

유아교육제도는 교육부와 교육청 관할의 교육 위주 반일제 유치원으로, 보건복지부는 지방자치단체 관할의 보육 위주로 종일제 보육시설로 이원화되어 있다. 양 시설은 관할 행정부처, 법령, 설립목적과 역할, 대상유아의 계층, 교사의 양성과 명칭 등에서 모두 이원화되어 있다. 그리고 만 3~5살 유아는 교육부와 보건복지부에서 중복관리하도록 되어 있다. 오늘날 일본의 유아교육이 안고 있는 고질적인 문제인 유보를 그대로 답습한 것이다.

유아교육의 이원화 체제의 유아교육제도에서는 여러 가지 문제점이 생길 수밖에 없다. 2개 부처 관할로 정부의 예산낭비와 행정상의 마찰, 교육기회의 불평등으로 인한 계층 간의 위화감, 과도한 원아모집 경쟁, 학부모의 시설선택 혼란, 교사의 양성과 교류, 경력인정 및 상위자격 취득문제, 관련 단체 간, 학계간의 알력 등 그 폐해는 이루 말할 수 없다. 예컨대, 3~5살 유아를 중복 관리함으로써 대상 유아의 수급상황을 고려하지 않고 같은 지역 내 사립유치원 옆에 민간어린이집을 세우고, 국·공립어린이집 옆에 공립유치원을 세워 시설 난립을 부채질하면서 민간자원과 국민세금을 낭비하고 있는 실정이다.

1 우리나라 유아교육의 발전방향

1) 유아학교체제의 단계적 구축

유아학교체제의 단계적 구축방안이다.

첫째, 3세 이상 초등학교 취학 전 유아에 대한 교육을 유아학교체제로 구축하는 것이다. 3세 이상 초등학교 취학 전 유아에 대한 교육과 보호를 담당하는 유아학교체제를 구축하여 유아교육의 기간학제 편입에 대비한다. 유아학교는 유아학교교육과정 운영을 기본으로 하되, 학부모의 요구에 따라 다양한 형태의 종일반을 운영할 수 있도록 한다. 그리고 유치원을 포함하여 3세 이상 초등학교 취학 전 유아에 대한 교육 프로그램을 운영하고 있는 시설은 유아학교의 기준에 맞추어 유아학교로 전환할 수 있도록 문호를 개방한다. 유아학교의 법적 토대는 교육개혁안으로 제시된 교육기본법 체제하에 유아교육법을 별도로 마련한다. 유아교육법은 기존의 유아교육진흥법을 전면 개정하여 마련하는 것이 시급하다.

둘째, 유아학교의 질 고양체제 확립이다. 유아교육의 전반적인 질이 고양될 수 있도록 유아학교교원의 자질 향상 방안을 마련하고 장학체제를 확충한다. 유아학교교원의 자질을 향상시키고 전문성을 증진시키기 위해 대학 편·입학과 연수기회를 확대 제공하며 유아학교의 구축과 함께 유아학교교원의 양성과 관리체제를 정비한다. 그리고 유아학교의 질 관리를 위해 기존의 장학체제를 확충하고 민-관 합동 장학방식을 추가 채택한다.

셋째, 유아교육에 대한 국가와 지방자치단체의 지원확대이다. 유아교육에 대한 국가와 지방자치단체의 지원을 확대하여 유아교육의 질을 고양시키도록 한다. 정부 교육예산 중 유아교육예산을 연차적으로 상향조정하여 2007년 이후에는 연간 5% 이상을 투입하도록 한다. 사립 유아학교에도 국가재정을 지원하고,

재정관리의 투명성을 확보하며, 지방자치단체의 유아교육에 대한 재정지원 정도에 상응하여 국가도 재정을 지원하는 상응재원제도(Matching fund system)를 도입하여 유아교육에 대한 자치단체의 지원을 유도한다. 뿐만 아니라 현행 초·중등 및 대학생 자녀에게 지급되는 학비 지원이 유아학교에 다니는 자녀에게도 지급될 수 있도록 관공서, 기업 등의 사회적 동참을 유도한다.

2) 유아교육 개혁 추진체제 확립

유아교육 개혁 추진체제 확립방안이다.

첫째, 유아교육개혁추진위원회의 한시적인 운영으로 유아교육 개혁의 구체화를 위해 민관 합동 유아교육개혁추진위원회를 구성하여 한시적으로 운영한다. 추진위원회는 교육개혁추진위원회 산하 특별위원회 형태로 유아교육 및 복지 관계 부처 공무원, 유아수용시설 관계자, 학자를 포함한 민관 합동 10~12명으로 구성하도록 하고 활동목표에 대해서는 유아교육법 등 유아 관련 법제 정비, 유아교육에 대한 연차적인 재정투자 계획, 3세 미만 영아에 대한 국가 대책 등을 마련하도록 한다.

둘째, 유아교육진흥위원회의 구성과 운영으로서, 광역자치단체와 기초자치단체에 유아교육진흥위원회를 설치하여 지역적 특성에 맞는 유아교육이 발전되도록 한다. 이를 위해서는 교육감과 교육장의 자문기구로 해당 지역의 유아교육정책을 조정하거나 심의하도록 한다. 그리고 학부모, 지역 내 유아교육 관련 인사나 담당원들, 지방자치단체와 교육청의 유관 인사 등을 포함하여 민관 합동으로 구성하도록 한다.

3) 교육기회의 확대 및 균등화

우리나라의 유아교육은 초·중등이나 고등교육과 마찬가지로 그간 괄목할

만한 성장을 거듭해 왔다. 특히, 지난 1980년대 들어서는 유아기 교육의 중요성에 대한 전 국민적 공감대를 형성하여 국가와 민간 모두가 유치원 증설을 적극적으로 추진하였다. 그러나 1990년대에 들어 취원률이 저하되었는데, 이는 국가적 차원에서의 관심 저하를 들 수 있다.

각국의 유치원 취원율을 수준별로 비교해 보면 유치원 취원율은 일찍부터 유아교육의 중요성을 인식한 독일과 이탈리아를 선두로, 경제적 수준이 높은 유럽의 각국과 사회주의 국가들이 높다. 그리고 우리나라와 경제적 수준이 비슷한 멕시코나 아르헨티나 및 브라질의 취원율이 높게 나타나고 있으며, 우리나라의 취원율은 비교 대상 국가들에 비해 가장 최근 자료임에도 불구하고 아프리카의 후진국 수준에도 못 미치고 있다.

지역별로는 도시지역보다는 읍·면 단위 이하의 도서·벽지 지역이 더 높다. 그리고 취원율이 높은 도·시·벽지 지역은 공립유치원에 크게 의존하고 있다. 이러한 현상은 이농현상이 가속화되고 있는 우리나라의 농촌 현실을 고려하여 지난 1980년대에 정부가 추진한 농어촌 복지정책이 반영된 결과이다. 그러나 이 정책은 취원대상아가 집중되어 있는 도시지역에 공립유치원의 증설을 추진하지 않아서 도시 저소득층 자녀들에게 유치원 교육기회를 제한하는 역기능을 초래하였다. 교육비가 낮은 공립유치원이 많지 않은 도시지역에서는 유치원교육을 사립유치원에 의존할 수밖에 없는데, 사립유치원은 상대적으로 교육비가 비싸기 때문에 도시에 사는 저소득층의 자녀들은 근본적으로 교육기회의 제약을 받는다는 것이다. 결과적으로 우리나라의 교육기회는 어디에 사느냐에 따라, 또 부모의 소득에 따라 영향을 받으며, 취원율이 낮은 이유는 국가의 적극적인 개입에 의해 설치되는 공립유치원의 부족 때문이라는 것을 알 수 있다.

민주국가에서의 국민은 교육의 기회를 균등하게 보장받을 권리가 있다. 대체로 교육에 있어서의 기회란 "선택"과 "혜택"에서의 기회 및 권리와 보장을 말한다. 여기서 선택에의 기회 보장과 권리란 국민이 자신이 원하는 교육을 고를 수 있는 기회를 균등하게 보장받는다는 것이고, 혜택이란 국가나 사회가 마련해서 제공하는 것들을 부당한 차별이 없이 누릴 수 있는 권리를 뜻한다. 따라서 이 두 가지 교육의 기회균등에 의하면 국민은 지역이나 성별, 나이, 종교 등에 상관없이 교육을 보장받고 또 국가는 교육을 보장해야 한다.

21세기를 향한 유아교육의 발전과제 중 가장 중요한 과제는 유아교육에 기회를 향상시키는 것, 보다 구체적으로 유치원 취원율을 높이는 것이다. 유아교육에의 기회를 향상시키는 것은 정보화 사회와 세계화시대로 표상되는 21세기에 기초교육을 튼튼히 받는 2세 국민을 육성하는 지름길이기 때문이다. 따라서 다가오는 21세기는 보다 많은 어린이들에게 유아교육의 기회확대와 균등화가 이루어져야 할 것이다.

4) 유아교육의 공교육화

공교육이란 누구에게나 적성과 능력에 맞는 교육의 기회를 부여하며 국민의 대표인 공적 기관이 그 운영과 재정적 책임을 지는 교육이다. 이를 위해 다양한 교육방법으로 구체적인 실험을 추구하며, 전 계층의 문화에서 각 시대의 철학적이고 역사적인 주제를 교육내용으로 삼아 교육의 문제를 공적 관심사로 삼는 교육이다. 무상교육의 공교육에 대한 논의가 구체적으로 이루어진 것은 1987년 교육개혁심의회였다. 그 주된 내용은 "유치원의 공교육화를 모든 미취학 유아를 대상으로 체계적이고 전문적인 교육을 적기에 실시할 수 있도록 유치원교육을 공교육화한다."라고 정의되었고, 그 세부 내용을 다음에 명시하고 있다.

유아의 전인적 개발을 촉진시키고, 국민기초 교육을 튼튼히 하기 위하여 5세 유아의 전원 유치원 취원을 조장한다. 유치원은 초등학교 병설 공립유치원을 근간으로 하고 사립유치원을 병존시킨다. 단, 사립유치원은 법인체가 되도록 권장한다. 유치원의 선정기준을 강화하고, 유치원을 공교육기관화하기 위해서 유치원 명칭을 유아학교로 개칭한다. 하지만 유치원 공교육화 방안은 초등학교개혁안에 초점을 맞춤으로써 혼란을 야기했다. 이는 현재 우리나라의 많은 유아가 정식교육기관이 아닌 사설 교육기관인 유치원, 선교원, 학원 등에서 무분별한 조기교육을 받고 있는 원인이 되기도 한다. 왜냐하면 유치원이 유아를 대상으로 하는 다른 교육기관과 교육적인 측면에서 크게 구분되지 못했기 때문이다.

최근 우리나라의 경우 유아기의 중요성이 인식되고, 여성의 사회진출이 증가되면서 유아교육기관에 대한 양적 · 질적인 요구가 늘어나고 있다. 그러므로 유치원이 기간학제에 포함된다는 것은 유아기의 교육을 교육의 시작으로 이루어지는 형식적인 교육기관임을 분명히 하면서 인성발달 및 다른 모든 발달의 기초가 형성되고, 성인이 될 때까지 그 영향력이 지속되는 유아기 교육에 의도적인 투자가 있어야 함을 의미한다고 할 수 있다.

5) 유치원, 보육시설의 일원화

우리나라 여성의 사회활동의 참여율이 높아짐에 따라서 유아교육기관에 대한 요구가 높아졌는데, 특히 유치원 시기의 대상 유아(3~5세)보다 어린 유아(0~3세)에 대한 보육시설과 종일제 유치원의 필요성이 부각되고 있다. 최근 우리나라에서는 이 문제를 해소하기 위해서 노력하고 있다. 그러한 노력은 구체적으로 교육부의 종일제 유치원에 대한 적극적인 권장과 지원, 보건복지부의 획기적인 어린이집 증설로 나타나고 있다. 그러나 더 큰 문제는 각 기관을 관장하는 부처가 다름으로 인해서 나타나고 있다. 교사의 수준과 교육내용의 차이가 크기 때문에 같은 연령의 유아가 어떤 교육기관에 다니느냐에 따라 매우 다른 수준의 교육적 경험을 하게 된다는 것이다. 특히, 어린이집에 다니는 유아들은 대부분 저소득층 가정의 자녀들로서 질 높은 교육적 경험이 상대적으로 더 요구되는 유아들이다.

이 문제는 보육기관에 대한 교육적 내용의 강화와 함께, 유치원의 보육기능을 강화함으로써 다소 완화시킬 수 있다. 각 가정의 유아들은 유치원이든 어린이집이든 원하는 유아교육을 선택해서 원하는 시간만큼, 높은 수준의 보육을 받을 수 있어야 하기 때문이다. 이것이 바로 교육의 기회균등을 실현하는 것이며 교육 복지국가를 실현하는 것이다.

21세기를 향한 유아교육의 발전은 연령과 지역에 따라 교육 프로그램을 다양화하고 전통문화의 요소와 세계 각국에 대한 이해를 교육과정에 포함시키며 초등학교와의 연계를 강화하는 등의 교육 내적인 발전도 아울러 도모해야 할 것이다. 그렇게 할 때 명실공히 유아교육의 발전이 이루어질 수 있기 때문이다.

6) 초등학교와의 연계성

유치원과 초등학교 교육 간의 연계성은 유아의 계속적인 발달과 교육적 성취를 위해서 필요하다. 이에 선진국가인, 특히 미국의 경우 Follow Through Program 실시를 통하여 유치원과 초등학교 교육 간의 연계를 꾀하고 있다. 이는 유치원에서의 효과가 초등학교까지 후속되는 교육을 통한 교육과정으로 연결되지 않는다면 그 성과가 없어진다는 연구결과에 기인한 것이다.

교육학 용어사전을 보면 연계성이란 학년 간이나 학교수준 간의 교육내용이 적절한 관련을 맺고 있는 상태라고 정의하고 있다. 여기서 적절한 관련을 맺고 있다는 말은 교육내용들이 서로 의미 있게 구분된다는 것과 그 사이의 관련이 원활하다는 것을 동시에 나타내는 말이다. 그러므로 유치원과 초등학교의 연계성은 교육내용, 교수방법, 교실환경, 그리고 평가 등에서 적절한 관계가 이루어지고, 유치원과 바로 연결되는 초등학교 저학년과의 연계가 좀 더 긴밀하게 이루어져야 할 것이다.

유치원과 초등학교 교육의 연계를 위하여 고려해야 할 점을 제시하면 다음과 같다. 초등학교에 들어가기 이전의 유아들의 교육적 경험의 차이를 줄인다. 이는 초등학교에 들어가기 이전의 유아들의 발달 정도 및 경험의 차이를 최소화하여야 한다. 유치원교육과 초등학교교육의 연계를 위해서 유치원이 공교육화 되어야 한다. 유치원과 초등학교 저학년의 교과내용, 교수방법, 교실환경이 이 시기 유아들의 발달특성을 고려하여 통합적인 교과과정으로 구성되어야 한다. 유아교육과 초등학교 교사의 양성제도와 통합이 필요하다. 유치원과 초등학교 3학년까지의 유아를 함께 지도할 수 있는 교사양성제도나 두 기관의 교과목을 상호교환하여 개설하거나 상호교환교육 실습을 통한 현직 교사의 재교육과정을 모색해야 한다.

이상에서 살펴본 바와 같이 유치원과 초등학교와의 연계는 우선 유치원의 공교육화를 통해서 초등학교와 같이 기간학제에 포함함으로써 부모들에게 공교육기관이라는 인식 전환이 수행되어야 한다. 이를 통해서 유치원과 초등학교 저학년에 해당되는 이 시기 유아들이 각각의 사전경험의 격차 해소와 차별화를 통한 교육내용의 동질성과 함께 교육기회의 불균형을 해소해야 한다. 그리고 유치원과 초등학교 교사 양성제도의 통합과 현직 교사의 재교육을 통해서 표준화된 교육경험을 제공해 주어야 한다.

참 고 문 헌

강문희, 류진희, 이경희, 윤애희, 정정옥(2003). **유아교육기관 운영관리**. 서울: 학지사.

강문희, 문미옥, 박경자, 서영숙, 우남희, 이강이, 이숙재, 이순형, 이영, 이옥(2002). **21세기 유아보육**. 서울: 학지사.

강진주(2017). 유아의 참여권과 교육에서 기록화. 2017년 한국육아지원학회 춘계학술대회, 육아지원 환경에서 정의와 권리, pp. 109-113. 4월 22일 전라북도 익산: 원광대학교 60주년 기념관 1층 아트스페이스홀.

강진주, 고은경(2018). 유아의 참여권 신장을 위한 교육적 접근으로써 기록화의 가능성: 기록화에서 유아의 참여 역할에 관한 탐색. **학습자 중심 교과교육연구, 18**(3), 751-774.

강현석(2016). 한국 교육과정의 현실과 미래 과제. **교육과정연구, 34**(3), 69-101.

곽노의(1997). 독일의 열린 학교: 자유 발도르프 유치원. **열린교육연구, 2**(1), 92-104.

곽영순(2015). 미래 학교교육 변화 및 교육과정 재구성에 필요한 교사 전문성 탐색. **교과교육학연구, 19**(1), 93-111.

곽윤정(1997). 정서지능의 발달 경향성과 구인타당서에 관한 연구. 서울대학교 대학원 석사학위논문.

곽은복 외(2004). **유아보육개론**. 서울: 창지사.

곽향림(2014). 누리과정과 평가기준의 자율적 해석을 통한 교육과정 실행. 2013년 한국어린이교육문화비평학회 연차학술대회, 국가수준 교육과정(누리과정) 실행과 기관평가의 딜레마, pp. 67-81. 1월 25일 서울: 한국방송통신대학교 서울지역대학 대강당.

곽향림, 안경숙(2010). 교사 주도적 교수학습에 대한 반성적 재고: 교사와 유아의 삶의 관점에서. **유아교육연구, 30**(2), 309-337.

교육과학기술부(2007). 2007 개정 유치원교육과정.

교육과학기술부(2008). 2007 개정 유치원교육과정 해설.

교육과학기술부(2009). 유치원 지도서 1. 총론.

교육과학기술부(2010). 창의와 배려의 조화를 통한 인재육성-창의·인성교육 기본방안.

교육과학기술부(2011). 5세 누리과정 운영 지원을 위한 교사연수 자료집.

교육과학기술부(2012. 7. 6). 3~5세 연령별 누리과정 완성·고사 교육과학기술부 보도자료.

교육과학기술부, 보건복지부(2012). 3~5세 연령별 누리과정 고시문(2012. 7. 10).

교육과학기술부, 보건복지부(2013). 3~5세 연령별 누리과정 해설서. 서울: 교육과학기술부·보건복지부.

교육부, 광주광역시교육청(2013). 유아교육발전 5개년 계획수립 정책연구.

교육부, 한국교육개발원(2013). OECD 교육지표 2013.

교육부, 한국교육개발원(2015). 교육통계연보.

교육인적자원부 유아교육특별연구단(2007). 삶과 학습의 조화와 국가 경쟁력 강화를 위한 유아교육발전 5개년계획(안). 교육인적자원부.

교육인적자원부(1995). 유치원 교육활동 지도서.

교육인적자원부(2001). 교육부 통계자료 2001. 유아·특수교육 담당관실.

교육인적자원부(2006). "다문화 가정" 품어 안는 교육지원대책.

교육인적자원부(2007). 「2007 유치원교육과정」. 교육인적자원부 고시 제2007-153호.

교육인적자원부(2007). 개정 유치원 교육과정 해설집.

교육인적자원부(2007). 부모와 함께 하는 전자미디어 교육활동.

교육인적자원부(2007). 유치원 평가 기본계획.

교육인적자원부(2007). 유치원교육과정 해설 II. 건강생활, 사회생활.

교육인적자원부(2007). 유치원교육과정 해설 III. 표현생활, 언어생활, 탐구생활.

교육인적자원부(2007). 유치원교육과정 해설 I. 총론.

구경선(2005). **영유아 교사를 위한 몬테소리 교육의 사상과 실제.** 서울: 교육아카데미.

권귀염(2015). '흥미'에 대한 이해와 실천: 유아교사들의 오해와 혼란, 그리고 갈등. **유아교육연구, 35**(2), 237-262.

권귀염(2018). 제4차 산업혁명 시대의 교육과 유아교사의 역할. **학습자 중심 교과교육연구, 18**(4), 47-72.

권민균(2005). **아동발달의 이해.** 서울: 창지사.

김경륜(2003). 보육시설의 안전 보육환경 평가척도 개발. 숙명여자대학교 대학원 박사학위논문.

김경은 외(2016). **영유아 프로그램 개발과 평가.** 경기: 양서원.

김경화(2012). 2주기 유치원평가지표의 중요성에 대한 사립유치원 교사의 인식과 실천 정도. 원광대학교 교육대학원 석사학위논문.

김경희 외(2016). **보육학개론.** 서울: 창지사.

김광수, 김해연(2009). 공감교육 프로그램이 초등학생의 공감능력과 정서지능에 미치는 영향. **초등교육연구, 22**(4), 275-300.

김동례(2007). 보육시설 종사자가 인식한 평가인증제의 운영과정과 사후유지관리에 관한 연구. 전남대학교 대학원 박사학위논문.

김동춘(2006). **기독교유아교육기관의 경영관리.** 서울: 창지사.

김두정(2015). 전문학습공동체를 통한 교육과정 개혁: 하향식 및 상향식 의사결정의 균형과 통합을 중심으로. **교육과정연구, 33**(3), 179-198.

김명순 외(2005). **포괄적 보육서비스 아동교육프로그램.** 서울: 다음세대.

김명순, 김일옥, 김정원, 김지은, 백선희, 조부경(2005). 표준보육과정 연구. 연구보고 2005-26. 여성가족부.

김명순, 이기숙, 이옥(2005). 한국유아교육·보육과정의 역사와 미래. 한국유아교육과 보육의 자리매김. **한국유아교육 학술대회 자료집.** 한국유아교육학회.

김명옥 외(1995). **한국 현대 유아 교육사.** 경기: 양서원.

김명희(1996). **현대 사회의 부모교육.** 서울: 학문출판사.

김무길(2004). 듀이의 상황 개념과 교육. **교육철학, 32**, 1-26.

김무길(2008). 듀이의 흥미 개념 재이해와 그 교육적 함의. **교육철학, 42**, 7-28.

김무길(2011). 좋은 수업의 조건들에 대한 비판적 검토: 듀이의 성장 개념을 중심으로. **교육철학연구,** 33(3), 25-47.

김문정, 김정숙, 이경화(2017). 누리과정 교사용지도서 세계 여러 나라의 비판적 분석. **학습자중심교과교육연구,** 17(23), 97-113.

김상림 외(2013). **보육과정**. 경기: 양서원.

김수영, 김수임, 김현아, 정금자(2000). **유아 놀이의 이론과 실제.** 경기: 양서원.

김연진 외(2006). **보육학개론**. 서울: 동문사.

김연진 외(2007). **보육과정**. 서울: 태영출판사.

김연진 외(2015). **영유아 보육과정**. 서울: 태영출판사.

김영옥, 김수영(1999). 유아교육기관의 질에 따른 교사의 상호작용, 유아의 놀이 활동 및 인지활동. **교육학연구,** 37(1), 407-425.

김영지(2009). 시간연장 보육프로그램 실행연구. 숙명여자대학교 대학원 석사학위논문.

김영희 외(2002). **유아교육과정.** 서울: 동문사.

김예림(2017). 교육과정의 실천에 대한 탐구: 들뢰즈와 과타리의 철학을 중심으로. **미술과 교육,** 18(3), 181-196.

김은희(2007). 관계에 기초한 유아교육과정 변형 여정과 실천 돌아보기: 학습 공동체를 통한 실천연구를 중심으로. **변형영유아교육연구,** 11(1), 5-28.

김은희(2011). 유치원 교실에서 기록의 의미 알아가기: 3세반 두 교사의 기록 공유 내러티브를 중심으로. **유아교육학논집,** 15(1), 67-98.

김은희(2012). 민주주의 교육 실천으로서 기록의 의미: 4세반 두 교사의 기록 공유 내러티브를 중심으로. **유아교육학논집,** 16(6), 463-488.

김은희(2013). 표상하고 소통하는 유아교육을 위한 기록의 활용. **유아교육학논집,** 17(6), 207-233.

김정원 외(2013). **보육학개론**. 경기: 양서원.

김정원, 심은희, 이경화, 이연규, 장은주, 전선옥, 조순옥, 조화연, 최일선(2010). **보육학개론**. 경기: 양서원.

김정임(2003). 발도르프 유아교육원리에 대한 고찰. **교육과학연구,** 34(2), 117-130.

김정준, 김정화, 신유림(1999). **유아에게 적합한 125가지 놀잇감**. 서울: 창지사.

김지은 외(2013). **보육과정**. 서울: 창지사.

김진숙(2010). 보육시설 평가인증제의 운영실태와 정책방안 연구. 가야대학교 행정대학원 석사학위논문.

김현미, 권귀염(2016). 돌봄과 유아 교사 전문성. **아동교육,** 25(3), 135-156.

김현주(2007). 평가인증 보육시설 시설장과 교사의 평가인증에 대한 인식과 만족도 비교 연구, 명지대학교 사회복지대학원 석사학위논문.

김희연(2004). 실행연구자(action researcher)로서의 유아교사: 유아교사의 정체성 확립을 위한 일고. **유아교육연구,** 24(6), 235-255.

김희연(2013). 유아교육에서의 통합교육과정에 대한 비판적 담론분석. **유아교육학논집,** 17(2), 521-544.

김희진 · 박은혜 · 이지현(2000). **유아교육기관에서의 관찰**. 서울: 창지사.

노명희, 윤은종, 안연경(2006). **유아교육개론**. 서울: 동문사.

노희연(2016). **영아보육의 이해**. 경기: 양성원.

류민정(2014). 유치원 및 어린이집의 평가제도 개선방안: 유보통합의 관점에서. 입법과 정책 제6권 제1호 2014. 6. pp. 219-252 국회입법조사처.

류진순(2007). 유치원 교실에서의 교사 개입에 관한 연구: 자유선택활동시간을 중심으로. 덕성여자대학교 대학원 박사학위논문.

류진희(2000). **유아교사를 위한 교육실습과 교육활동**. 서울: 양서원.

문미옥(2008). **교육과 보육을 위한 영유아 교육과정**. 서울: 창지사.

문미옥(2013). **교육과 보육을 위한 영유아 교육과정**. 서울: 창지사.

문미옥, 이혜상(2008). **유아교육개론**. 서울: 교육아카데미.

문미옥, 이혜상, 민행란(2004). **한국전통문화와 유아교육**. 경기: 양서원.

문연심(2012). **영유아 프로그램 개발 및 평가**. 경기: 공동체.

민경휘(2011). 하리교회 다문화가족 프로그램 개발을 통한 목회 패러다임 고찰. 호서대학교 연합신학전문대학원 석사학위논문.

박미경(2006). 교사를 통해본 다문화 가정 유아의 특성 및 교사의 어려움-결론이민자 가정을 중심으로-. 이화여자대학교 대학원 석사학위 청구논문.

박성연 (2006). **아동발달**. 경기: 교문사.

박성옥 외(2003). **영유아의 건강과 안전**. 서울: 창지사.

박성희(2004). **공감학: 어제와 오늘**. 서울: 학지사.

박숙희, 염명숙(2001). **교수, 학습과 교육공학**. 서울: 학지사.

박은혜(2000). **세계의 유아교육제도**. 경기: 양서원.

박은혜(2003). **유아교사론**. 서울: 창지사.

박은혜(2017). **유아교사론(제5판)**. 서울: 창지사.

박은혜, 이지현, 전홍주(2012). 유아교사가 인식하는 문해 교육과정의 의미. **어린이 문학교육 연구, 13**(2), 25-45.

박재환(2002). **유아교육기관의 경영관리**. 경기: 양서원.

박정언, 유혜령(2001). 프로젝트 활동에서의 교사역할의 어려움에 관한 참여관찰 연구. **아동교육, 10**(1), 25-32.

박창현(2017). 누리과정 정책 수요에 대한 빅데이터 분석: 워드 클라우드와 의미망 분석을 중심으로. **유아교육연구, 37**(3), 73-91.

박창현, 양미선(2017). 유치원과 어린이집 교직원의 누리과정 운영에 관한 인식 분석: 교육과정 운영의 자율화 · 다양화를 중심으로. **육아정책연구, 11**(1), 209-237.

반채익(2005). 교육에서 자유의 의미: 자유교육과 아동중심교육을 중심으로. **교육발전 연구, 22**(1), 5-24.

방인옥, 고문숙, 김은정, 김준규, 김태선, 손혜숙, 신혜영, 원중연, 정연희, 주봉관, 조경서, 한은숙(2008). **유아교육개론**. 경기: 정민사.

보육시설 평가인증사무국(2005). 보육시설평가인증지침서. 여성가족부.
서경혜(2016). 교육과정 재구성 논쟁. **교육과정연구, 34**(3), 209-235.
서동미, 이옥임, 박지선, 조재은(2010). **영아프로그램 개발 및 평가**. 경기: 정민사.
서혜정, 김은영(2012). 자유선택활동시간에 교사 역할을 찾아가는 현장연구. **유아교육학논집, 16**(5), 163-188.
서혜정, 이한아(2011). 유아가 주도하는 놀이에 대한 유아교사의 경험. **유아교육학논집, 15**(6), 119-144.
성미영 외(2015). **보육교사론**. 서울: 학지사.
송도선(2005). 듀이의 아동 중심 교육의 진의. **교육사상연구, 16**, 147-167.
송지연(2010). 중학교 다문화 교육 프로그램 개발 및 적용 : 창의적 재량활동을 중심으로. 한국교원대학교 일반대학원 석사학위논문.
신은미, 손복영(2011). 유아교사들이 인식하는 유아 주도성의 의미. **한국교원교육연구, 28**(4), 465-492.
신재한(2013). **영유아교육과정의 이론과 실제**. 경기: 교육과학사.
신화식 외(2004). **영유아교육 프로그램**. 서울: 교문사.
신화식(1996). **몬테소리교육의 이론과 실제**. 경기: 양서원.
신화식, 김명희(2008). **유아교육기관 운영관리**. 경기: 양서원.
심성경 외(2004). **개정 유아교육개론**. 서울: 창지사.
심성경, 조문옥, 이정숙, 이춘하, 이선경, 이효숙(2009). **유아교육개론**. 서울: 창지사.
심성경, 조순옥, 이정숙, 이춘자, 이선경, 이효숙(1998). **유아교육개론**. 서울: 창지사.
안준희(2016). 놀이 중심 교육의 토착화와 딜레마: 한국 유아교육 사례를 중심으로. **교육인류학연구, 19**(1), 73-107.
양옥승(2000). 유아교육과정 이론: 분석적 탐구. **교육학연구, 38**(1), 135-151.
양옥승(2002). 유아교육과정의 재개념화: 포스트모더니즘적 관점에서 유치원의 자유놀이에 대한 이해. **유아교육연구, 20**(1), 53-73.
양은주(2003). 듀이의 흥미 개념과 학생중심 교육과정. **교육과정연구, 21**(1), 179-202.
엄정애(2007). 유아주도적인 놀이 상황과 교사주도적인 일 상황에서 인지적 협력구성 비교 연구. **유아교육연구, 27**(4), 161-185.
엄정애(2009). **영유아 놀이와 교육**. 경기: 교문사.
오연주 외(2016). **보육과정**. 서울: 창지사.
유구종 외(2012). **최신 영유아 보육학개론**. 경기: 공동체.
유혜령(2010). 유아교육의 본질을 향한 서로 다른 목소리: 다학문적 접근의 갈등과 희망을 함께 하며. **유아교육연구, 30**(1), 295-319.
윤은주(2015). 민주주의 실현으로서 핀란드 교육과정개편이 주는 교훈: 누리과정 개편을 위한 논의. **한국보육지원학회지, 11**(1), 373-393.
이가형(2017). 영아의 하나의 경험(an experience) 들여다보기. **어린이교육비평, 7**(2), 61-85.
이경화(2010). **유아교육기관 운영관리**. 경기: 공동체.

이경화(2016a). 3~5세 누리과정의 한계와 유아교육자의 과제. **생태유아교육연구, 15**(4), 1-23.

이경화(2016b). 메타포를 통해 본 유아교사의 '교육과정'에 대한 실천적 지식의 한계. **한국보육지원학회지, 12**(4), 131-149.

이기숙 외(2002). **유아교육개론**. 경기: 양서원.

이기숙 외(2012). **유아교육기관평가**. 서울: 창지사.

이기숙(2000). **유아교육과정**. 경기: 교문사.

이기숙, 홍순정(2001). **유아교육과정**. 서울: 한국방송통신대학교출판부.

이명숙, 윤은주(2003). 질적 심층면담의 신빙성(Trustworthiness): 그 내적기제에 관하여. **교육학논총, 24**(2), 127-139.

이상욱(2008). **유아교육사상사의 두 지평**. 서울: 교육과학사.

이성호(2004). **교육과정개발과 평가**. 경기: 양서원.

이숙재(2004). **유아를 위한 놀이의 이론과 실제**. 서울: 창지사.

이숙재, 이봉선(2003). **영유아의 발달과 교육**. 서울: 창지사.

이순형(2009). **보육과정**. 학지사.

이순형(2013). **보육학개론**. 학지사.

이연섭, 방인옥, 조희숙, 조정숙, 이광자, 박찬옥, 지성애, 마송희, 유왕효, 김정규, 정갑순, 이윤옥, 엄기영, 노영희, 나정(2007). **유아교육개론**. 경기: 정민사.

이영숙(2000). **몬테소리, 그 교육의 모든 것**. 창지사.

이영옥(2014). 2차 평가인증을 참여한 가정어린이집 원장과 보육교사의 2차 평가인증에 대한 인식 연구(대전광역시 서구 가정어린이집 중심으로). 충신대학교 교육대학원 석사학위논문.

이영자, 신동주(2006). **유아교육기관 운영관리**. 서울: 창지사.

이윤경, 최석란, 신은수(1998). **유아교육개론**. 서울: 창지사.

이윤진, 문무경, 김문정, 양시내(2009). **유아학원 이용 및 운영 실태**. 육아정책연구소.

이은해(1985). **아동연구방법**. 경기: 교문사.

이은해(1995). **아동발달의 평가와 측정**. 경기: 교문사.

이은화 외(1995). **유아교사론**. 경기: 양서원.

이은화 외(2001). **유아교육개론**. 서울: 이화여자대학교출판부.

이정금, 임부연(2018). 교사의 상상력을 통한 유아교육과정 재구성 과정에 관한 연구. **유아교육연구, 38**(1), 137-165.

이정림 외(2012). **장애 영유아 통합보육 교육현황과 선진화 방안**. 서울: 육아정책연구소.

이진희(2012). 유아평가의 의미 만들어가기를 위한 실행연구. **유아교육연구, 32**(1), 5-29.

이화여자대학교 사범대학 부속 이화유치원 편(2002). **이화유치원교육과정**. 경기: 교문사.

이효숙(2004). **개정 유아교육개론**. 서울: 창지사.

임미선(2011). **유아교육개론**. 서울: 박문각.

임미혜 외(2007). **보육학개론**. 경기: 학현사.

임미혜(2001). **영유아보육 프로그램**. 서울: 동문사.

임민정(2016). 포스트모던 텍스트로서의 질적 연구: 세 가지 이론을 통한 해체적 읽기. **유아교육연**

구, 36(2), 147-167.
임부연 외(2010). **유아교과교육론**. 경기: 공동체.
임부연(2017). 미래사회 준비를 위한 '놀이'중심 국가수준 유아교육과정 개정방향 모색. **교육혁신연구,** 27(4), 59-78.
임재택(1995). **현대 유아교육과정**. 경기: 양서원.
임재택(2008). **생태아교육개론**. 경기: 양서원.
임재택(2010). **생태유아교육 프로그램**. 경기: 공동체.
정옥분(2013). **보육과정**. 서울: 학지사.
정윤경(2004). **발도르프 교육학**. 서울: 학지사.
정을순(2007). 영유아보육 표준보육과정 적용실태. 아주대학교 공공정책대학원 석사학위논문.
정정옥(2015). **예비 보육교사를 위한 보육학개론**. 서울: 교육아카데미.
정정훈(2016). 자신과 마주할 용기: 교육과정 수업에서의 쿠레레 의미 탐색. **교육과정연구,** 34(3), 103-126.
정정희, 이효림(2017). 학술논문 빅데이터를 활용한 유아교육과정 연구동향 분석. **유아교육연구,** 37(5), 289-316.
정진성, 임부연(2015). 내러티브교육과정과 '더 좋은 경험'에 대하여. **교원교육,** 31(1), 247-263.
조복희 외(2013). **보육과정**. 서울: 교육과학사.
조성연 외(2013). **보육학개론**. 서울: 학지사.
조성연, 이정희, 천희영, 심미경, 황혜정, 나종해(2004). **아동발달의 이해.** 서울: 신정.
조아라, 임부연(2016). 유아교사의 본질과 실존에 대한 탐구: 수업세계를 중심으로. **열린유아교육연구,** 21(4), 251-276.
조혜영, 황인주(2012). 5세 누리과정을 적용하는 과정에서 담당교사들이 겪게 되는 긍정적 경험, 어려움과 개선방안. **유아교육연구,** 32(5), 181-205.
지성애(2015). **영유아 프로그램 개발과 평가**. 경기: 정민사.
지옥정, 김수영, 정정희, 고미애, 조혜진(2008). **유아교육개론.** 서울: 창지사.
최승현(2014). 들뢰즈의 실험적 배움론을 통해 본 '창의지성교육'. **교육철학연구,** 36(3), 107-126.
최승현(2016). 들뢰즈의 파이데이아. **교육사상연구,** 30(1), 259-276.
최승현(2017). **들뢰즈의 배움론이 교사교육에 주는 시사점.** 서울: 교육철학연구.
팽영일(2000). **유아교육의 역사와 사상.** 경기: 양서원.
하은경(2008). 평가인증을 통과한 보육시설의 평가인증에 대한 만족도 및 개선방안. 아주대학교 교육대학원 석사학위논문.
한수연(2010). 표준보육과정에 기초한 다문화 보육프로그램 개발 및 효과검증. 위덕대학교 일반대학원 석사학위논문.
홍지연(2002). **영유아교육 프로그램**. 서울: 창지사.
황해익(2000). **유아교육평가**. 경기: 양서원.

Ade, W.(1982). Professionalization and it's implication for the field of early childhood education.

Young Children, 37(3), 25-32.

Ahn, H. J.(2018). Some challenges for early childhood nature education,with the perspectives of Deleuze and Guattari. *International Journal of Early Childhood Education, 24*, 95-113.

Arnold, D. S. & Whitehurst, G. J.(1994). Accelerating language development through picture book reading: A summary of dialogic reading and its effects. In D. K. Dickinson(Ed), *Bridges to literacy: Children, Families and Schools(pp. 103-128).* Cambridge, England: Kackwell.

Baker(1994). Planning and Organizing for Multicultural Instruction. Addison - Wesley, gandura, A.(1973). *Aggression: Social Learning Analysis.* Englewood Cliffs, N. J: Prentice-Hall.

Banks, J. A.(1993). Multicultural education for young children: Racial and ethnic attitudes and their modification. In B. Spodek(Ed), *Handbook of research on the education of young children(pp.236—250).* New York : Macmillan Publishing Company.

Bauch, J. P.(1989). The transparent school model: New technology for parent involvement. *Educational Leadership, 47*(2), 32-34.

Bayman, G. A.(1995) An example of a small project for kindergarteners that includes some 3Rs learning. *Young Children, 50*(6), 27-31.

Beaty, J.(2004). *Skills for preschool teachers.* NJ: Pearson.

Berger, E. H.(1987). *Parents as partners in education.* Columbus, Ohio: Merill Publishing Company.

Berk, E. L. & Winsler, A.(1995). **어린이들의 학습에 비계설정(Scaffolding): 비고스키와 유아교육**. 홍용희(역). 서울: 창지사.

Berk, L. E.(1997). *Child Development(4th ed.).* Allyn & Bacon: A Viacom Company.

Bloch, M. N.(1991). Critical science and the history of child development's influence on early education research. *Early Education and Development, 2*(2), 95-108.

Bloom, B.(1964). *Stability and change in human behaviors.* New York: Wiley.

Bodrova, E., & Leong, D. J.(1998). **정신의 도구: 비고츠키 유아교육** [*Tools of the mind: The Vygotskyian approach to early childhood education*] (김억환, 박은혜 역). 서울: 이화여자대학교출판부. (원전은 1996에 출판)

Bodrova, E., & Leong, D. J.(2001). **정신의 도구: 비고츠키 유아교육**. 김억환, 박은혜(역). 이화여자대학교 출판부.

Brandt, R.(1989). On parents and schools: A conversation with Joyce Epstein. *Educational Leadership, 47*(2), 24-27.

Brazelton, T. B.(1992). *Touch points: Your child's emotional and behavioral development.* Reading, MA: Addison-Wesley.

Bredekamp, s.(1986). *Developmentaly appropriate practice in early childhood pro-grams serving children from birth through age 8.* New York: Teachers College Press.

Bredekamp, S. & Copple, C.(Eds.)(1997). *Developmentally appropriate practice in early childhood pwgrwus(Red.).* Washington, DC: NAEYC.

Bredekamp, S. & Rosegrant, T.(1985). *Reaching Potentials: Transforming early childhood*

Cumculum and Assessment(Vol. 1). Washington, DC: National Association for the Education of Young Children.

Bredekamp, S. & Rosegrant, T.(1992). Reaching potentials through appropriate curriculum: Conceptual frameworks for applying guidelines. In S. Bradecamp & T. Rosegrant(Eds.), *Reaching potentials: Appropriate curriculum and assessment for young children*. Washington, DC: NAEYC.

Bredekamp, S.(1986), *Developmentally appropriate practice in early childhood pro-grams serving children from birth through age 8*. New York: Teachers College Press.

Bredekamp, S.(Ed.)(1987). *Developmentally appropriate practice in early childhood programs serving children from birth through age 8*. Washington, DC: National Association of the Education for Young Children.

Bredekamp, S., & Glowacki, S.(1996). The first decade of NAEYC accreditation : Growth impact on the field. In Sue Bredekamp, Barbara A. Willer(Eds.), *NAEYC accreditation: A decade of learning and the years ahead* (pp. 1-10). Washington, DC: NAEYC.

Bredekamp, S., & Willer, B. A.(Eds)(1996). *NAEYC accreditation: A decade of learning and the years ahead*. (ERIC Document Reproduction Service No. ED394734)

Broberg, A. G., C. P. Hwang, M. E. Lamb, & F. L. Bookstein(1990). Factors Related to Verbal Abilities in Swedish Preschoolers. B*ritish Journal of Developmental Psychology, 8*, 335-349.

Bronfenbrenner, U.(1975). Is early intervention effective? In B. Z. Friedlander, M Stenitt, & G. E. Kirk(Eds.), *Exceptional enfant: Assessment and intervention(Vol. 3)*, 449-475. New York City: Brunner/Mazel.

Bronfenbrenner, U.(1990). "Discovering what families do," in Rebuilding the Nest: a new commitment to the American family. *Family Service America*. The International Child & Youth Care Network: http://www.cyc-net.org

Bronfenbrenner, U.(1992). **인간발달 생태학**. 이영 (역). 서울: 교육과학사.

Bronfenbrenner, U.(1994). *Human ecology: concepts and perspectives*. **인간생태학적 측면에서의 가정학**. 연세대학교 생활과학대학 창립 30주년 기념 국제학술심포지엄. 서울: 연세대학교 생활과학연구소.

Bronfenbrenner, U.(1995). Ecological Systems Theory. In R. Vasla(Ed.). *Annals of Child Development*. Greenwich, CT: JAI Press, Inc. vol. 6, 187-249.

Bronson,, M. B.(2000). Recognizing and supporting the development of self-regulation in Young children. *Young Children, 55(2)*, 32-37.

Bruer, J. T.(2000). *The myth of the first three years: A new understanding of early brain development and lifelong learning*. New York: The Free Press.

Bruner, C., Elies, C., Stein, D., & Scheafer, B.(2004). *Early learning left out : An examination of public investments in education and development by child age Report by volcee for*

America's children and the Child and Family Police Center. Demola, IA: Child & Family Policy Center.

Bruner, J.(1962). *The process of education.* Cambridge, M.A. Harvard Univ. Press.

Buckingham, D.(2000). *After the death of childhood: Growing up in the age of electronic media.* London: Polity Press.

Buss, C., Davis, E. P., Muftuler, L. T., Head, K., & Sandman, C. A.(2010). High pregnancy anxiety during mid-gestation is associated with decreased gray matter density in 6−9-year-old children. *Psychoneuroendocrinology, 55*(1), 141-153.

Caldwell, B.(1989). All−day Kindergarten−assumptions, precaution and over generalization. *Early Childhood Research Quarterly, 4*(2), 261−262.

Cannella, G. S.(2002). **유아교육 이론 해체하기: 비판적 접근** [*Deconstructing early childhood education*] (유혜령 역). 서울: 창지사. (원전은 1997에 출판)

Capitanio, J. P., Rasmussen, K. L. R., Snyder, D. S., Laudenslager, M., & Reite, M.(1986). Long-term follow-up of previously separated pigtail macaques : Group and individual differences in response to novel situations. *Journal of Child Psychology & Psychiatry, 27*, 531-538.

Caplan, F., & Caplan, T.(1982). *The Second Twelve Months of Life.* New York: Perigee Books.

Carkhuff, R. R., & Truax, C. B.(1967). Training in counseling and psychotherapy-An evaluation of an integrated didactic and experiential approach. *Journal of Counseling Psychology, 29*, 333-336.

Carr, M.(2016). Children's learning and their learning journeys: Some thoughts from New Zealand. **어린이교육비평,** 6(1), 79-94.

Carr, M., & Lee, W. (2012). *Learning stories: Constructing learner identities in early education.* London: Sage.

Casto, G., & Lewis, A. C.(1984). Parent involvement in infant and preschool programs. *Journal of the Division for Early Childhood, 9*, 49-56.

Chad, s. C.(1992). **프로젝트 접근법: 교사를 위한 실행 지침서.** The Proiecr Approach : A Ptical Guide for Teacher, 지옥정 역, 창지사.

Chambers, J. H.(1983). *The achievement of education: An examination of key concepts in educational practice.* New York: Harper & Row.

Chard, S. C.(1995). **프로젝트 접근법 워크숍 자료집.** 중앙대학교 유아 교육과 초청 세미나 자료.

Chard, S, C.(1992). **프로젝트 접근법: 교사를 위한 실행 지침서.** *The Project Approach : A PraCtical Guide for Teacher.* 지옥정 역. 서울 : 창지사.

Chesler, P.(2002). *Bilingualism: Literacy development and activities for the young child.* Unpublished.

Chess, S., & Thomas, A.(1986). *Temperament in clinical practice.* New York: Guilford Press.

Chung, S., & Walsh, D. J.(2000). Unpacking child-centeredness: A history of meanings. *Journal of Curriculum Studies, 32*(2), 215-234.

Clandinin, D. J., & Connelly, F. M.(2000). *Narrative inquiry: Experience and story in qualitative research.* San Francisco: Jossey-Bass.

Clements, D. H.(2003). Creative pathways to math, *Early Childhood Today,* 17(4), 4.

Coleman, M(1991). *Planning for parent participation in schods for young children.* ERIC Digest.(EDO-PS-91-9).

Conti, G., & Heckman, J. J.(2010). Understanding the early origins of the education-health gradient: A framework that can also be applied to analyze gene-environment interactions. *Perspectives on Psychological Science, 5,* 585-605.

Cryan, J. R.(1986). Evaluation: Plague or promiss? *Childhood Education, 62,* 344-350.

Curry, N, E., & Johnson, C. N.(1990). *Beyond self-esteem: Developing a genuine sense of human value.* Washington, DC : NAEYC.

Curry-Rodd, L.(1999). Creating readers, *Child Care Information Exchange, 129.*

Dahlberg, G., Moss, P., & Pence, A.(2007). **포스트모던 유아교육: 새로운 이해와 실천을 열어가기** [*Beyond quality in early childhood education and care: Postmodern perspectives*] (김희연, 신옥순, 염지숙, 유혜령, 정선아 역). 서울: 창지사. (원전은 1999에 출판)

Davies, B.(2017). **어린이에게 귀 기울이기: '이기'와 '되기'**[*Listening to children: Being and becoming*] (변윤희, 유혜령, 윤은주, 이경화, 이연선, 임부연 역). 서울: 창지사. (원전은 2014에 출판)

Decker, C. A., & Decker, J. R.(2005). *Plcuwiftg cuid A-ditiinistcfing Early Childhood Pfo^rcuns (8th ed.).* NJ: Pearson Merrill-Prentice Hall.

Dennan-Sparks & ABC Task Force(1989). *Anti-bias Curriculum: Tools for Empowering Young Children.* Washington. DC : NAEYC.

Dinkmeyer, D., & McKay, G.(1982). *Systematic training for effective parenting: STEP.* American Guidance Service, Inc. 이경우 역(1985). **당신도 유능한 부모가 될 수 있다.** 서울: 창지사.

Dodge, D. T.(1995). The importance of curriculum in achieving quality child day care program. *Child Welfare, 74,* 1171-1188.

Doherty-Derko, Wski, G.(1995). *Quality matters excellence in early childhood programs.* Don Mills, Ontario: Addison-Wesley Publishers.

Donaldson, M. (1978). *Children's minds.* New York: W. W. Norton.

Doyle, W.(1990). Themes in teacher education research. In W. R Huston(ed), *Handbook of research on teach education.* 3-24. New York: Macmillan.

Duncan, K. M.(1995). Piaget and Vygotsky revisited: Dialogue or assimilation. *Developmental Review, 15,* 458-472.

Dunn, J. & Brown, J.(1991). Relationships, talk about feeling and the development of affect regulation in early childhood. In J. Garber & K. Dodge(Eds.), *The development of emotion regulation and dysregulationi.* 89−108. New York: Cambridge University Press.

Durkheim, E.(1956). *Education and Sociology.* D, For. Free Press.

Eaton, J. & Johnson, R.(2003). **감성의 힘.** 박승범(역). 서울: 이지북.

Edwards, C., Gandini, L., & Forman, G.(eds)(1993). **레지오 에밀리아의 유아교육.** 김희진, 오문자 역. 서울: 정민사.

Eiskovitz, Z. & Becker, J.(1983). Beyond professionalism: The child and Youth care worker as a craftman. *Child Care Quarterly, 12*(2), 93－112.

Eisner, W. E.(1994). **표상의 형식.** 김인용, 김대현(역), 학문기초 미술교육운동. 77-114. 서울: 학지사.

Elkind, D.(1987). *Image of the young child,* Washington, DC: National Association for the Education of Young Children.

Elkind, D.(1998). Early childhood education on its own terms. In S. L. Kagan & E. F. Zigler(eds.), *Early schooling : The national debate.* New Haven: Yale University Press.

Elkind, D.(1993). *The children Yesterday: Today and Tomorrow in Images of the You children.* NAEYC.

Erikson, E. H.(1950). *Childhood and society.* New York: Norton, Bacon.

Estes, L. S.(2004). *Essentials of child care and early education,* Boston: Pearson Education Inc.

Feeney, F.(1983). *Teacher's thinking: A study of practical knowledge.* New York: Nicholas.

Fiese, B. H. Eckert, T., Spagnola, M.(2006). Family context in early childhood: A look at practices and beliefs that promote early learning: In B. Spodek & O. Saracho(Eds.), *Handbook of research on the education of young children,* 393-406. London: Lawarence Erlbaum Associates.

Fine, M. X. & Henry, S. A.(1989). Professional issues in parent education. In M. J. Fine(Ed). *The second handbook on parent education.* 3-20. Academic Press.

Freya, J. (1991). **발도르프 킨더가르텐에서의 놀이와 작업.** 윤선영 역. 서울: 창지사.

Gallahue, D. L. (1996). Developmental physicai education for today's children, Madison, WI: Browna and Benchmarik.

Gardner, H. L.(1999). *Intelligence reframed: Multiple intelligence for the 21st century.* N.Y.: Basic.

Gatzke, M.(1991). Creating meaningful kindergarten programs, In B. Spodek(Ed.). *Educationally appropriate kindergarten practices.* A National Educational Assocation.

Gestwicki, C.(1999). *Developmentally appropriate practice: Curriculum and development in early education.* Clifton Park, NY: Delmar Learning.

Gestwicki, C.(2004). *Home, school, and community relations.* Thomson: Delmar Learning.

Goldman, D.(1995). *Emotional intelligence,* New York : Bantam Books.

Goodman, K. S, (1986). *What's in whole language?* Portsmouth, NH: Heinemann.

Gordon, A, M., & Browne, K. W. (2004). *Beginning & beyond: Foundations in early childhood education,* Thomson: Deimar Leaming.

Gullo, D. F.(1992). Developmentally appropriate teaching in early childhood: Curriculum, implementation, evaluation, Washington, DC: National Education Association.

Gullo, D. F.(1994). *Understanding assessment and evaluation in early childhood education,* New York: Teachers College Press,

Harlan, J. D., & Rivkin, M. S.(2004), *Science experiences for the early childhood years An integrated affective approach*(8th ed.). Upper Saddle Rivers NJ: Merrill/Prentice Hall.

Hartup, W. W.(1992). Having friends, making friends and keeping friends: Relationships as educational contexts. *Early Report,* Minneapolis, ERIC. Digest, Urbana, IL: ERIC Crearinghouse on Elementary and Early Childhood Education.

Hickman, L. A.(Ed.)(1998). *Reading Dewey: Interpretations for a postmodern generation.* Bloomington, IN: Indiana University Press.

Howes, C., & Smith, E. W.(1995). Relations among child care quality, teacher behavior, children's play activities, emotional security and cognitive activity in childcare. *Early Childhood Research Quarterly, 10(4),* 381-404.

Inbar, D. E.(1996). The free educational prison: Metaphors and images. *Educational Research, 38*(1), 77-92.

Jackson, P. W.(1998). *John Dewey and the lessons of art.* New Haven, CT: Yale University Press.

Jennings, W. B.(1989). How to organize successful parent advisory committees. *Educational Leadership, 47*(2), 42-45.

Jensen, E.(2005). *Teaching with the brain in mind(2nd ed.).* Alexandria, V.A.: Association for Supervision and Curriculum Development.

Ji, D., & Wilson, M. A.(2007). Co-ordinated memory replay in the visual cortex and hippocampus during sleep. *Nature Neuroscience,* 公(1), 100-107.

Kami, C., & DeVries, R.(1978). **물리적 지식 활동 피아제이론이 암시하는 과학교육.** 이경우, 문미옥 역. 서울: 창지사.

Katz, L, G., & Chard, S. C.(2000). *Engaging children' s minds: The project approuch*(2nd ed.). Stamford, CT: Ablex.

Katz, L, G., & Chard, S. C.(2005). The Project Approach: An Overview. In J. I. Roopnarine & J. E. Johnsonfeds,), *Approaches to Early Childhood Education*(4th ed.). NJ: Pearson.

Katz, L. G., & McClellan, D. E.(1999), **유아의 사회적 능력 기르기: 교사의 역할.** 김정원, 강숙현, 전선옥, 최윤정 역. 서울: 창지사.

Katz, L. G., & Chard, C. S.(1989). *Engaging children's minds: The project approach.* Norwood, NJ: Ablex.

Katz, L. G., & Chard, C. S.(2000). The project approach. In J. L. Roopnaine & H. E. Johnson., *Approaches to early childhood education(3rd ed).*(pp. 175- 189). Englewood Cliffs, NJ: Prentice-Hall.

Katz, L. G., & Chard. S. C.(1989). *Engaging children's minds: The project approach.* Norwood, NJ: Ablex.

Katz, L.(1994). **레지오 에밀리아에서 우리는 무엇을 배울 수 있나.** In C. Edwards, L. Gandini & G.

Forman(Eds.). 김희진, 오문자(공역). **레지오 에밀리아의 유아교육: 어린이들의 수많은 언어.** 서울: 정민사(1993).

Kessler, S. A.(1991). Alternative perspectives on early childhood education. *Early Childhood Research Quarterly, 6*(2), 183-197.

Kilpartick, H. W.(1925). *Foundation of methods: Informal talks on teaching.* NY : Macmillan.

Kim, S. H.(2010). Teacher-child interactions in voluntary pre-kindergarten programs in child care settings: A critical analysis of barriers and facilitators. *International Journal of Early Childhood Education, 16*(1), 119-142.

Krathwohl, D. R.(1993). *Methods of educational and social science research: An integrated approach.* New York: Longman.

Lillard, A., & Curenton, S.(1999, September). Research in review: Do young chidren understand what others feel, want, and know? *Young Children*, 54(5).

Lincoln, Y. S., & Guba, E. G.(1985). *Naturalistic inquiry.* Beverly Hills, CA: Sage.

Lubeck, S.(1996). Deconstructing 'child development knowledge' and 'teacher preparation'. *Early Childhood Research Quarterly, 11*(2), 147-168.

Lueder, D.(1989). *Tennessee parents were invited to participate and they did Educational Leadership, 47*(2), 15-17.

Martin, R. A.(2002). *Alternatives in education : An exploration of learner-centered, progressive and IHolistic education,* Eric Document No. 466 453.

McBride, B. A. & Rane, T. R.(1997). Role identity, role investment, and paternal involvement: implications for parenting programs for men. *Early childhood research Quarterly, 12,* 173-197.

Meijer, P. C., Zanting, A., & Verloop, N.(2002). How can student teachers elicit experienced teachers' practical knowledge?: Tools, suggestions, and significance. *Journal of Teacher Education, 53,* 406-419.

Melnick, S. A., & Fiene, R.(1990). Assessing parents' attitudes toward school effectiveness. *Paper presented at the annual meeting of the American Educational Research Association,* Boston, M.A.: April 16-20. ED 322-643.

Moran, M.(1985). *Families in early intervention: Effects of program variables. Zero To Three, 5,* 11-14.

Morrison, G. S.(1994). *Early childhood education today. 7th Ed.* Merrill Prentice Hall.

Moss, P., & Pence, A.(1994). *Valuing quality in early childhood services: New approaches to defining quality.* New York: Teachers College Press.

NAEYC(1991). Guidelinew for appropriate curriculum content and assessment in programs serving children ages 3 through 8, *Young children, 30,* 21-38.

NAEYC.(2015). NAEYC accreditation. http://www.naeyc.org/accreditation

NAEYQ(1991). *Guidelines for appropriate curriculum content and assessment in programs serving children ages 3 through 8.* Young Children, 30.

OECD(2006). *Starting strongII*: Early childhood education and care. France, Paris: OECD.

Patton, M. Q.(2002). *Qualitative research and evaluation methods* (3rd d.). Thousand Oaks, CA: Sage.

Peters, D. L.(1988). The child development associate credential and the educationally disenfianchised In B. Spodek, O. Saracho & D. Peters(Eds.), *Professionalism and the early childhood practioner.* 93-104. New York: Teachers College Press.

Phillips, D., McCartney, K., & Scarr, S.(1987). Childcare quality and children's social development. *Developmental Psychology, 23*, 537-543.

Plutchik, R.(1980). *Emotion: A Psycho-evolutionary synthesis.* New York. Harper and Row.

Postman, N.(1982). *The disappearance of childhood.* New York: Delacorte.

Pratt, M W., Kerig, P. K. Cowan, P. A., & Cowan, C. P.(1988). Mothers and fathers teaching three-year(Eds.). authoritative parenting and adults use of the zone of proximal development. *Developmental Psychology, 24*, 832-839.

Readings, B.(1996). *The university in ruins.* Cambridge, MA: Harvard University Press.

Reggio Children Domus Academy Research Center(1998). *Children, space, relations: metaproject for an environment for young Chidren*, Modena: Reggio Children.

Richardson, A. J., & Montgomery, P.(2005). The Oxford-Durham study. A randomized controlled trial of dietary supplementation with fatty acids in children with Developmental Co-cordination Disorder. *Pediatrics. 775*(5), 1360－1366.

Rinaldi, G.(1993). *The emergent curriculum and social constructivism.* In C. Edwards,

Roopnarine, J. L., & Johnson, J. E.(2005). *Approaches to Early Childhood Education*, NJ: Merrill/Prentice Hall.

Rovert, C. & Pratt, C.(1988). The reliability and validity of a scale to measure teachers attitudes toward integration. *ERIC document reproduction service*, No. ED 303-239.

Rubenstein, J., & Howes, C.(1979). Caregivers and infant behavior in daycare and the homes. *Developmental Psychology, 75*(1), 1－24.

Scarr, S.(1995). Commentary. *Human Development, 38*(3), 154-158.

Schwandt, T. A.(2001). *Dictionary of qualitative inquiry* (2nd ed.). Thousand Oaks, CA: Sage.

Schwartz, S. L. & Robison, H. F.(1982). *Designing curriculum for early childhood.* Boston, M.A.: Allyn & Bacon.

Sellers, M.(2013). *Young children becoming curriculum: Deleuze, Te Whāriki and curricular understandings.* New York: Routledge.

Selman, R.(1980). *The growth of interpersonal understanding.* Orlando, FL : Academic Press.

Sharan, S., & Sharan, Y.(1992), E*xpanding coopersive learning through group investigation,* NY: Teacher's College Press.

Shore. R.(1997). Rethinking the Brain : New insights into early development, NY: Famlies and Work

Institute.

Snyder, J., Bolin, F., & Zumwalt, K.(1992). Curriculum implementation. In P. W. Jackson (Ed.), *Handbook of research on curriculum* (pp. 402-435). New York: Macmillan.

Spodek, B., & Saracho, O. N.(1991). *Issues in early childhood curriculum.* New York: Teachers College Press.

Spradley, J. P.(1979). *The ethnographic interview.* New York: Holt, Rinehart & Winston.

Steiner, R.(1990). *Spiritual ground of education,* Blauvelt. NY: Spiritual Science Library.

Strauss, A., & Corbin, J.(1998). *Basics of qualitative research: Techniques and procedures for developing grounded theory* (2nd ed.). Los Angeles: Sage.

Sutton−Smith, B.(1967). The role of play in cognitive development. *Young Children, 22,* 361-371.

Symonds, P. M.(1949). *Psychology of parent-child relationship.* New York : Appleton Century.

Tanner, D. & Tanner, L. N.(1980). *Curriculum Development: Theory into practice.* NY: Macmillan.

Thomas, M. R.(1985). *Comparing theories of child development.* C.A.: Wadsworth.

Torrence, M., & chattin-McNichols, J.(2005). Montessori education Today. In J. L., Roopnarine & J. E. Johnson (Eds.). *Approaches to early chidhood education,* 4thed, Upper Sadle River, NJ: Merill / Prentice Hall, 363-394.

Umansky, W.(1983). On families and the re-valuating of childhood. *Childhood Education, 59,* 260-266.

Varga, D.(1991). The historical origins of childrens play as a developmental task. *Play and Culture, 4,* 322−333.

Vygotsky, S.(1978). *Mind in Society.* Cambridge, M.A.: Harvard University.

Walsh, D. J.(1991). Extending the discourse on developmental appropriateness: A developmental perspective. *Early Education and Development, 2,* 109-119.

Weber, E.(1984). *Ideas influencing early childhood education: A theoretical analysis.* New York: Teachers College Press.

Wiegermk, R., & Comfort, M.(1987). Parent involvement: Support for families of children with special needs. S. L. Kagan, D. R Powell, B. Weissbourd, & E. F. Zigler(Eds.), *America's family support programs,* 182-206. Yale University Press.

Williams, D. & Chavkin, N.(1989). Essential elements of strong parent involvement programs. *Educational Leadership, 47*(2), 18-20.

Williams, L. R.(1999). Determining the Farly Chidhood Curriculum: The Evolution of goals and strategies through consonance and controversy. In C. Seefeldt. *The early childhood curricuium: Current Findings in Theory and Praectice*(2nd ed.). NY : Teachers College Press.

Wolf, J. S., & Troup, L.(1980). Strategy for parent involvement: Improving the IEP process. *The Exceptional Parent,* JO, 31-32.

Wright, K. L., Stegelin, D. A., & Hartle, L.(2007). *Building Family, School, and Community*

Partnership. Pearson: Merrill Prentice Hall.

Yun, E. J.(2018). Becoming-early childhood teacher educator: Applying Deleuzian methodology. *International Journal of Early Childhood Education, 24*, 133-151.

Zigler, E., & Berman, W.(1983). Discerning the future of early childhood intervention. *American Psychologist, 38*, 894-906.

찾 아 보 기

[인명]

[내용]

ㄱ

▸ ㅈ

저 / 자 / 소 / 개

- **곽은복** 충청대학교 유아교육과 교수
- **김운삼** 강동대학교 유아교육과 교수
- **류현수** 백석예술대학교 유아교육과 교수
- **이은희** 대전보건대학교 유아교육과 교수
- **한은숙** 경민대학교 유아교육과 교수
- **홍성희** 전남도립대학교 유아교육과 교수

유아교육개론

1판 1쇄 인쇄 — 2019년 3월 1일
1판 1쇄 발행 — 2019년 3월 4일

저　　자 - 곽은복 · 김운삼 · 류현수 · 이은희 · 한은숙 · 홍성희
발 행 인 - 강철원
발 행 처 - 양성원
주　　소 - 경기도 파주시 검산로 173번길 29-20
전　　화 - 031-946-3861(代)
팩　　스 - 031-946-3864
이 메 일 - tnwpub@naver.com
홈페이지 - tnwpub.co.kr
출판등록 - 2015년 8월 31일 제 2015-000211 호

ISBN 979-11-6126-186-7

정가 19,000원